O QUE ELAS TÊM A DIZER

O QUE ELAS TÊM A DIZER

Hillary Clinton
Theresa May
Michelle Bachelet
Jacinda Ardern
Christine Lagarde
Joyce Banda
Ellen Sirleaf
Erna Solberg

experiências de liderança
de algumas das mulheres
mais influentes do mundo

Julia Gillard
Ngozi Okonjo-Iweala

TRADUÇÃO:
SANDRA MARTHA DOLINSKY

Diretor-presidente:
Jorge Yunes

Gerente editorial:
Luiza Del Monaco

Editores:
Ricardo Lelis, Gabriela Ghetti, Malu Poleti

Assistentes editoriais:
Júlia Tourinho, Mariana Silvestre

Suporte editorial:
Nádila Sousa

Estagiária editorial:
Emily Macedo

Coordenadora de arte:
Juliana Ida

Assistentes de arte:
Daniel Mascelani, Vitor Castrillo

Gerente de marketing:
Claudia Sá

Analistas de marketing:
Heila Lima, Flávio Lima

Estagiária de marketing:
Carolina Falvo

Women and Leadership: Real Lives, Real Lessons
Text Copyright © Julia Gillard and Ngozi Okonjo-Iweala, 2020
First published by Penguin Random House Australia Pty Ltd.
This edition published by arrangement with Penguin Random House Australia Pty Ltd.
© Editora Nacional, 2022

Todos os direitos reservados. Nenhuma parte desta obra pode ser reproduzida ou transmitida por qualquer forma ou meio eletrônico, inclusive fotocópia, gravação ou sistema de armazenagem e recuperação de informação, sem o prévio e expresso consentimento da editora.

1ª edição – São Paulo

Preparação de texto:
Laila Guilherme

Revisão:
Bia Nunes de Sousa, Mel Ribeiro

Diagramação:
Isadora Theodoro Rodrigues

Projeto de capa:
Valquíria Palma

DADOS INTERNACIONAIS DE CATALOGAÇÃO NA
PUBLICAÇÃO (CIP) DE ACORDO COM ISBD

G475q   Gillard, Julia

O que elas têm a dizer: experiências de liderança de algumas das mulheres mais influentes do mundo / Julia Gillard, Ngozi Okonjo-Iweala ; traduzido por Sandra Martha Dolinsky. - São Paulo, SP : Editora Nacional, 2022.
272 p. ; 16 cm x 23 cm.

Tradução de: Women and Leadership
ISBN: 978-65-5881-083-4

1. Sociedade. 2. Política. 3. Mulheres. 4. Mídia. I. Okonjo-Iweala, Ngozi. II. Dolinsky, Sandra Martha. III. Título.

2021-4109   CDD 305.42
                                                            CDU 396

Elaborado por Vagner Rodolfo da Silva - CRB-8/9410

Índice para catálogo sistemático
1. Mulheres 305.42
2. Mulheres 396

NACIONAL

Rua Gomes de Carvalho, 1306 – 11º andar – Vila Olímpia
São Paulo – SP – 04547-005 – Brasil – Tel.: (11) 2799-7799
editoranacional.com.br – atendimento@grupoibep.com.br

"Particularmente, não acho que eu equilibre nada. Só faço funcionar. Sou muito rigorosa em relação a isso, não acho que as mulheres devam sentir que têm que fazer tudo e de um jeito que pareça fácil — porque não é fácil —, e não deveríamos ter que tentar fazer tudo. Eu não tento. Não devemos fingir que somos sobre-humanas, porque cria uma falsa expectativa e deixa a impressão de que não precisamos de apoio."

Jacinda Ardern

"Uma jornalista me perguntou como eu daria conta sem um marido. Em resposta, questionei: 'Você teria feito uma pergunta como essa a um candidato do sexo masculino?'. E então ela imediatamente percebeu o que havia feito. Mas foi muito estranho que, sendo mulher, ela pensasse, de uma maneira muito machista, que eu não aguentaria se não tivesse um ombro para chorar em casa."

Michelle Bachelet

"Em Malaui há um ditado que diz que um touro vai à fazenda para puxar a carroça e uma vaca é mantida em casa para dar leite. Então, as pessoas da oposição disseram: 'Somos muito azarados, para ter uma vaca puxando nossa carroça'. Foi cruel, e isso só pôde ser dito porque a pessoa insultada era uma mulher."

Joyce Banda

"Tenho orgulho da campanha que fiz, mas gostaria de ter sabido antes o que sei agora. Fui aonde ninguém mais havia ido, e foi muito, muito difícil. Mas isso abriu portas; motivou e encorajou as pessoas, e foi muito bom."

Hillary Clinton

"Está chovendo homem! Como me sinto estando lá? Tenho vontade de desafiá-los, especialmente quando estou no comando. Porque muitas vezes eles nem percebem o quanto as coisas têm relação com gênero. É o enfoque a que estão acostumados."

Christine Lagarde

"Há alguns anos, estava em um elevador na Câmara dos Comuns e havia uma jovem, e comentei que ela estava usando um belo par de sapatos. E ela disse: 'Seus sapatos me colocaram na política'. Ela me viu como um ser humano, porque sou famosa por gostar de sapatos. E foi isso que a fez entrar na política. E lá estava ela, trabalhando na Câmara dos Comuns."

Theresa May

"Eu tinha uma sensação especial quando ia às reuniões do gabinete e todos os outros eram homens. Havia me estabelecido como uma pessoa forte, e daí saiu o termo 'dama de ferro', porque em questões fiscais eu era muito forte. Eles me respeitavam, mas não me viam como parte da equipe. Eu era a estranha que comandava as coisas."

Ellen Johnson Sirleaf

"Uma das coisas que as pessoas costumam dizer sobre mim é que estou sempre calma. Sou naturalmente calma como pessoa, mas também tive que aprender a ser assim. Acho que quando uma mulher se torna muito agressiva, muito agitada, as pessoas reagem a isso."

Erna Solberg

SUMÁRIO

Prólogo: por que escrevemos este livro?	9
1. Fazendo as contas	25
2. Nossa estrutura	31
3. Caminhos rumo ao poder: apresentando nossas líderes	43
4. Hipótese um: Vai, garota!	95
5. Hipótese dois: É tudo uma questão de cabelo	113
6. Hipótese três: Estridente ou suave — o enigma do estilo	133
7. Hipótese quatro: Ela é meio megera	149
8. Hipótese cinco: Quem está cuidando das crianças?	163
9. Hipótese seis: Um lugar especial no inferno — mulheres apoiam mesmo outras mulheres?	179
10. Hipótese sete: A Salem moderna	197
11. Hipótese oito: O enigma de ser exemplo	213
12. Lições de destaque de oito vidas e oito hipóteses	229
Anexo: retratos do caminho rumo ao poder	251
Notas	257
Agradecimentos	271

Prólogo
Por que escrevemos
este livro?

Duas mulheres freneticamente ocupadas conversam em paralelo a reuniões realizadas em todo o mundo. O que decidem fazer? Sair de férias? Fazer um passeio relaxante? Um jantar tranquilo? Todas são possibilidades atraentes, mas a resposta é que decidimos escrever um livro — este livro.

Em um primeiro momento, pode parecer uma escolha meio estranha, e houve ocasiões em que sussurramos: "Que diabos estávamos pensando?". Porém, na maioria das vezes, sentimos uma verdadeira clareza de propósito e uma sensação de urgência. O combustível de alta octanagem que nos impulsionou é uma mistura de crença apaixonada na igualdade de gênero e frustração dilacerante por ainda não a termos alcançado.

Sabemos que não somos as únicas que se sentem motivadas e desanimadas ao mesmo tempo. No entanto, nem todo mundo canaliza esse tipo de energia pulsante para escrever um livro, e devemos a você, leitora, a explicação de por que o fizemos.

Nossa história compartilhada começa em 2011, quando a ministra das Finanças da Nigéria, Ngozi, veio à Austrália para a Reunião de Chefes de Governo da Comunidade Britânica, presidida por Julia. Reunir os líderes de mais de cinquenta nações em uma reunião focada em normas e valores democráticos é coisa séria. Falar sobre isso agora faz Ngozi rir ao se lembrar de tentar explicar a alguns colegas o que significavam as notas biográficas sobre Julia que diziam que ela tinha um parceiro, não um marido.

Infelizmente, nós duas nos encontramos de forma muito breve naquele evento, mas, alguns anos depois, acabamos nos tornando conhecidas e depois amigas por estarmos nos mesmos encontros internacionais. Participamos de muitos eventos globais em nossas funções de presidente de grandes fundos de desenvolvimento internacional. Ngozi preside a GAVI Alliance, que busca oferecer às crianças do mundo em desenvolvimento vacinas a preços acessíveis, que ajudam a prevenir doenças como difteria, sarampo, pneumonia, poliomielite e malária. Julia preside a Global Partnership for Education [Parceria Global pela Educação], focada na educação escolar nos países mais pobres do mundo.

À margem dessas reuniões, começamos a manter conversas apressadas sobre mulheres líderes. Sempre havia algo acontecendo com uma primeira-ministra ou uma presidente que pensávamos ser resultado de preconceitos de gênero, mas queríamos debater isso melhor.

A partir dessas discussões, começamos a expor teorias sobre o que estava acontecendo. No entanto, nunca conseguíamos nos aprofundar nisso. "Alguma coisa está acontecendo", murmurávamos. "Todas as mulheres líderes parecem estar enfrentando os mesmos tipos de problemas", dizíamos. "Por que a coisa é tão grave assim e não melhora?", gritávamos de frustração entre nós. Então, Hillary Clinton perdeu a eleição presidencial dos Estados Unidos, e nossas conversas adquiriram uma nova seriedade.

Em algum momento, começamos a passar de comentários sobre casos a conversas mais estruturadas. Nós duas sentimos que o fato de sermos pessoas muito diferentes agregou riqueza à nossa interação. Isso parecia nos ajudar a decifrar mais coisas juntas do que poderíamos conseguir sozinhas.

Devagar, mas com segurança, fomos avançando para a grande questão: deveríamos tentar escrever algo sobre mulheres na liderança que promovesse nossa própria visão e, se tudo desse certo, informasse e inspirasse outras mulheres?

Como todos os grandes projetos, começamos tomadas de inspiração, sentimos a bagunça no meio e precisamos perseverar para chegar ao fim. Quando estávamos finalizando o livro, a pandemia de Covid-19 passou pela humanidade. Nós duas nos juntamos aos bilhões de pessoas que passaram a trabalhar em casa, preocupadas com a família, os amigos e o futuro. A carga de trabalho de Ngozi aumentou devido ao seu papel fundamental em uma organização global responsável por vacinas e à necessidade de defender a assistência imediata às nações africanas no enfrentamento do vírus. É importante ressaltar que Ngozi se tornou uma enviada especial da iniciativa global para acelerar o desenvolvimento, a produção e a entrega de vacinas, bem como terapias e diagnósticos de Covid-19. Julia também passou por novas demandas na ajuda à Global Partnership for Education, uma vez que trabalhava urgentemente para manter algum tipo de continuidade educacional para as crianças mais pobres do mundo. Tragicamente, experiências com epidemias anteriores, como do ebola, mostraram que, sem esforços extraordinários, o casamento infantil dispara e as meninas, mais marginalizadas, nunca voltam à escola. Ao mesmo tempo, aumentou a demanda pelos serviços do Beyond Blue, órgão inovador de saúde mental que Julia preside.

Ainda assim, em meio a toda essa pressão, desgraça e tristeza, existem novos conhecimentos sobre o valor do trabalho de cuidado, a necessidade de empatia e a importância da comunidade. No momento em que escrevemos, ainda nos perguntamos: "Podemos sair mais fortes dessa situação?". Será que veremos um novo entendimento global acerca do verdadeiro valor de muito do que foi historicamente definido como "trabalho feminino"? Uma determinação para enfrentar as desigualdades crescentes? A adoção do trabalho remoto para fornecer flexibilidade à família e um novo espírito de bondade com base no lembrete dramático de nossa humanidade compartilhada? Em vez de recorrer ao ditado banal "O tempo dirá", à nossa maneira, queremos ser participantes da destilação das lições aprendidas. Por enquanto, estamos satisfeitas por termos encontrado o tempo necessário para finalizar o livro entre tantas videoconferências urgentes.

Em todo o tempo e viagens que a escrita exigiu, houve muitas diferenças de opinião, mas sem brigas. A sensação de que nossa diversidade é uma grande força nunca nos abandonou.

Chegamos à nossa colaboração como mulheres experientes que já tinham valores fundamentais e visão de mundo formados. Agora, permita-nos expor nossas perspectivas individuais.

Mensagem de Julia

Sempre fui feminista. Desde que me lembro, sempre acreditei que mulheres e homens deveriam ser iguais em todos os aspectos. Quando estudava na Universidade de Adelaide, desenvolvi uma compreensão mais profunda de por que e como o mundo fracassava em alcançar esse simples ideal. O conhecimento que absorvi não veio a mim por meio de um estudo formal, e sim como fruto de meu envolvimento com o movimento estudantil, que incluía muitas pensadoras feministas.

Essa nova vida de ideias e ativismo começou porque fiquei indignada com a decisão de um governo federal conservador de cortar o financiamento da educação universitária. Minha raiva me deu coragem e me impulsionou a me tornar uma das líderes do comitê local de uma campanha nacional de estudantes e acadêmicos para revidar. Surpreendentemente, ganhamos algumas concessões do governo e a pior das mudanças foi revertida. Com essa experiência, aprendi que, unida a outras pessoas em uma causa comum, poderia fazer a diferença.

A partir daí, me envolvi cada vez mais com o movimento estudantil; tornei-me vice-presidente de Educação e depois presidente da União Australiana dos Estudantes (AUS). No campus, regional e nacionalmente havia vagas para agentes de mulheres, dedicadas a liderar a luta pela igualdade de gênero. Na verdade, o secretariado da AUS tinha um departamento especial, que era supervisionado por uma agente eleita.

Nos debates universitários, incluindo aqueles que aconteciam dentro das estruturas de tomada de decisão da AUS, houve muita discórdia entre muitas mulheres que optaram por dedicar seu tempo exclusivamente à luta feminista e as que não o fizeram. Não se tratava apenas de uma diferença de prioridades, mas refletia os debates da época sobre a eficácia do separatismo feminino, com sua filosofia de que, para encontrar a verdadeira libertação, era vital que as mulheres estivessem em espaços separados daqueles definidos e projetados pelos homens.

Na AUS, isso deu origem a todo tipo de tensões: práticas, políticas e pessoais. Só do ponto de vista de orçamento e equipe, era difícil administrar os recursos de um Departamento das Mulheres que insistia na autonomia do resto da entidade. Politicamente, a AUS enfrentou duas ameaças existenciais: estudantes de direita fazendo campanha para que as universidades não mais se filiassem às centrais estudantis, e governos conservadores promulgando legislações antissindicais. Ambos visavam destruir a capacidade da AUS de arrecadar dinheiro por meio da pequena taxa que cada aluno era obrigado a pagar para ser membro de seu centro acadêmico. Uma vez após outra, as políticas mais radicais e difíceis de defender que o Departamento das Mulheres apoiava eram ridicularizadas por esses conservadores. Em termos pessoais, tudo isso punha as mulheres que apoiavam a versão mais pura de autonomia no Departamento das Mulheres contra mulheres como eu, que estavam envolvidas no resto da entidade. Dava para cortar o ar com uma faca quando, como presidente da AUS, participei de reuniões do comitê que administrava o Departamento das Mulheres. Em mais de uma ocasião, referiram-se a mim como "praticamente um homem".

Terminei meu mandato na AUS em 1984, aos 22 anos. Saí dessa experiência intensa ainda como uma feminista ardente, mas definitivamente convencional. Nos anos que se seguiram, depois de terminar a faculdade e começar a trabalhar em um escritório de advocacia, cada vez mais me senti atraída a seguir carreira política. Minha motivação era causar um impacto nas políticas públicas para todos, e não ser uma especialista focada no que era visto como "questões femininas". Se me houvessem perguntado na época, diria que meu maior sonho era servir no governo federal, pelo Partido Trabalhista, como ministra da Educação, visto que esta foi minha primeira paixão de política pública, ou ministra das Relações Industriais, uma área que considerava madura para a reforma devido ao meu trabalho como advogada na área de direito trabalhista. Durante minha carreira parlamentar, tive a sorte de fazer as duas coisas.

Sempre existe uma lacuna entre ter uma ambição e realizá-la. Para mim, no ambiente tão fracionado da política do Partido Trabalhista Australiano (ALP), essa lacuna foi medida em anos e tentativas fracassadas de ser pré-eleita, seguidos por uma derrota por pouco para um cargo no Senado nas eleições federais australianas de 1996.

Poderia ter me desiludido e desistido; mas, em vez disso, continuei na atmosfera altamente carregada e divisora da política interna do ALP. Tornei-me líder de um grupo fortemente unido de ativistas partidários e dirigentes sindicais — homens e mulheres que pensavam que as atuais estruturas da ala progressista do ALP eram antidemocráticas e excludentes. No final das contas, nós nos separamos e formamos nossa própria facção. Em decorrência de ter ganhado os votos de membros do partido local e recebido apoio no comitê central de seleção de candidatos, fui pré-eleita para a cadeira federal da divisão de Lalor e, por fim, tornei-me membro do parlamento em 1998.

Enquanto tudo isso acontecia, eu estava fortemente envolvida na tarefa de assegurar uma mudança nas regras para implementar uma meta para o número de mulheres que o Partido Trabalhista precisava pré-selecionar para os parlamentos estaduais e nacional. Conseguir isso exigiu que a campanha conquistasse corações e mentes, mas também precisou de negociação, vanglória e até ameaças para abrir caminho através das estruturas de poder formais e informais do ALP. Além disso, ajudei a estabelecer uma organização de mulheres trabalhistas chamada Emily's List, com a missão de apoiar e arrecadar fundos para candidatos pró--escolha, pró-feminismo e pró-igualdade.

Depois que me tornei membro por Lalor, trabalhei muito e aperfeiçoei meu ofício no parlamento, na política, na mídia e nas campanhas. Ganhei o apoio entusiástico de alguns e o relutante reconhecimento de outros por ter as aptidões e habilidades necessárias para subir na hierarquia ministerial. Na época em que fui eleita, os trabalhistas estavam na oposição, e os anos que se seguiram trouxeram incertezas sobre o caminho a percorrer e opiniões divididas sobre quem seria a melhor pessoa para liderar o partido.

Conforme fui ficando mais velha, não era só uma espectadora em todas essas discussões e maquinações. Eu era cada vez mais capaz de influenciar as pessoas e contar com o apoio delas. Quando necessário, era boa com números. Essas habilidades teriam feito pouca diferença se meus colegas parlamentares pensassem que eu não tinha a capacidade de me conectar com o público e desenvolver políticas. Em pastas e situações de alto risco, mostrei que podia fazer as duas coisas.

Não quero que o leitor conclua que o resumo anterior significa que a política é implacavelmente sombria, que tem trabalhos extremamente árduos e contínuos. Você trabalha arduamente, tanto que parece que está vivendo a vida em apenas duas velocidades — velocidade máxima ou ponto morto — e fica exausta. Encontrar espaço para jantares com os amigos, ver filmes ou até participar de eventos familiares é muito difícil.

Mas a compensação é que você está transformando seus valores em ações políticas. Além disso, com seus colegas próximos — outros parlamentos e equipe política —, você sente um incrível vínculo de camaradagem. Passamos pelos altos e baixos juntos, encontrando tempo para muitas risadas pelo caminho — mesmo que sejam de humor mórbido.

Em meu terceiro mandato, em 2006, fui eleita vice-líder da oposição, ao lado de Kevin Rudd como líder. Em 2007, o ALP venceu a eleição, de modo que Kevin se tornou primeiro-ministro e eu a primeira mulher a ser vice-primeira-ministra. Em 2010, tornei-me a primeira mulher a ser primeira-ministra — havia avisado Kevin que concorreria com ele pela liderança. Ele optou por não concorrer contra mim na votação subsequente do partido.

Inevitavelmente, outros têm perspectivas diferentes sobre os acontecimentos de 2010, mas sei do fundo do coração que, tendo sido uma deputada leal, agi apenas para tentar acabar com o caos e a disfunção no governo.

Fui primeira-ministra por três anos e três dias, liderando um governo que, apesar de sua condição de minoria, foi o mais produtivo na promulgação de novas leis na história da Austrália. Implementamos reformas que mudaram a nação, muitas das quais continuam a tornar o país mais forte e mais justo.

A política mudou em junho de 2013, quando Kevin Rudd me derrotou em uma votação em um fórum do partido. Na eleição realizada logo depois, abandonei a política e, desde então, tenho evitado escrupulosamente comentar assuntos políticos internos da Austrália. Deixo isso para a atual geração de parlamentares.

Estou perfeitamente ciente de que muitos que lerem estes parágrafos concluirão que meu caminho rumo ao poder, desde o momento em que comecei a distribuir panfletos como estudante ativista na Universidade de Adelaide até me tornar primeira-ministra, é questão de jogar o jogo dos meninos e ser boa nisso.

Por favor, desculpe-me se fico indignada com essa análise. A política é inerentemente cheia de disputas. Em sua essência, é uma batalha de valores expressos por meio de credos e políticas partidárias. Quando chega a época das eleições, os eleitores decidem quem sairá vitorioso. Dentro dos partidos parlamentares, há sempre mais pessoas querendo ser candidatos, ministros ou líderes pré-eleitos do que vagas disponíveis. Enquanto alguns recebem aprovação sem oposição, a esmagadora maioria consegue esses vários cargos competindo e sendo bem-sucedida. Restringir tudo isso a "jogo dos meninos" nos leva de volta às mesmas divisões e discussões que tive na AUS aos meus vinte e poucos anos.

Ao viver essa experiência, tive muita consciência do impacto de ser a primeira. Queria mostrar que as mulheres podiam se erguer e vencer no ambiente adversário da política federal australiana, incluindo sua robusta *Question Time* [Hora de Perguntas], que é caracterizada por aplausos, zombarias, piadas ocasionais e, frequentemente, abusos diretos. É tão duro que os políticos visitantes do Reino Unido, onde nasceu nosso sistema de governo Westminster, saíam sacudindo a cabeça, atônitos.

Portanto, é verdade que aceito as regras e as normas parlamentares em vez de tentar mudá-las. No auditório da Câmara dos Representantes, fiz o melhor que pude. Existe algo de físico no ato de se projetar nesse ambiente; atuar no parlamento vai além daquilo que você diz. Sua adrenalina aumenta e seus sentidos ficam aguçados. Eu gostava e, em meus melhores momentos, dominava a Câmara.

Essas habilidades são demonstradas no que ficou conhecido como "discurso de misoginia", com o qual derrubei meu oponente político, o líder da oposição, em outubro de 2012. Tornou-se um sucesso viral, foi cantado por um coral e — isso foi um tanto bizarro — desfrutou de um renascimento recente no TikTok. Mulheres de todo o mundo me perguntam como pude fazer um discurso assim. Minha melhor resposta é que eu vinha desenvolvendo minha habilidade de falar com força havia anos. Acrescente-se uma grande dose de raiva, e *voilà*. Fora das disputas na Câmara dos Representantes, preferia polidez e discussão a grosseria e conflito. Sempre detestei confrontos pessoais e desprezei a depreciação, deliberada ou inadvertida, por parte dos poderosos contra os de menos status. Se quiser julgar o caráter de alguém, observe como responde à pessoa que o serve à mesa ou em um balcão. Sempre quero trabalhar com as pessoas de maneira respeitosa, com o objetivo de encontrar um caminho comum para avançar. Repetidamente, em situações muito diferentes, tive o prazer de formar um grupo diversificado em uma equipe leal e de alto desempenho.

Essas habilidades de construção de consenso me ajudaram muito a navegar nas complexidades de realizar grandes reformas enquanto liderava um governo minoritário que precisava contar com os votos de um pequeno partido político e de importantes parlamentares independentes para aprovar leis.

Tudo isso significa que meu estilo de liderança era, certamente, uma mistura de características que as pessoas considerariam, de maneira estereotipada, "masculinas" e "femininas".

Quando me tornei primeira-ministra, entendi que ser a primeira mulher no cargo seria visto como notícia importante. Portanto, não vi a necessidade de eu mesma citar esse fato ou fazer campanha com base no gênero. Também presumi que a reação máxima a meu gênero ocorreria no início de meu mandato e depois tudo se normalizaria, como de costume.

Mas, na verdade, o que descobri foi que, quanto mais tempo eu atuava como primeira-ministra, mais estridente o machismo se tornava. Inevitavelmente, os governos têm que tomar decisões difíceis, das quais algumas pessoas gostam e outras odeiam. Isso certamente se aplica ao governo que liderei. A diferença é que a arma mais usada em debates políticos difíceis se tornou o tipo de insulto que só se dirige a uma mulher. Isso surgiu como tendência ao lado do que já era uma lente de gênero para ver meu governo. Todo estereótipo negativo que você possa imaginar — vadia, bruxa, vagabunda, gorda, feia, que odeia crianças, menopáusica —, tudo foi dito.

Se eu pudesse voltar no tempo, certamente faria duas coisas diferentes. Primeiro, apontaria o preconceito na esperança de neutralizá-lo um pouco. Se durante meu período inicial como primeira-ministra houvesse exposto alguns exemplos de machismo, talvez tivesse provocado um debate que teria estabelecido algumas novas normas. Em segundo lugar, tentaria alcançar os líderes comunitários além do mundo da política — homens, principalmente — e envolvê-los na exposição do machismo. Essas vozes teriam sido vistas como mais objetivas que a minha.

Mas, ao oferecer essas conclusões, não quero induzi-lo a acreditar que desenvolvi respostas fixas para as diversas questões que envolvem as mulheres na liderança. Apesar de minha longa experiência política e da exposição ao pensamento feminista, ainda estou resolvendo as coisas. Pode acreditar, quase quarenta anos de contemplação ainda não é tempo suficiente para resolver esse quebra-cabeça.

Quando deixei o cargo de primeira-ministra e me sentei para escrever o relato de minhas experiências, *My Story* [Minha história], eu me propus a tarefa de incluir um capítulo sobre o que na época chamei de "A curiosa questão de gênero". Para me preparar para escrevê-lo, estudei trabalhos acadêmicos sobre gênero e liderança. Isso ajudou muito, tanto para abrir meus olhos para novas evidências e ideias, como para me permitir situar minhas experiências individuais em um contexto mais amplo.

No entanto, ainda tinha a frustrante sensação de que não sabia o suficiente e que coletivamente, como mulheres, não tínhamos disponível uma base de pesquisa profunda o bastante. Especificamente, não tínhamos soluções claras e comprovadas para superar todas as barreiras para as mulheres se tornarem líderes e terem sua liderança avaliada de forma justa. Depois de atuar algumas semanas como professora visitante no King's College de Londres, em 2016, apresentei a ideia de criar um instituto global cujo foco seria gerar e popularizar esse tipo de pesquisas e evidências. Apresentei a ideia pela primeira vez em um coquetel de despedida com a equipe, e, quanto mais a defendíamos nos sóbrios meses seguintes, mais gostávamos dela. Em abril de 2018, lançamos o Global Institute for Women's Leadership [Instituto Global para Liderança de Mulheres] (GIWL) em Londres, na King's, e agora há um instituto irmão na Universidade Nacional Australiana em Camberra.

O trabalho do GIWL me ajudou a desenvolver ainda mais meu próprio ponto de vista, de modo que agora acredito que sou uma defensora da liderança feminina mais bem equipada do que era quando primeira-ministra.

No entanto, para mim, foi mais que uma jornada intelectual. Isso me fez questionar se por acaso, há tantos anos, ao adotar minha versão prática e ativa do feminismo, não perdi alguns dos aspectos emocionantes, quase espirituais, da irmandade e da solidariedade. Eu me pergunto se, em minha jornada na política, fui uma feminista ativa e analítica, porém insensível.

Com isso quero dizer que, quando — como sempre acontecia — me encontrava em uma mesa de tomada de decisões cheia de homens, sentia-me motivada a procurar maneiras de atrair mais mulheres, mas não pensava no que mudaria na dinâmica interpessoal da reunião como resultado. Quando via uma mulher conquistar uma "primeira vez", ficava feliz por acrescentar à lista outra batalha vencida, mas não sentia como verdadeira a alegria da celebração. Se uma mulher reclamasse de haverem lhe negado uma promoção, ou de a interromperem em uma reunião, ou de a tratarem com indulgência, queria ajudá-la a superar isso, mas talvez não tenha sido a pessoa mais empática.

De certa forma, minha abordagem pragmática serviu como escudo protetor quando os tempos políticos eram feios e machistas. Não era dada a horas falando sobre sexismo e misoginia; preferia começar a fazer alguma coisa. Mas agora, em minha vida pós-política, a cada ano que passa sinto cada vez mais o apelo emocional de meu feminismo. A necessidade de revelar a colegas e amigos minha raiva quando a vibração do discurso público sobre uma líder é diferente só porque ela é mulher, a verdadeira sensação de conexão e energia que recebo ao me reunir com mulheres e falar sobre nossas experiências, ou a necessidade de consolar quando as coisas dão errado para uma mulher e de gritar de alegria quando dão certo.

O que isso me torna? Mais velha e mais sábia? Menos necessitada do manto protetor? Não sei. Uma das poucas ocasiões em que voltei ao Parlamento australiano desde que saí da política foi para assistir a uma jovem talentosa, Marielle Smith, fazer seu primeiro discurso como senadora. Marielle foi trabalhar comigo depois que voltei para Adelaide, foi fundamental para mim quando comecei a criar minha vida depois da política, e nos tornamos grandes amigas. A única parte boa de assistir aos resultados da eleição em maio de 2019, quando o Partido Trabalhista perdeu inesperadamente, foi ver a vitória dela. Lágrimas brotaram de meus olhos enquanto ela me agradecia pelo apoio. A reação de um de meus ex-colegas trabalhistas que ainda está no parlamento foi: "Caramba, você amoleceu, Gillard". Talvez seja essa a explicação. Talvez eu tenha amolecido.

Para mim, todas essas coisas juntas são a motivação para escrever este livro.

Eu queria estar intelectualmente engajada, continuar aprendendo mais sobre mulheres na liderança e mostrar ao leitor fatos, evidências e percepções. No entanto, pensar sozinha não seria suficiente para mim. Também queria sentir, deleitar-me com as histórias das mulheres, absorver a paixão e o poder delas quando falam em suas próprias palavras. Queria invocar, ao trazer essas histórias para você, uma sensação de conexão e solidariedade, um alimento para o espírito.

Feminismo do coração e da cabeça. Espero que, ao ler este livro, você sinta o mesmo prazer que eu tive ao escrevê-lo.

Mensagem de Ngozi

Julia se descreve como feminista e eu me descrevo como *mulherista* — uma palavra inventada pela escritora Alice Walker e posteriormente elaborada e usada por minha tia, Chikwenye Okonjo Ogunyemi, escritora e crítica. Uso a palavra "mulherista" para descrever meu respeito e minha admiração duradouros pelas mulheres em todos os lugares; por sua capacidade de fazer tanto, amar tanto e suportar tanto. Mulherismo descreve minha crença na igualdade de gênero, a noção de que meninas e meninos, mulheres e homens devem ter chances iguais na vida e oportunidades iguais de progredir.

Estatísticas objetivas sobre mulheres em cargos de liderança na política, nas finanças ou nos negócios, e sobre disparidades salariais entre homens e mulheres, além de minha própria experiência de vida, mostram que ainda temos um bom caminho a percorrer com relação à igualdade de gênero. E pode ser mais difícil se você for uma mulher negra. Talvez você esteja na base da piramide do poder que posiciona primeiro os homens brancos, depois os homens negros, as mulheres brancas e as mulheres negras. Não permiti que essa realidade abafasse meu otimismo pela vida nem diminuísse minha paixão pelo trabalho que faço. Ambas as qualidades me ajudaram a superar as adversidades e triunfar.

Faz alguns anos que desejo registrar minha jornada e compartilhá-la com outras mulheres, mas estava ocupada sendo uma servidora pública e uma tecnocrata mergulhada na política. Este último cargo me levou a eventos profundos e marcantes que significaram que, antes de chegar a este livro, tive que escrever outro sobre questões de transparência, boa governança e combate à corrupção, coisas que estiveram no centro de meus últimos quatro anos no governo. Esse livro, *Fighting Corruption Is Dangerous: The story behind the headlines*[2] [Combater a corrupção é perigoso: a história por trás das manchetes], foi concluído em meados de 2018 e traz minha experiência do que significa lutar contra interesses pessoais e construir instituições no governo.

Já descartado esse importante assunto, voltei-me para este livro, outro assunto importante. Ao contrário de Julia, que entrou na política no início de sua carreira, eu não era uma típica política. Fui selecionada para um cargo no governo e jogada na política com pouco ou nenhum preparo. A Nigéria tem um sistema presidencial ao estilo estadunidense. Isso significa que o presidente pode buscar além dos políticos eleitos para formar sua equipe de governo — por exemplo, tecnocratas, pessoas que ocupam cargos importantes em áreas técnicas. Fui selecionada para o governo duas vezes — pelos presidentes Olusegun Obasanjo, de 2003 a 2006, e Goodluck Jonathan, de 2011 a 2015. Tornei-me a primeira mulher e, até o momento, a ministra das Finanças da Nigéria que ficou por mais tempo no cargo, e brevemente a primeira ministra das Relações Exteriores. Minha saída do governo em 2015 criou a oportunidade de refletir e destilar minhas experiências, e queria compartilhar isso com mulheres mais jovens, que administram suas carreiras e aspiram a, ou já ocupam, posições de liderança na política ou no setor privado. Queria falar sobre o que é preciso para ocupar posições de risco e trabalhar para alcançar um cargo de liderança. Mas, francamente, também queria compartilhar, na forma de um livro, uma autodefesa.

Surpreendentemente, ainda há poucos exemplos de mulheres em cargos de liderança no setor público, e as líderes negras são ainda mais raras. Por isso, com frequência mulheres mais jovens me perguntam o que é necessário e como devem administrar sua carreira e equilibrar sua vida entre o trabalho e a casa. Elas querem saber como equilibrei trabalhos difíceis e a família que tinha. Como equilibrei marido, quatro filhos e uma carreira com viagens frequentes ao exterior, é o que me perguntam. As jovens que me procuram querem mentoria, e considero uma honra que as pessoas queiram aprender comigo. Mas um verdadeiro trabalho de mentoria é intensivo e exaustivo, e só dá para aceitar um determinado número de mulheres — e, sim, de homens — por vez. Sempre me sentia culpada quando tinha que dizer a alguém: "Desculpe, não posso aceitar mais ninguém". Portanto, um livro me pareceu uma maneira de alcançar mais pessoas e responder às inúmeras perguntas que as mulheres me fizeram sobre como administrar o caminho rumo à liderança ou ao sucesso na carreira, independentemente de como se defina sucesso.

Enquanto refletia sobre essas questões nos anos após 2015 e pensava sobre minha própria jornada como a primeira mulher ministra das Finanças e das Relações Exteriores da Nigéria, observei uma série de eventos acontecendo ao redor do mundo que derrubaram líderes femininas, como as presidentes Park Geun-hye, da Coreia do Sul, e Dilma Rousseff, do Brasil. Hillary Clinton perdeu a eleição presidencial de 2016 nos Estados Unidos, Joyce Banda saiu por um tempo de seu país [Malaui], e assim por diante. As mulheres líderes pareciam estar passando por um momento difícil, e comecei a me perguntar: quais foram suas jornadas de liderança? O que as levou ao ponto em que estão agora? Que sucessos e fracassos poderiam compartilhar? O que outras mulheres poderiam aprender com suas jornadas de liderança? Comecei a discutir essas questões com Julia Gillard, a primeira mulher primeira-ministra de um país da Comunidade Britânica, a Austrália. Éramos ambas membros da "Comissão Internacional de Financiamento da Oportunidade Global de Educação", presidida por Gordon Brown, e me senti atraída por Julia porque ela era uma mulher que também havia passado por momentos difíceis em seu cargo de primeira-ministra. Claro, Julia tinha sido eleita — uma primeira-ministra e política experiente em comparação a alguém como eu, que havia sido selecionada para um cargo político. Mesmo assim, achei que tínhamos muito em comum. Descobri em Julia uma autoproclamada feminista com um jeito direto e envolvente e uma mente perspicaz e clara que também refletia sobre o destino de mulheres líderes no mundo todo. Trocamos pontos de vista em várias ocasiões e concluímos que havia algumas narrativas emergindo das experiências de mulheres líderes, e algumas hipóteses que poderíamos formular e testar para retratar as jornadas de carreira e liderança de uma forma útil para as mulheres. Mas, para chegar lá, precisaríamos conversar com outras líderes e testar essas hipóteses em comparação com suas experiências e as nossas. Algumas circunstâncias que envolveram a ascensão à liderança e a queda de certas mulheres líderes foram verdadeiramente únicas, e pensamos que esses casos eram especiais demais para extrapolar. Portanto, concentramo-nos em líderes cuja trajetória de carreira e experiência na política e no governo poderia ser mais facilmente aproveitada. Isso resultou nas mulheres que você encontra neste volume, em suas histórias, seus caminhos de liderança, suas e nossas experiências da vida real que comprovam ou refutam várias hipóteses sobre as mulheres na liderança.

Espero que você leia e se identifique com essas histórias e sorria diante da familiaridade de algumas das narrativas. Acima de tudo, espero que possa aproveitar algo daqui que a ajude em seu próprio caminho.

Obrigada às nossas mulheres líderes

Embora nossos próprios esforços e perspectivas sejam o ingrediente principal deste livro, este projeto não teria valido nada se oito mulheres líderes não houvessem disponibilizado livremente seu tempo e falado com franqueza. Agradecemos sinceramente a Jacinda Ardern, Michelle Bachelet, Joyce Banda, Hillary Rodham Clinton, Christine Lagarde, Theresa May, Ellen Johnson Sirleaf e Erna Solberg pela confiança que depositaram em nós, e esperamos que sintam que este livro é fiel ao que desejavam transmitir.

Outro ingrediente importante deste livro é o trabalho de acadêmicos e outros que tentam elucidar questões sobre gênero. Obrigada por sua inteligência e suas percepções.

Nossos agradecimentos especiais vão para aqueles que trabalham diretamente conosco e para os amigos que ofereceram apoio e orientação ao longo do caminho.

Por último, mas não menos importante, obrigada às nossas famílias por nos tolerar durante o que chamamos de "prisão do livro", trancadas enquanto escrevíamos. Cada uma de nós espera que as meninas e os meninos mais novos de nossas famílias herdem um mundo no qual os líderes sejam selecionados ou eleitos com base em avaliações justas de sabedoria e capacidade. Este livro é nossa contribuição para chegar lá. Esperamos que o conteúdo informe e inspire e que você curta as ocasionais risadas.

1

Fazendo as contas

Quantas mulheres ganharam um Oscar de Melhor Direção? A resposta é: uma, Kathryn Bigelow, pelo filme *Guerra ao terror*. Isso significa que há uma mulher para 93 homens na história do Oscar.[1]

É um resultado desanimador, mas poderia ser pior. Muitas vezes, a resposta a uma pergunta que começa com as palavras "Quantas mulheres..." é zero. Vejamos algumas.

Quantas mulheres lideraram as Nações Unidas ou o Banco Mundial? Zero.

Quantas mulheres já ocuparam o cargo de presidente dos Estados Unidos, França, Nigéria, México ou Japão? Zero.

Quantas mulheres foram primeira-ministra da Itália, Espanha, Suécia, Malásia ou Cingapura? Zero.

Apenas 57 países dos 193 que são membros das Nações Unidas tiveram uma mulher ocupando o mais alto cargo político com poder executivo em seu país, seja presidente ou primeira-ministra. Isso significa que 70% das nações sempre foram lideradas por um homem. Se somarmos as mulheres que ocuparam cargos fixa ou temporariamente, o número sobe para 62 países, o que significa que mais de 60% das nações nunca viram uma mulher no cargo mais alto, nem mesmo como substituta.[2]

Apenas 13 países tiveram mais de uma mulher na liderança, e desses, só a Nova Zelândia e a Islândia tiveram três mulheres líderes.[3] Nenhum país jamais teve quatro ou mais mulheres líderes.

Outro jeito de olhar para esses números é verificar quantas mulheres lideraram nações ao mesmo tempo. Em 2010, 14 nações membros da ONU tinham mulheres líderes. Em 2019, o número havia atingido o pico histórico de 18 mulheres líderes ocupando cargos no mesmo ano. Em 2020, quando este livro foi escrito, o número caiu para 13, ou pouco menos de 7% dos países membros da ONU. O crescimento no número de mulheres líderes foi mais rápido na década anterior, subindo de uma base de quatro em 2000. O último ano em que não houve mulheres líderes foi 1978.[4]

Embora os números tenham mudado ano a ano, no todo isso significa que, quando os conselhos mundiais se reúnem, os corpos são predominantemente masculinos.

Veja, por exemplo, o G20, que é um fórum regular que reúne os líderes dos 20 lugares do mundo com as maiores economias. Hoje, quando o fórum é convocado, a chanceler Angela Merkel, da Alemanha, é a única mulher líder nacional sentada à mesa. Felizmente, ela não está completamente sozinha. Ursula von der Leyen, presidente da Comissão Europeia, comparece, porque a União Europeia (UE) tem status de país. Kristalina Georgieva também comparece como diretora-geral do Fundo Monetário Internacional (FMI).

Ngozi e Julia já participaram de reuniões do G20, mas não ao mesmo tempo. Durante a época de crise financeira global, Ngozi participou por conta de seu cargo de diretora-geral do Banco Mundial e foi brevemente *sherpa*, que é o nome dado aos principais funcionários que elaboram o comunicado oficial. Esse nome é um termo emprestado do alpinismo e se encaixa com o fato de todo esse evento ser visto como um "pico".

Como primeira-ministra, Julia participou de reuniões do G20 representando a Austrália. As mulheres líderes sempre estiveram dramaticamente em minoria. Na reunião de 2012, Julia viu mais mulheres. Angela também compareceu, assim como as presidentes Dilma Rousseff, do Brasil, e Cristina Kirchner, da Argentina. Christine Lagarde também estava lá, representando o FMI. No que diz respeito ao equilíbrio de gênero nas reuniões do G20, as coisas andaram para trás desde então. Julia também participou de reuniões do Fórum de Cooperação Econômica Ásia-Pacífico (Apec), que reúne os líderes de economias que representam 60% da produção mundial e 47% do comércio global. Os

21 membros, que incluem países como Estados Unidos, China, Chile, México e Japão, abrigam quase 40% da população de nosso planeta. Quando Julia foi à reunião da Apec no Havaí em 2011, ela era a única mulher líder presente. Quando a Apec se reuniu pela última vez, em 2018, duas mulheres, Jacinda Ardern, da Nova Zelândia, e Carrie Lam, de Hong Kong, compareceram. Um passo à frente, mas não o suficiente. Dado que existem quase 4 bilhões de mulheres e meninas vivas hoje, como pode ser que as probabilidades de que tenham uma mulher liderando sua nação ainda sejam tão severamente pequenas? Na verdade, como é possível que tão poucas mulheres as representem no parlamento de suas nações? Hoje, apenas um de cada quatro parlamentares no mundo todo é mulher. Nos últimos 25 anos, esse número dobrou, o que já é um progresso.

No entanto, é difícil entusiasmar-se com um resultado que significa que três a cada quatro tomadores de decisões políticas em 2020 são homens.[5]

Os resultados são piores quanto mais alto for o nível político. Dos 3.343 cargos ministeriais analisados pelo Fórum Econômico Mundial em 153 países, apenas 21% eram ocupados por mulheres.[6]

A limitação de gênero no número de mulheres parlamentares e ministras tem um grande impacto. Embora os sistemas políticos variem enormemente, em muitos países não é constitucionalmente possível se tornar líder de uma nação a menos que o indivíduo seja primeiro um parlamentar. Isso se aplica aos sistemas ao estilo de Westminster, nos quais o cargo executivo mais alto é o de primeiro-ministro.

Mesmo em países sem essa estrutura específica, é comum que as pessoas tenham experiência em cargos eleitos antes de visarem ao cargo mais alto. Se as mulheres não forem inseridas igualmente nos níveis da política, incluindo fóruns de tomada de decisão locais e regionais, bem como nas camadas da política nacional, esse preconceito provavelmente será transmitido a quem estiver na disputa para ocupar o posto máximo de liderança.

Este livro se esforça para encontrar respostas às profundas questões levantadas pela escassez de mulheres líderes de nações no mundo de hoje. Embora nos concentremos na liderança política, os mesmos tipos de questões de gênero afetam todas as áreas de nossa vida.

Por exemplo, os negócios com os quais as mulheres lidam como consumidoras e trabalhadoras são desproporcionalmente moldados pelos homens. A *Fortune 500* é uma lista das maiores empresas constituídas nos Estados Unidos. Muitas delas são nomes bem conhecidos mundo afora. Em junho de 2019, um recorde de gênero foi atingido: o número de mulheres na presidência dessas empresas atingiu o nível mais alto de todos os tempos. E esse número marcante foi de 6,6%.[7]

O Índice FTSE 100 reúne as maiores empresas da Bolsa de Valores de Londres. Embora a localização possa ser diferente, o número é o mesmo. Apenas seis dos cem CEOs são mulheres.[8] O Índice Hang Seng detalha as maiores empresas que negociam na Bolsa de Valores de Hong Kong. Aí a situação piora. Das 50 principais empresas listadas, apenas uma tem CEO do gênero feminino.[9]

Como cidadãs que desejam ficar por dentro das novidades sobre o que está acontecendo no mundo, é muito provável que as mulheres acabem lendo ou ouvindo comunicados escritos por homens, apresentados por homens ou sobre homens. Apenas 24% das pessoas ouvidas, lidas ou vistas na mídia são mulheres. Pior ainda: apenas 4% das matérias claramente desafiam os estereótipos de gênero.[10]

No final de um dia longo e difícil, as mulheres que querem relaxar assistindo a um filme ou programa de televisão, ou acompanhadas de um bom livro, ainda terão que ler, ouvir ou ver homens.

Escolha um dos cem maiores sucessos de bilheteria, e a probabilidade é de que as vozes sejam desproporcionalmente masculinas. Um estudo anual desses filmes, conduzido por 12 anos consecutivos, concluiu que personagens femininas com falas ocuparam apenas 30,9% de todos os papéis.[11]

Ligue a televisão, seja aberta, a cabo ou por *streaming*, e as personagens femininas representam menos da metade das retratadas na tela e, quando aparecem, têm maior probabilidade de desempenhar um papel de cunho pessoal — ser mãe, por exemplo — do que profissional.[12]

Quer assistir a algum esporte? Embora uma espectadora possa nunca ser capaz de se imaginar realizando as mesmas acrobacias físicas das atletas profissionais que ela admira, pelo menos pode se identificar com a disparidade salarial de gênero. Analisando o salário de todas as mulheres trabalhadoras no mundo todo, para cada dólar que um homem ganha, uma mulher ganha 63 centavos.[13] Ser uma atleta incrível não resolve os problemas salariais de gênero, e o número "63" surge novamente, mas em um contexto diferente. Serena Williams é a única mulher na lista dos cem atletas mais bem pagos do mundo hoje, e está na 63ª posição.[14]

Tente ler um livro, talvez escolhendo um romance de um autor vencedor do Prêmio Booker. Se o fizer, é grande a chance de que o autor seja homem, visto que 31 homens e 16 mulheres ganharam esse prêmio. E as obras dos ganhadores do Nobel de Literatura? As chances pioram. Esse prêmio foi concedido a 101 homens e apenas 15 mulheres. O fato de o comitê de premiação, em 2018, estar envolvido em um escândalo de má conduta sexual pode ser visto como a cereja do bolo desses números.[15]

É claro que o Prêmio Nobel é dado por outras realizações importantes, incluindo contribuições para a paz e a pesquisa científica. Em todo o espectro de categorias de prêmios, desde que a premiação começou, em 1901, mais de 900 pessoas ganharam o Prêmio Nobel. Apenas 53 delas são mulheres.

Quer as mulheres estejam usando cintos de segurança e *airbags* para proteção em caso de acidente de carro, ou medindo cuidadosamente a dose de um medicamento prescrito para elas, é provável que as pesquisas por trás desses produtos da vida moderna tenham resultado de testes que foram de maior relevância para homens que para mulheres. Os manequins de testes de colisão usados para os projetos dos itens de segurança dos veículos são quase sempre do tamanho e da forma de um homem. Como resultado, o equipamento destinado a proteger não funciona tão bem para as mulheres, que têm probabilidade 17% maior de morrer em um acidente automobilístico.[16] As mulheres também são submetidas com muito menos frequência a testes farmacêuticos. A razão apresentada para isso é o dinheiro — porque é mais caro controlar as variações hormonais associadas à menstruação.[17]

É preocupante o fato de que corremos um grande risco de não deixar para trás esse tipo de distorção de gênero no campo da inovação, dadas as barreiras históricas para as mulheres entrarem nos campos de ciência, tecnologia, engenharia e matemática. Como resultado, muito do trabalho de projetar e moldar os produtos e serviços do futuro está sendo feito por homens. Em *big data* e inteligência artificial, as mulheres são cerca de 26% da força de trabalho, na engenharia apenas 15%, e na computação em nuvem meros 12%.[18]

As estatísticas de gênero no setor de capital de risco, que define por meio de seus investimentos quais novas ideias vão sobreviver e prosperar, são ainda piores. Por exemplo, apenas 12% das pessoas nos Estados Unidos que decidem para onde deve ir o financiamento de capital de risco são mulheres.[19] Em termos de quem recebe os fundos, atualmente apenas 2,7% vão para empresas fundadas exclusivamente por mulheres, e 11,8% para equipes de fundadores de gêneros mistos.[20] Isso significa que o dinheiro está sendo predominantemente investido por homens em homens, e em suas ideias para o que deveria ser nosso futuro compartilhado e com igualdade de gênero.

A discriminação de gênero tem muito mais dimensões, como violência sexual, casamento precoce, tráfico de pessoas, crimes contra a honra, negação dos direitos reprodutivos... e a lista continua.

Mas descrever todas as características, repercussões e efeitos propagadores da masculinidade do mundo ao nosso redor não é o objetivo deste livro. Nossa missão é examinar os diversos obstáculos que impedem as mulheres de se tornarem líderes, com o objetivo de descobrir a melhor forma de tirá-los do caminho.

Vemos como tarefa urgente a necessidade de ter um número igual de mulheres líderes na política e nos negócios no mundo todo.

O Fórum Econômico Mundial calculou que, se continuarmos a melhorar no ritmo atual, o fechamento da lacuna global de gênero na representação política levará 95 anos.

O ritmo da mudança é tão lento que não só não atingiremos a igualdade de gênero durante nossa vida, como também é provável que não aconteça durante a vida das crianças que nascem hoje.

Nossa escolha é entre deixar o mundo rastejar em direção ao amanhecer da igualdade política de gênero no ano 2115 ou agir de forma mais dramática agora. Embora a mudança rápida seja, sem dúvida, difícil de conseguir, esperar por si só seria intolerável.

Esperamos que você se identifique com nossa determinação fixa e extrema impaciência. Vamos conseguir.

2

Nossa estrutura

A julgar pela grande popularidade dos programas de televisão de investigação criminal, parece que os seres humanos são fascinados pelo que acontece em necrotérios. Programas sobre autópsias têm boas avaliações.

Na vida real, a maioria das pessoas provavelmente acharia difícil demais encarar sangue e vísceras. Mas imaginemos, por um momento, que consigamos deixar de lado os escrúpulos e passemos o dia cortando cérebros. O que encontraríamos? A resposta é um monte de substância mole cinza-rosada, com dobras e vincos.

O que definitivamente não encontraríamos são diferenças consistentes e óbvias entre os cérebros masculino e feminino. Muitos livros do estilo *Homens são de Marte, mulheres são de Vênus* dão a impressão de que a neurociência pode pegar atributos estereotipados masculinos e femininos e mostrar no cérebro o que os causa. Esse pedaço controla a comunicação e é maior nas mulheres. Os homens têm um lobo maior, que se relaciona com a percepção espacial. E assim por diante.

Esses tipos de histórias simplórias são mais ficção que fatos. Os cientistas encontraram algumas diferenças na média entre homens e mulheres. Os homens tendem a ter cérebro maior que o das mulheres, mas isso é consistente com o fato de que homens geralmente têm órgãos maiores, como fígado e rins. Não há estudo que correlacione sexo, tamanho do cérebro e inteligência humana. Um estudo do Reino Unido, com cerca de

5 mil cérebros, felizmente feito por ressonâncias magnéticas em pacientes vivos, descobriu que, em média, em termos de idade, as mulheres tendiam a ter um córtex cerebral significativamente mais espesso em comparação com os homens.[1] Em termos de tamanho do cérebro, havia 14 regiões onde os homens tinham maior volume médio do cérebro, e dez regiões onde as mulheres tinham.

Claro que é tentador colocar rótulos nas funções com as quais essas regiões subcorticais estão associadas, criar uma teoria de cérebros masculinos e femininos e, a seguir, usá-la para explicar as diferenças de gênero em nossa sociedade. Mas tal abordagem esbarra em grandes obstáculos. Em primeiro lugar, a complexidade do destino de um ser humano, sem falar nas estruturas e nas relações de poder dentro de nossa sociedade, não pode ser extrapolada tão facilmente do material esponjoso de nossa cabeça. Não está claro como as diferenças no cérebro se relacionam com o comportamento. Ou, em outras palavras, um legista diante de quatro cérebros em uma mesa de autópsia, informado de que esses órgãos pertenciam a um astrofísico, um poeta, um ditador tirânico e um salvador dos pobres, afora de um mero palpite, não seria capaz de relacionar o cérebro à pessoa.

Em segundo lugar, nada disso nos leva a lugar algum, já que nosso cérebro literalmente muda de forma dependendo da maneira como o usamos. O cérebro de Albert Einstein foi muito dissecado e estudado depois que ele morreu — cada dobra, córtex e conexão entre os hemisférios. Mas, mesmo depois de tantos estudos, é impossível para os cientistas dizer quanto da variação entre o cérebro de Einstein e um cérebro normal explica sua genialidade, em oposição a quanto sua vida de pensamento profundo esculpiu seu cérebro.

Este é um exemplo individual do dilema da plasticidade estrutural: quaisquer diferenças estruturais entre o cérebro masculino e feminino são a explicação para o comportamento masculino e feminino diferente ou são variações explicadas por ambientes de gênero, estereótipos e, consequentemente, experiências de vida, o que significa que o cérebro dos homens obtém mais treino em uma área e o das mulheres em outra? Talvez um dia não estejamos tão perdidos entre causa e efeito. Mas, por enquanto, aqui estamos.

Alguns sugeriram que não é tanto a estrutura da matéria cinza-rosada em nossa cabeça, mas sim os hormônios que os humanos têm antes e perto do nascimento que criam o cérebro e os comportamentos masculinos e femininos. A maioria das pessoas se lembra, das aulas de ciências do ensino médio, que cromossomos e hormônios diferem entre homens e mulheres. Professores de biologia têm que aguentar muitas risadas adolescentes na hora de explicar que um cromossomo Y significa que um feto desenvolverá genitália masculina. O mesmo feto também experimentará um pico de testosterona por volta da 8ª à 16ª semana no útero. Uma segunda onda menor de testosterona atinge meninos recém-nascidos e dura cerca de três meses.

Mas, em termos de caráter, será que esses picos hormonais significam alguma coisa, especialmente considerando que os fetos femininos também são expostos a um pouco de testosterona no útero?

Em seu maravilhoso livro *Delusions of Gender* [Ilusões de gênero], a psicóloga e escritora científica Cordelia Fine detalha os muitos estudos que tentaram considerar a testosterona como o previsor de diferenças de gênero.[2] Um conjunto de estudos envolveu mães que precisavam ter seu líquido amniótico testado durante a gravidez. Registrou-se a quantidade de testosterona no fluido, o que foi uma forma indireta de medir quanto desse hormônio cada feto experimentara.

Então, em vários momentos após o nascimento, as habilidades de empatia dessas crianças foram estudadas de maneiras diferentes. Será que uma dose alta de testosterona resultaria em uma criança menos empática, uma vez que a empatia é considerada uma característica mais feminina? Nenhuma correlação direta foi encontrada de forma consistente, tampouco eram os meninos confiavelmente inferiores no domínio social. Os cientistas continuam a estudar os tipos de capacidades complexas com base na experiência que são importantes para a liderança, e, à medida que o fazem, tornam-se mais tênues as alegações de vínculos com os níveis hormonais no início da vida.

A conclusão de Cordelia é de que precisamos ter cuidado com os relatórios exagerados que nos dizem que há evidências científicas sólidas de que as diferenças de sexo estão embutidas nos seres humanos. Cuidado com o neuromachismo que se passa por neurociência.

Mesmo no futuro, quando o estudo da neurociência e das diferenças entre os sexos estiver mais avançado, os especialistas continuarão a nos dizer que o cérebro masculino e o feminino são mais semelhantes que diferentes. Cada um é um mosaico de características que combina prontamente alguns atributos que as ressonâncias cerebrais nos dizem ser mais prováveis de encontrar na cabeça de um homem, e alguns que existem mais comumente na cabeça de uma mulher.

Nesse contexto, existe realmente um estilo de liderança feminino? As mulheres são mais solidárias e atenciosas, têm um estilo multitarefa e de construção de equipes? Os homens tendem a ser mais comandantes, controladores e competitivos e a se concentrar em uma única tarefa de cada vez?

Muitas pessoas responderiam prontamente *sim* a essas perguntas. Mas, para estas autoras, a situação é um pouco mais complexa.

Este livro não teve como premissa a ideia de que existem diferenças inerentes e biologicamente determinadas entre a maneira como homens e mulheres lideram. Acreditamos que, na medida em que existem variações, elas surgem porque, em cada fase da vida, homens e mulheres são socializados e estereotipados de maneiras diferentes.

Pense quantas vezes na história da humanidade, após a notícia do nascimento de um bebê, a primeira pergunta feita foi "menino ou menina?". A partir desse momento, essa criança está imersa em um ambiente de diferenças de gênero. Em algumas partes do mundo, o estereótipo agora começa ainda mais cedo, quando os pais promovem uma elaborada festa de "revelação de gênero" meses antes do nascimento do bebê.

Pense quantas vezes a criança que organiza as brincadeiras no parquinho foi descrita como um "líder nato" se for menino e como uma "menininha mandona" se for menina. Ou como as imagens de autoridade que nos rodeiam e surgem prontamente em nossa mente são de homens de terno, uniforme, manto e, portanto, definitivamente no comando.

É claro que, no mundo todo, milhões de pessoas resistem a esse estereótipo de gênero todos os dias, incluindo muitos pais que se esforçam corajosamente para criar seus filhos em um ambiente livre disso. Mas, inevitavelmente, as expectativas da sociedade se infiltram, e um pai frustrado pode correr o risco de perder a discussão quando sua filha diz, com absoluta certeza, que "rosa é para meninas".

Desde a infância até a idade adulta, a socialização e os estereótipos são parte do que molda as mulheres e os homens, incluindo seus estilos de liderança. Em nossas entrevistas, nós nos esforçamos para extrair o impacto de quaisquer suposições sobre ser mulher que cercaram nossas mulheres líderes quando elas estavam crescendo, começando, subindo ou liderando.

No entanto, este livro pretende fazer mais que analisar os preconceitos, conscientes e inconscientes, que estão em nossos pensamentos sobre gênero. Também analisamos as barreiras estruturais que prendem as mulheres, incluindo o labirinto de vidro, o teto de vidro e o penhasco de vidro. Sim, é um monte de vidro, e, para as mulheres que os atravessam, há sempre a desagradável consequência de estarem cercadas de fragmentos cortantes e perigosos. Ainda assim, cada barreira de vidro precisa ser compreendida.

O labirinto de vidro é o conjunto de obstáculos que impede as mulheres de tentar subir de nível em um emprego básico.[3] A maneira como essas barreiras impedem o progresso de muitas mulheres dá origem ao *pipeline problem*: a ladainha de que não pode haver um número igual de mulheres presidentes e primeiras-ministras porque não há mulheres parlamentares, ou ministras, ou membros de partidos políticos suficientes, e é impossível ser líder sem antes estar em um ou todos esses grupos. Ao mapearmos as jornadas de nossas líderes rumo ao poder, aprendemos como navegar nesse labirinto.

O penhasco de vidro é o documentado fenômeno de que as organizações buscam e aceitam a liderança das mulheres quando estão em apuros. Esse termo foi criado em 2004, em resposta a afirmações, publicadas na primeira página do *Times* de Londres, de que, nas cem maiores empresas, o aumento do número de mulheres nos conselhos estava "causando estragos" nos preços das ações.[4] Em uma análise mais aprofundada, pesquisadores descobriram que um preço de ação estável era geralmente o que levava à nomeação de um homem a diretor, mas muitas vezes uma mulher era nomeada após um período de baixo desempenho no preço das ações.[5] Quando a situação era "estável", uma indicação masculina regular era feita, mas, se houvesse uma crise, era hora de tentar uma mulher.

Mais pesquisas demonstraram que, em tempos difíceis, empregar um gestor bom em ajudar as pessoas a superar a crise é visto como desejável.[6] Como resultado da busca por essa habilidade de cuidado, que é estereotipada como feminina, os comitês de seleção eram mais propensos a escolher uma mulher para liderar nos piores momentos. Essa atitude daqueles que fazem a nomeação pode muito bem ser agravada pela atitude da nova pessoa recrutada. Só uma mulher de fora poderia pensar em assumir uma posição de tão alto risco. Para ela, pode ser uma escolha racional, porque, a menos que aceite a oportunidade e o desafio, é improvável que lhe seja oferecido outro emprego desse nível. Já para um homem com mais opções, a escolha inteligente pode ser dizer *não*. Algumas das mulheres líderes deste livro sobreviveram ao penhasco de vidro e falam sobre isso. As autoras também conhecem essa experiência.

Por fim, existe aquele teto de vidro alto e duro que confina uma mulher ao segundo lugar e a impede de chegar ao primeiro. Também falamos sobre como é dar com a cabeça em um desses tetos.

Nossas mulheres líderes falam sobre essas barreiras de uma forma muito humana e analítica. Ouvimos falar de tempos em que o mais difícil de superar eram as próprias dúvidas, e em que o sistema político, com suas estruturas e regras historicamente determinadas por homens, trabalhava para excluí-las.

Este livro fala de liderança e gênero. Quando usamos esta última palavra, estamos nos referindo às características socialmente construídas que são atribuídas a mulheres e homens e à relação de cada grupo entre si e com o poder. Nossa suposição inicial foi que, embora as construções de gênero variem por nação e cultura, na verdade há mais coisas em comum do que diferentes no mundo todo em termos de gênero e liderança. Essa é uma proposição que analisamos e testamos.

Sabemos que é preciso mais para alcançar a diversidade na liderança do que simplesmente ter mais mulheres líderes. Qualquer um que tenha ficado isolado por alguns anos, perdido toda a conversa política e depois voltado ainda estaria certo, na maioria das vezes, se chutasse que o primeiro-ministro ou o presidente era um homem heterossexual do grupo racial mais privilegiado de seu país.

Todos nós adoraríamos ver um futuro em que as reuniões do Conselho de Segurança das Nações Unidas ou do G20 fossem tão diversificadas quanto as pessoas do planeta Terra. Em particular, seria maravilhoso ver líderes de todas as raças e sexualidades, que se identifiquem como homens, mulheres ou não binários. O que seria ainda mais emocionante é se cada um deles fosse julgado pelo calibre de sua contribuição, não pela cor de sua pele, por quem ama, por sua aparência ou se sua identidade de gênero corresponde a seu sexo biológico.

Quando chegarmos a esse ponto, uma linguagem mais ampla e inclusiva sobre sexo e gênero será necessária para que os escritores discutam e analisem a liderança contemporânea. Mas, devido a quem detém o poder político no mundo de hoje, foi suficiente usar o binário tradicional de feminino e masculino, mulheres e homens, ao escrever este livro.

Alcançar esse mundo melhor exigirá mudanças profundas, e acreditamos que todos os tipos de exclusão devem ser estudados, discutidos e contestados. Este livro não pretende cobrir essa vasta gama de questões. Dedica-se à mudança sísmica necessária para permitir que as mulheres tenham acesso igual e justo à liderança.

Este livro também fala sobre conseguir, manter e usar o poder. O movimento feminista abrange muitas pessoas que desafiam os paradigmas de poder piramidal de nossas sociedades, incluindo os políticos. Há um desejo de ir além dos sistemas antagonistas cheios de vencedores e perdedores, líderes e seguidores.

As autoras respeitam esses argumentos, mas não acreditam que a luta pela igualdade na liderança das mulheres deva ser interrompida até que surjam processos de tomada de decisão mais consensuais. Ambas compartilhamos um senso de urgência sobre a renovação democrática e um maior envolvimento da comunidade, com estruturas mais horizontais e menor distância entre eleitores e líderes nacionais. No entanto, acreditamos que o fortalecimento de nossas democracias e a promoção da liderança das mulheres são causas que podem, e devem, ser buscadas ao mesmo tempo.

Visto que vivemos em um planeta que está em perigo devido a pandemias e à devastação da mudança climática, além de ser o lar de conflitos violentos e pobreza esmagadora, muitos que simpatizam com a igualdade de gênero ainda podem questionar se isso — com um foco particular em mulheres na liderança — é realmente prioridade. Entendemos — na verdade, aplaudimos — o impulso de priorizar a sustentabilidade e o desenvolvimento, mas seria um erro permitir que a igualdade de gênero e a liderança das mulheres caíssem na lista de tarefas pendentes.

Quando o mundo, por meio das Nações Unidas, adotou 17 objetivos para orientar as atividades de desenvolvimento sustentável de agora até

2030, a igualdade de gênero foi incluída por razões realistas, e não de bem-estar. Foi uma resposta às evidências que mostram que as mulheres suportam desproporcionalmente o fardo de lhes serem negadas educação, saúde e oportunidades econômicas, e uma mudança dramática só pode ser alcançada por meio do empoderamento feminino.

Por exemplo, pesquisas demonstraram que o envolvimento de mulheres na negociação de acordos de paz em sociedades emergentes de guerras civis e outras formas de conflito aumenta em 35% a probabilidade de que a estabilidade dure mais de 15 anos. De acordo com um estudo econômico, alcançar a igualdade de gênero poderia aumentar o PIB global em até 28 trilhões de dólares, ou 26%.[7]

Tudo isso significa que a versão mais pacífica e próspera de nosso planeta não pode ser alcançada sem uma maior inclusão das mulheres. Parte da capacitação das mulheres para ver e abraçar esse futuro melhor, para se imaginar fazendo conquistas no mundo do trabalho e na tarefa de construção da nação, é a liderança feminina.

Um estudo inspirador na Índia comprovou esse argumento de forma conclusiva.[8] Mostrou que, como resultado de verem a liderança feminina em sua aldeia, as adolescentes tinham maior probabilidade de esperar até depois dos 18 anos para se casar e de buscar um emprego que exigia escolaridade. Era menos provável que quisessem ser donas de casa ou que sua ocupação fosse determinada pelos sogros após o casamento. O impacto não se limitou apenas à ambição crescente. Depois de ver duas mulheres líderes, a diferença de gênero nos resultados educacionais entre meninos e meninas foi apagada, ou revertida. A liderança feminina mudou a vida da geração seguinte.

Portanto, acreditamos que paz, prosperidade compartilhada, igualdade de gênero e liderança feminina não são quatro destinos diferentes. Cada um é um fio no tecido entrelaçado de sociedades justas e sustentáveis. Ignorar, ou decidir esperar até mais tarde para focar na liderança feminina, não funciona. Fazer isso puxa um fio e estraga o tecido todo.

Líderes políticos, inclusive mulheres, costumam publicar biografias, e inevitavelmente muitos comentários são escritos sobre eles. Por isso, é justo perguntar: o que este livro está tentando fazer que todas as palavras publicadas antes ainda não fizeram? A resposta é que este livro aborda, de maneira diferente, a interpretação usual das histórias de mulheres líderes em três aspectos.

Primeiro, há poder no fato de este livro ser mais que a história de uma mulher. É difícil para uma mulher falar sobre questões de gênero sem ser criticada. Mesmo em biografias e memórias, as líderes mulheres às vezes evitam lidar profundamente com as questões de gênero, temendo uma revolta se um livro for visto como uma reclamação. Ao convidarmos várias mulheres para falar diretamente sobre gênero, criamos um espaço mais aberto para apresentar perspectivas. Nossas entrevistadas responderam às mesmas perguntas e sabiam que as outras mulheres também as responderiam. Isso ajudou a aliviar o fardo de serem potencialmente vistas como um só indivíduo lutando em uma cruzada por solidariedade.

Em segundo lugar, este livro é global. Normalmente, notícias e análises sobre o tratamento dado a uma líder mulher não são divulgadas. As vezes em que momentos relacionados ao gênero na liderança de uma mulher chamam a atenção global são poucas e distantes entre si. Um exemplo é o discurso contra a misoginia de Julia, que foi amplamente divulgado. Na melhor das hipóteses, há análises nacionais ocasionais de momentos altamente relacionados ao gênero e à maneira como uma líder feminina lidou com a situação. Na pior das hipóteses, há o silêncio.

Isso não permite uma maneira rápida e fácil de examinar os países para entender o que está acontecendo com várias mulheres líderes. Este livro faz uma tentativa deliberada de corrigir essa falta de perspectiva mundial. Usar um conjunto padrão de perguntas nos permitiu, em diferentes culturas e continentes, contrastar e comparar as experiências dessas mulheres.

Terceiro, o enquadramento predominante de nossa exploração das experiências de mulheres líderes são as pesquisas psicológicas disponíveis. É maravilhoso que, em tantos lugares do mundo, pesquisadores estejam agora reunindo pessoas, geralmente estudantes, e analisando, do ponto de vista teórico, suas atitudes em relação ao gênero em geral e às mulheres líderes em particular.

No entanto, a vida real está a um mundo de distância dessas condições. Queríamos ver quais partes do teste psicológico se aplicavam à arena punitiva da política. Para nós, todo o processo foi revelador.

Saímos com uma nova compreensão da corda bamba em que as líderes femininas precisam se equilibrar para serem vistas como "homens" o suficiente para fazer o trabalho, mas femininas o suficiente para não serem consideradas desagradáveis ou até mesmo serem desprezadas.

Depois de toda essa análise, propusemos uma série de estratégias de mudança, percepções para mulheres aspirantes, homens apoiadores, pais, a mídia, todos nós. Basicamente, a mudança acontece porque, nas sociedades de todo o mundo, milhões de mulheres e homens dizem a si mesmos e uns aos outros: "Vamos mudar isso". É nosso objetivo que este livro traga informações e ferramentas.

Como seria o mundo se tivéssemos números aproximadamente iguais de líderes mulheres e homens, e se sua liderança não fosse avaliada pelo prisma do gênero? Como pensadoras, achamos que essa questão precisa de análise cuidadosa.

É tentador dizer que o surgimento de mulheres líderes empáticas, encorajadoras e formadoras de equipes nos proporcionaria um mundo mais gentil. Mas esse raciocínio se desenvolve com base em estereótipos de gênero sobre as mulheres. Estamos mesmo almejando um mundo em que um homem egocêntrico, egoísta e implacável ainda possa chegar ao topo e ser visto como líder de sucesso, mas uma mulher só possa chegar lá se for carinhosa e solidária?

Existem duas respostas alternativas para essa pergunta. Podemos dizer a nós mesmas que, em um mundo igualitário, ninguém deve fazer suposições sobre o estilo de liderança com base no gênero. Algumas mulheres líderes seriam duras, exigentes e competitivas. Alguns homens seriam modestos, focados no trabalho em equipe e cuidadosos. Ou poderíamos dizer que valorizamos traços como ser comunal e compassivo, que são historicamente associados às mulheres, e, como eleitores, exigiremos que todos os líderes exibam tais atributos.

Além de não exigirmos que as mulheres líderes assumam o fardo de serem sempre as pessoas mais agradáveis, devemos ter cuidado ao justificar a liderança das mulheres com base no fato de que elas garantem resultados melhores que os dos homens.

Isso se faz muito no mundo corporativo. Hoje, costuma-se dizer que colocar mais mulheres nos conselhos de administração aumenta os lucros. No entanto, esse tipo de afirmação direta está muito à frente dos resultados das pesquisas, que dizem que as duas coisas só são correlacionadas de forma confiável em países com maior igualdade de gênero.[9] Então, como todo pesquisador tenta martelar em nossa cabeça, a correlação não explica a causalidade.

Na esfera política, há um alcance semelhante de justificativas empíricas para a liderança das mulheres. Alguns desses argumentos têm força. Por exemplo, há evidências de que equipes de liderança política mais inclusivas trazem diferentes questões à frente. Claro, é possível que um homem devote sua vida política a defender causas como a saúde reprodutiva, o acesso a creches e a erradicação da violência doméstica. Mas, até o momento, as evidências nos mostram que essas questões tendem a ser levadas à mesa de tomada de decisões por mulheres, muitas das quais podem falar com a clareza e a convicção que só a experiência pessoal pode dar.

E, finalmente, o caso da liderança das mulheres é moral. Em uma democracia, uma população deve ser capaz de olhar para seus líderes e ver um reflexo de toda a diversidade da sociedade. Que tipo de democracia é essa que concede o poder de voto, mas não uma perspectiva real de se tornar a pessoa votada?

Acreditamos profundamente que cada criança é única, mas cada uma deve ser dotada dos mesmos direitos e oportunidades. Cada uma deve ser capaz de sonhar os mesmos sonhos, incluindo o de querer se tornar presidente ou primeiro(a)-ministro(a). Ninguém deve encontrar obstáculos extras se quiser se tornar um líder.

3
Caminhos rumo ao poder: apresentando nossas líderes

Já jogou o jogo "Jantar perfeito"? Quem você convidaria para jantar e conversar se pudesse escolher qualquer pessoa do mundo?

Selecionar quais mulheres líderes entrevistar para este livro foi como tentar responder a essa pergunta. Que belo grupo de mulheres com quem trocar histórias diante de uma comida maravilhosa! Mas, na realidade, usamos um pouco mais de ciência para a tarefa de seleção.

Embora pudéssemos ter selecionado mulheres líderes de várias áreas de atuação, decidimos focar em líderes políticas. Em parte, essa escolha surgiu naturalmente de nossas experiências de vida. Ambas ocupamos cargos e somos entusiastas do poder das políticas para gerar mudanças. Em um mundo de crescente ceticismo sobre o que pode ser alcançado por governos em democracias, ambas ainda acreditamos de verdade que servir como um líder político é uma escolha de vida honrosa e impactante, quer seja candidatando-se a um cargo político, como Julia, quer seja selecionada por um presidente para o serviço público, como foi o caso de Ngozi.

Mas a escolha também proveio de nossa convicção de que cada dinâmica que se desenrola em torno das mulheres e da liderança está em seu ponto mais alto no ambiente de alta pressão e intensamente público da política. Embora as mulheres líderes em outras áreas também estejam frequentemente sob os olhos do público, nenhuma está mais exposta a julgamentos que aquelas cujo destino é determinado pelos eleitores.

Sabíamos que queríamos abranger diferentes contextos e culturas. Na verdade, nosso desejo de escrever o livro resultou de discussões nas quais comparamos o que sabíamos das experiências de mulheres líderes em países em desenvolvimento e economias emergentes com as do mundo desenvolvido. Nossa sensação era de que essas experiências eram muito mais semelhantes do que se poderia esperar, dadas as diferenças, muitas vezes nítidas, entre os locais.

Inicialmente, pensamos que esse conjunto de escolhas nos levaria a mulheres que já serviram ou estão servindo como presidentes e primeiras-ministras no mundo todo. Na verdade, incluímos mulheres que ocuparam ou atualmente exercem o poder no Chile, na Libéria, no Malaui, na Nova Zelândia, na Noruega e no Reino Unido.

Mas como não incluir Hillary Clinton, uma mulher que esteve tão perto de se tornar líder da nação mais poderosa do mundo? Afinal, entre todas, ela é a mulher com a experiência mais visível de gênero e política. Certamente, por ter trilhado um caminho único, suas lições poderiam nos ensinar algumas coisas sobre liderança. Conversar com Hillary em Nova York entrou em nossa lista de afazeres.

Assim como conversar com Christine Lagarde, que, como Ngozi, foi politicamente nomeada para servir como a primeira mulher ministra das Finanças em seu país, um cargo crucial e difícil. Christine se tornou a primeira mulher eleita para liderar o Fundo Monetário Internacional. Achamos que seria um grande erro perder as percepções de uma pessoa que quebrou vários tetos de vidro, assumiu um importante papel internacional em um momento de crise e participou de reuniões de líderes globais, incluindo o G20.

Conforme descrito no Capítulo 1, a chanceler Angela Merkel, da Alemanha, tem sido uma presença contínua nas reuniões do G20 desde o início. Eleita chanceler pela primeira vez em novembro de 2005, ela anunciou que se aposentaria desse cargo em 2021, tornando-a uma das líderes políticas femininas com mais tempo de serviço de todos os tempos. É claro que gostaríamos de entrevistá-la para este livro, mas, devido às enormes demandas sobre seu tempo, não conseguimos. Angela raramente fala sobre gênero e liderança. Certamente esperamos que, em seus anos pós-políticos, ela contribua para essa conversa vital.

Juntas, nossas entrevistadas formam um grupo dinâmico e diversificado de oito pessoas de todo o espectro político. Algumas são conhecidas e famosas no mundo todo, outras são menos conhecidas fora de sua própria nação. Como todos os políticos, elas têm fãs obstinados e detratores dedicados. Como autoras, entendemos que cada uma dessas mulheres deve contar sua própria história e explicar o mundo através de seus olhos. Não pesamos suas palavras com as críticas de outros nem declaramos quem está certa e quem está errada. Isso significa que as opiniões expressas aqui são subjetivas e que você as julgará.

Permita que apresentemos essas líderes e que elas expliquem seus caminhos rumo ao poder.

Encontro com Ellen Johnson Sirleaf, presidente da Libéria de 2006 a 2018, a primeira e única mulher a ser eleita presidente na Libéria e a primeira mulher a ser eleita líder nacional na África.

Todos os anos, no final de setembro, as Nações Unidas realizam o que é conhecido informalmente como "Semana dos Líderes", um momento específico para os líderes nacionais irem a Nova York para tratar dos assuntos da ONU pessoalmente, e não por meio de embaixadores ou ministros estrangeiros. Embora o principal momento para os líderes seja seu discurso na Assembleia-Geral das Nações Unidas, a semana se transforma em um turbilhão de reuniões, eventos para a imprensa e discussões sérias durante café da manhã, almoço e jantar.

Para os líderes, todos os minutos do dia e da noite são ocupados, porque, já que todos estão na cidade, é um momento fantástico para se encontrar — um a um, ou pelo menos delegação a delegação — com outros líderes. Encontros-relâmpagos para políticos.

Se a semana incluísse apenas líderes e suas comitivas, equipes de segurança e caravanas, isso seria o suficiente para transformar o trânsito de Midtown Manhattan de ruim em abominável, e a segurança passaria do nível normal dessa grande cidade globalizada para alto grau de alerta. Mas a presença de tantos líderes atrai milhares de pessoas com uma causa, e outros milhares que querem relatar o que está acontecendo. Isso paralisa o trânsito e transforma a segurança em uma fortaleza.

Havíamos chegado a Nova York no fim de semana antes do início de toda a agitação. Ambas tínhamos experiência anterior suficiente com Semanas de Líderes para saber o que esperar. Dias de 18 horas, começando com reuniões no café da manhã às 6 horas e terminando com discussões no jantar que vão até tarde da noite. Ir de um lugar a outro para gente como nós, que não tem caravana, é melhor a pé. Como se protestasse contra as demandas extras que lhe são feitas, a cidade de Nova York consegue, rotineiramente, criar um clima atroz e úmido para a ocasião.

Ninguém chamaria tudo isso de diversão. Mas para aqueles que, como nós, têm causas como educar e vacinar todas as crianças, isso cria momentos-chave de envolvimento e visibilidade nos níveis mais altos. Também foi um bom momento para encontrar uma líder agora aposentada. A ex-presidente Ellen Johnson Sirleaf também estava em Nova York, defendendo suas próprias causas.

Apesar da natureza da semana que estava por vir, sentíamos uma empolgação cada vez maior ao fazer o que parecia uma viagem interminável até Long Island para a entrevista.

Nascida Ellen Johnson em Monróvia, capital da Libéria, em 29 de outubro de 1938, ela se tornou a primeira mulher a liderar uma nação na África. Em 2011, seus esforços para levar a paz, o desenvolvimento e os direitos das mulheres a seu país foram reconhecidos quando ela recebeu o Prêmio Nobel da Paz.

A história da Libéria e de sua população de 4,8 milhões de pessoas está inextricavelmente ligada à escravidão nos Estados Unidos. Muitos abolicionistas acreditavam que os escravos libertos deveriam retornar à África, então, em janeiro de 1822, o primeiro navio patrocinado pela American Colonization Society atracou no que viria a ser a Libéria. Compreensivelmente, os povos originários locais tinham outras ideias sobre o melhor uso de sua terra natal. Entre as devastações decorrentes de combates, doenças e fome, a taxa de mortalidade daqueles que chegaram em uma série de navios nos 20 anos seguintes está entre as mais altas registradas na História.

Tragicamente, a guerra e as doenças também assolaram a Libéria dos dias modernos. Duas guerras civis foram travadas entre 1989 e 2003.

A epidemia de ebola ocorreu em 2014. Ellen foi a presidente que liderou seu país durante a reconstrução da guerra e enfrentou essa doença mortal. A jornada de sua vida inclui ter sido presa por suas crenças, fugido para o exílio e saído de um casamento abusivo.

Finalmente, chegamos a uma casa suburbana que não dava nenhum sinal de estar abrigando uma líder tão ilustre. Era a casa da irmã de Ellen, Jennie, e em torno de uma mesa com tigelas de nozes e refrigerantes à mão, entrevistamos a presidente Johnson Sirleaf.

Mesmo nesse ambiente informal e vestindo roupas casuais, Ellen exalava um ar de firme determinação. Enquanto falava conosco, sua inteligência e senso de precisão eram óbvios. Ellen, que em breve celebraria seu 80° aniversário, era claramente uma mulher que passara a vida inteira sendo ouvida e tendo cada palavra sua avaliada, de modo que não as usou de maneira rápida nem imprudente.

No entanto, a vida de Ellen é cheia de momentos em que ela escolheu choque e espanto em vez de moderação e suavidade. Ou, em outras palavras, Ellen sabe fazer um belo discurso.

Pouco depois de terminar o ensino médio, em 1956, aos 17 anos, Ellen se casou com James Sirleaf. Tiveram quatro filhos rapidamente. Na verdade, seus dois primeiros meninos nasceram em 1957, o primeiro em janeiro e o segundo em dezembro. James era sete anos mais velho que Ellen e estudou agricultura nos Estados Unidos. O objetivo dele era trabalhar para o Departamento de Agricultura da Libéria, mas demorou um pouco para alcançá-lo.

Durante os primeiros anos da vida de casados, enquanto James trabalhava para atingir seu objetivo, o casal e seus filhos viveram com a mãe dele. Isso permitiu que Ellen trabalhasse, primeiro como secretária e depois como contadora. Mesmo sabendo que o trabalho remunerado era uma necessidade, aceito para ajudar a família a sobreviver, Ellen relembra esse período como o início de sua carreira em finanças.

Ellen e James montaram a própria casa em Monróvia quando ele conseguiu o emprego departamental. O quarto e mais novo filho deles nasceu em 1961. Ela descreve esse período de sua vida como a época em que foi mãe, fez trabalho doméstico e teve empregos mal remunerados.

Mesmo em meio a essa vida exaustivamente cheia, ela ainda ansiava continuar os estudos e ter oportunidade de ser bem-sucedida em uma carreira. Sua melhor amiga, Clave, foi fazer faculdade nos Estados

Unidos, e Ellen não podia deixar de notar os olhares de dó que recebia dela durante as férias.

Aos vinte e poucos anos, Ellen viu uma oportunidade de mudança. James havia recebido uma bolsa de estudos para um mestrado em agricultura nos Estados Unidos, e ela fez todo o possível para ir com ele. Fez uma prova, pressionou e implorou para conseguir uma bolsa de estudos. Conseguiu, e em 1962 o casal foi para Wisconsin para que James pudesse frequentar a universidade e Ellen pudesse estudar no Madison Business College. Esse foi o verdadeiro começo de seu caminho rumo ao poder, mas, como falaremos no Capítulo 8, para dar os primeiros passos, Ellen teve que tomar a horrível decisão de deixar seus filhos na Libéria.

Esse não foi o único desafio colossal que Ellen enfrentou. James era um homem ciumento, sujeito a ataques de fúria quando bebia, e seu abuso aumentou quando sentiu que estava perdendo o controle sobre a esposa, que agora tinha sua própria vida e suas ambições. Nos piores momentos, ele apontava uma arma para a cabeça de Ellen e ameaçava atirar nela. Ellen já falou publicamente antes sobre ter vivido sob esse tipo de terror. Para nós, ela simplesmente disse: "Essa violência me fortaleceu. Deixou-me mais determinada a seguir em frente".

Quando voltou à Libéria, dois anos depois, Ellen já tinha seu primeiro diploma universitário e formação em contabilidade. Começou a trabalhar como funcionária pública no Ministério das Finanças da Libéria. Ela, James e os filhos recomeçaram a vida familiar juntos, mas a violência doméstica continuou. Na década de 1960, quando seu filho mais velho, que tinha cerca de 8 anos, tentou protegê-la enquanto James segurava uma arma, Ellen chegou à conclusão de que o casamento tinha que terminar.

Pela lei liberiana, o pai fica com a custódia dos filhos em caso de divórcio. Para Ellen, isso significou separar-se de três de seus quatro filhos. Um deles, o terceiro, Rob, exigiu ficar com ela, e isso foi, por fim, permitido. Seus dois filhos mais velhos foram para um internato, e o mais novo acabou morando com o irmão de James e seguindo seu tio na carreira médica.

A coragem de ir em frente faz parte do caráter de Ellen, assim como a de falar abertamente. Quatro vezes em sua vida o espectro da prisão assombrou suas palavras. Em uma ocasião, ela realmente acabou atrás das grades. Como conta:

Em 1969, embora fosse apenas uma funcionária subalterna no Ministério das Finanças, fiz um discurso muito forte falando que as políticas do governo não funcionavam. Em resposta, o governo tomou a decisão de me mandar para a prisão, mas isso não aconteceu. Acho que, depois desse discurso, toda a minha vida começou a tomar um rumo diferente, porque foi assim que finalmente cheguei a Harvard. Um líder de Harvard presente na conferência providenciou minha saída da Libéria.

Esse incidente na vida de Ellen mostra o melhor e o pior da natureza humana. A feiura de um governo preparado para atacar as críticas provenientes de qualquer lado; a generosidade do professor Gustav Papanek, o acadêmico que percebeu que Ellen estaria em apuros. Ele conseguiu que ela deixasse a Libéria, que se formasse em economia e depois fizesse mestrado em administração pública em uma das instituições mais prestigiosas do mundo, a John F. Kennedy School of Government, em Harvard.

Ellen voltou à Libéria de navio acompanhada por sua irmã, Jennie. Enquanto viajavam, sua terra natal entrava em uma nova era. Em 23 de julho de 1971, o presidente William Tubman, que comandou a Libéria por 27 anos com um misto do que Ellen descreve como "charme do velho mundo e controle com punho de ferro",[1] morreu de câncer de próstata, aos 75 anos. Para o público, isso foi um grande choque, porque ninguém sabia que ele estava doente, e ele sempre parecera invencível.

O vice-presidente, William R. Tolbert, tornou-se presidente, e seu irmão, Stephen Tolbert — empresário de sucesso —, ministro das Finanças. Ellen foi convidada por Stephen para ser vice-ministra das Finanças.

O presidente Tolbert via a necessidade de mudanças profundas, e foi apelidado de "Speedy" por causa de seu desejo de aplicar novas reformas. No entanto, durante muitos anos ele fora o braço direito do presidente Tubman, e estava profundamente conectado à rede do antigo poder. No final das contas, não conseguiu se livrar disso, e o país estagnou. Nesse momento, Ellen decidiu fazer outro discurso importante. Ela o descreve da seguinte maneira:

Em 1972, fiz o discurso de formatura de meu [antigo] colégio, e acho que, de novo, o discurso se tornou um forte impulsionador no meu caminho rumo à liderança, primeiro para me tornar uma ativista política e, depois, para a liderança, porque me destaquei e falei sobre o que estava errado na Libéria. Era o tipo de evento em que representantes da velha guarda, da velha ordem, me acompanhavam no palco. Embora tenha havido discussões no governo sobre minha prisão depois daquele discurso, ainda acho que foi importante tê-lo feito. A Libéria teve rebeliões por comida, por arroz, em 1979, e um ano depois houve um golpe de Estado. Portanto, se analisarmos aquele discurso, previ que uma calamidade viria, e veio.

Felizmente para Ellen, cabeças mais frias prevaleceram na discussão interna e, embora seu discurso tenha sido proibido de ser publicado e distribuído, ela não foi presa nem demitida. No entanto, foi afastada e, como resultado, entrou em contato com funcionários que havia conhecido no Banco Mundial para ver se havia um cargo para ela. Ellen conseguiu um emprego de agente de crédito na matriz, em Washington, DC.

Durante sua época no Banco Mundial, Ellen ganhou uma série de promoções e atuou em vários locais, como Caribe, Brasil e África Oriental.

Mas o chamado de casa era forte. Em 1975, quando outro reformista — James T. Phillips — foi nomeado ministro das Finanças pelo presidente Tolbert, ele procurou Ellen, e ela voltou à Libéria e ao ministério. Dessa vez, ela tinha uma garantia ao se licenciar — mas sem renunciar — de seu substancial cargo no Banco Mundial.

Ela voltou para casa em um país que vivia tensões crescentes e graves problemas econômicos. Mesmo nessas circunstâncias, o presidente Tolbert estava determinado a gastar quase um terço do orçamento do governo na construção das instalações necessárias para sediar uma reunião da Organização da Unidade Africana, da qual participariam líderes de nações de toda a África.

Ellen argumentou contra tamanha extravagância. Nessa ocasião, falar com franqueza não impediu seu progresso. Em 1979, foi nomeada ministra das Finanças pelo presidente Tolbert.

Foi um cargo que não ocupou por muito tempo, porque sua vida e o país caíram no caos em 12 de abril de 1980, quando, em um golpe sangrento, Samuel Kanyon Doe executou Tolbert e assumiu o controle.

Com apenas 28 anos, Doe era um soldado de carreira sem experiência de governo. Porém, tinha sede de vingança, e fuzilou 13 membros seniores do regime de Tolbert. Apenas quatro ministros do governo de

Tolbert foram poupados. Ellen foi um deles. Mais tarde, Doe explicou que permitiu que Ellen vivesse porque, quando ele era soldado, a mãe dela dera água a ele e a seus homens. A mãe de Ellen não se lembrava desse incidente, mas pode ter acontecido. Verdade ou não, enquanto outros morriam, Ellen foi nomeada para comandar o banco central da Libéria. Seu irmão foi preso por um tempo, e sua irmã, Jennie, e o marido foram para o exílio, preocupados por ele ter sido ministro no governo de Tolbert. Mas, em comparação com outras, sua família sofreu menos.

Ellen, que havia dito tantas verdades dolorosas no passado, continuou falando mesmo nessas circunstâncias terríveis. Tentou ajudar seu país a administrar os problemas de dívida externa, mas viu o regime de Doe cada vez mais envolvido em gastos excessivos e corrupção. Ela falou sobre esses assuntos no Booker Washington Institute, uma universidade liberiana, em novembro de 1980, e foi avisada por um amigo de que Doe a puniria por isso. Em dezembro, usou sua tábua de salvação e voltou aos Estados Unidos e ao Banco Mundial.

Ficou lá por menos de um ano antes de ser recrutada pelo Citibank para desenvolver novos mercados nacionais para a empresa na África. Mesmo estando a salvo, em um cargo corporativo bem pago, Ellen não podia deixar de falar ou de se preocupar com a Libéria. Ela manteve contato com a cena política local e decidiu concorrer nas primeiras eleições que Doe convocou após o golpe. Ela conta:

Em 1985, tive problemas por causa de um discurso que fiz na Filadélfia, onde, de novo, censurei o governo. E cometi um grande erro ao chamar o presidente Doe e sua equipe de "idiotas". Quando voltei para casa para disputar a eleição à vice-presidência de meu partido, eles me prenderam.

Antes de ir parar atrás das grades, Ellen foi levada a uma reunião e insultada diretamente pelo presidente Doe, seus generais e ministros, inclusive sendo rotulada de "mulher burra".

Enquanto esteve presa, ela foi julgada por sedição e sentenciada a dez anos de trabalhos forçados no complexo de Belle Yalla, uma prisão rural notoriamente severa. Ellen achava que não conseguiria sobreviver a essa sentença.

Foi resgatada desse destino sombrio por uma enorme campanha de protesto nacional e internacional. Na verdade, ela não chegou a ir para Belle Yalla e cumpriu apenas 14 dias de sua sentença. No entanto, havia um preço político a ser pago. O presidente Doe ameaçou cancelar o registro do partido que indicara Ellen caso não retirasse a candidatura dela a vice-presidente. A pressão funcionou, mas ela ainda saiu candidata ao Senado. Foi eleita em outubro de 1985, porém nunca tomou posse, em protesto contra o que ela acreditava ter sido a eleição fraudada do presidente Doe e de seus apoiadores.

Ellen ainda estava na Libéria em 12 de novembro de 1985, quando houve uma tentativa fracassada de golpe contra o presidente Doe. Embora não tivesse instigado a derrubada planejada do regime de Doe, ela foi um dos alvos que ele atacou depois. Ellen foi presa por soldados e ameaçada de estupro e morte. Ficou nove meses na prisão. Mais uma vez, pessoas na Libéria e no mundo todo fizeram campanha por sua libertação.

Ainda se recusando a ocupar sua cadeira no Senado, Ellen era mantida sob estrita vigilância aonde quer que fosse. Compreensivelmente, temia ser presa de novo a qualquer momento, ou até mesmo morta. Com amigos e apoiadores, ela traçou um ousado plano de fuga em um avião particular. Um de seus filhos ia se casar, e Ellen sabia que as pessoas que a vigiavam relaxariam um pouco nesse dia, certas de que ela estaria no casamento. Mas Ellen aproveitou esse momento para fugir. Mais uma vez, sua família pagou o preço, porque, para a segurança dele, Ellen não contou sobre esse plano ao filho. Ele ficou simplesmente perplexo por ela não ter ido ao seu casamento.

Ellen poderia ter ficado amargurada pelo tempo que passou atrás das grades, mas, filosoficamente, diz:

Quando saí, as pessoas queriam se desculpar. Eu disse: "Não, não. Pensem em quantas pessoas pobres vão para a prisão sem que ninguém lhes dê atenção". Acho que a adversidade fez parte de minha vida. Cada vez que conseguia superá-las, dava mais um passo em direção ao que faria no futuro.

Seu objetivo final era ser eleita presidente, mas o caminho desde sua saída da prisão até sua eleição em 2005 não foi mais simples do que sua complicada vida. A guerra civil começou na Libéria em 1989, levando Charles Taylor a derrubar o presidente Doe. Em 1997, Ellen concorreu com Taylor à presidência e perdeu na que muitos consideraram uma eleição arranjada. Novamente, foi forçada ao exílio.

A guerra civil estourou de novo em 1999, enchendo a história contemporânea da Libéria com ainda mais derramamento de sangue e dor.

No entanto, uma coisa que transparece claramente é o papel incrível que as mulheres desempenharam para estabelecer a paz e apoiar umas às outras. Ellen conta o seguinte:

O conflito na Libéria foi encerrado pelo Acordo de Paz de Acra de 2003, que não teria acontecido sem o trabalho das mulheres. Eu não estava lá — estava no exílio —, mas as mulheres se posicionaram. Elas estavam cansadas do sofrimento e da violência. Era horrível, brutal. Mulheres cristãs e muçulmanas se uniram e tomaram uma atitude.

Leymah Gbowee foi uma das líderes, e elas desafiaram o presidente Taylor. Montavam tendas e oravam o dia todo. A seguir, foram para Acra, capital de Gana, que sediou as negociações de paz, e negociaram com diferentes líderes de facções de guerra. As mulheres chegaram até a ameaçar tirar a roupa se não fosse tomada uma decisão.

A nudez feminina pública e deliberada era um ato impensável na cultura liberiana, e, como registra a História, essa campanha das mulheres desempenhou um papel importante na garantia da paz.

Ellen finalmente conseguiu voltar para casa e foi eleita presidente pela primeira vez em 2005. Após seu mandato de seis anos, foi reeleita em 2011.

A mulher que não quis ser silenciada tornou-se líder de sua nação.

Encontro com Michelle Bachelet, presidente do Chile de 2006 a 2010 e 2014 a 2018 — a primeira e única mulher eleita. Primeira diretora da ONU Mulheres, de 2010 a 2013.

Na mesma semana frenética em que os céus de Nova York despejavam chuva de tal maneira que lembrava uma monção, nós nos encontramos com Michelle em um moderno hotel preto e prata em Midtown. Enquanto tomávamos café, nós nos secamos e conversamos.

Michelle não é uma novata nas Nações Unidas. Ela é a atual alta comissária das Nações Unidas para os Direitos Humanos e, em 2010, foi convidada a liderar a recém-criada ONU Mulheres, órgão formado para lutar pela igualdade de gênero e pelo empoderamento das mulheres. Em nosso mundo, onde as mulheres correm o maior risco de viver em extrema pobreza, não ir à escola, casar-se jovens ou estar sujeitas à violência sexual, cumprir a missão de um órgão global pode parecer impossível. Mas estamos progredindo, e a perspectiva de vida de Michelle parece ser não se esquivar de desafios difíceis, incluindo governar duas vezes uma nação de cerca de 19 milhões de pessoas, uma antes de estar na ONU Mulheres e outra depois.

O Chile moderno é uma democracia vibrante, com uma população que engloba vários povos originários, bem como os descendentes dos que chegaram da Espanha em busca de ouro e depois para colonizar as terras e imigrantes mais recentes. Economicamente, o país sempre tende a estar no topo dos índices que comparam o progresso econômico da América Latina.

Embora houvesse deixado a presidência havia pouco, Michelle não foi à nossa entrevista com uma grande comitiva. Estava só com uma assessora. Pessoalmente, ela é de estatura baixa e fala mansa. O que impressiona é seu rosto caloroso e franco. Intuitivamente, parece o tipo de pessoa que, em uma crise, seria uma presença tranquilizadora, uma luz de calma e força.

Julia e Michelle fazem aniversário no mesmo dia. Nascida em 29 de setembro de 1951, em Santiago, Verónica Michelle Bachelet Jeria é exatamente dez anos mais velha que Julia. O sobrenome de seu pai era Bachelet, e ela sempre foi conhecida simplesmente como Michelle Bachelet.

Sua vida sem dúvida exigiu uma fortaleza interior, mas começou de forma idílica. A família de Michelle morou em vários lugares do Chile, pois seu pai, que era militar, recebeu diferentes funções. Dois anos de sua vida foram passados em Washington, DC, enquanto o pai ocupava um cargo de adido na embaixada chilena. O tempo que passou no ensino médio nos Estados Unidos permitiu que Michelle se tornasse fluente em inglês, um dos vários idiomas que ela domina além de seu idioma materno, o espanhol.

Encorajada por seu pai a ser médica, em 11 de setembro de 1973 ela estava curtindo a faculdade de medicina e ansiosa por seu 22º aniversário. Mas, nessa data, seu mundo entrou em colapso quando o ditador militar de direita Augusto Pinochet tomou o poder no Chile. Foi o início de um período de 16 anos em que se estima que milhares de pessoas tenham sido executadas ou presas por motivos políticos.[2]

Essa onda de lágrimas engoliu Michelle e sua família. Seu pai foi acusado de traição e torturado até que seu coração parou. Ele morreu em março de 1974. Michelle e sua mãe não foram presas no início do golpe, mas haviam empobrecido, todas as contas bancárias da família estavam congeladas. E também eram evitadas. Michelle lembra que pessoas que as conheciam atravessavam a rua para evitar cumprimentá-las.

As coisas piorariam. Michelle, que era ativa na organização da Juventude Socialista Chilena, e sua mãe foram presas e torturadas durante um mês em 1975. Ambas foram mantidas inicialmente em Villa Grimaldi, uma infame casa de horrores sob o regime de Pinochet. Michelle se recusa a falar em detalhes sobre esse momento, mas disse que foi informada de que sua mãe seria morta e, como eram mantidas separadas, não tinha como saber se a ameaça havia sido cumprida. Sua mãe passou pelo mesmo tratamento. Corajosamente, em depoimento posterior, Michelle disse que o que ela suportou "não foi nada em comparação com o que outros sofreram".

Felizmente, um velho amigo da família e diplomata argentino, Roberto Kozak, que morava no Chile e trabalhava na sede local de uma agência global de apoio a refugiados e requerentes de asilo, conseguiu a libertação delas. Kozak ajudou tantas pessoas nesse período que foi comparado a Oskar Schindler, o herói que ajudou centenas de judeus a escaparem do Holocausto.

Com sua mãe, Michelle fugiu para junto de seu único irmão, que era mais velho e morava na Austrália. De toda essa tristeza emergiu uma maravilhosa conexão: Michelle foi premiada com a maior honraria civil da Austrália, Companheira da Ordem da Austrália, em 2012, enquanto Julia era primeira-ministra.

Em 1975, Michelle e sua mãe se mudaram para a Alemanha Oriental, o que deu a Michelle a oportunidade de continuar o curso de medicina. Terminar os estudos foi lento. Michelle precisava trabalhar para se sustentar e ainda se familiarizar com o alemão. Nesse período, ela também conheceu outro exilado chileno, Jorge Dávalos, que era arquiteto, e se casou com ele. O primeiro filho deles nasceu em 1978.

Embora Pinochet ainda estivesse no poder em 1979, nesse período alguns exilados tiveram permissão para voltar para casa. Quando a filha de Michelle e Jorge nasceu, em 1984, a família já havia retornado ao Chile.

Michelle retomou seus estudos de medicina na Universidade do Chile e, em 1983, formou-se como uma das primeiras da turma. Mas, embora ela e sua família pudessem viver em paz no país, a política ainda interferia, e ela não conseguiu emprego em um hospital financiado pelo governo. Michelle encontrou outras maneiras de trabalhar e usar suas habilidades médicas, com foco especial no cuidado de crianças. Uma de suas funções era chefiar o departamento médico de uma organização não governamental que trabalhava para ajudar crianças cujas famílias haviam "desaparecido" na ditadura de Pinochet.

Seu casamento com Jorge fraquejou, e eles se separaram alguns anos após o nascimento da filha. Michelle encontrou o amor de novo, dessa vez com um colega médico, e teve sua segunda filha em 1992.

Essa terceira e última criança nasceu na democracia. As pressões domésticas e internacionais forçaram mudanças políticas e eleições livres no Chile. Embora continuasse como comandante-chefe do Exército chileno, Pinochet deixou a presidência em 1990. Isso permitiu que Michelle tivesse acesso a empregos públicos, e ela trabalhou em um Ministério da Saúde financiado e administrado por serviços médicos. Em 1994, atuava como assesora do ministro da Saúde.

Em 1996, Michelle teve seu primeiro gostinho da política eleitoral quando concorreu pelo Partido Socialista a uma cadeira invencível na eleição para a prefeitura. Ela relata:

Bem, aquilo foi uma piada, na verdade. O município em que eu vivia era onde moravam as pessoas mais ricas. Claro, ninguém de meu partido queria concorrer, porque todos sabiam que não ganhariam. Então o que fizeram? Voltaram os olhos para as mulheres. Convidaram-me a ser candidata lá. Sabia que era uma campanha completamente perdida, mas fiz e gostei.

Para quase qualquer outra pessoa, uma vida agitada como profissional da saúde, ativista política e mãe de três filhos — uma com menos de 10 anos — teria sido suficiente. Mas Michelle encontrou espaço para mais e ficou intrigada com essa área de aprendizado inteiramente nova. Ela conta:

O Chile deveria ser a Suíça da América Latina. Sempre fomos moderados, nunca confrontadores, teoricamente falando. Mas havíamos sofrido um golpe militar. E uma das coisas que descobri é que os políticos de meu país não conversavam com os militares. E nunca pensei que seria presidente, mas pensei: "Como podemos preencher essa lacuna?". Decidi que os militaristas entendiam a linguagem do poder. Então, disse a mim mesma: "Nunca serei poderosa, mas posso ter o poder do conhecimento". Foi por isso que decidi estudar questões militares no Chile. Desbravei um novo território. Isso me garantiu uma bolsa de estudos para ir a Washington, DC, em 1998, a fim de fazer um breve curso intensivo sobre segurança regional e questões militares.

Quando Michelle terminou os estudos em Washington, aceitou o cargo de assessora do ministro da Defesa em seu país. No entanto, em 2000, teve uma grande chance quando foi nomeada ministra da Saúde pelo então presidente Ricardo Lagos. Estava de volta a seu campo original de trabalho e estudo, uma área na qual se sentia à vontade e que não considerava particularmente relacionada a gênero. Ela recorda:

Como ministra da Saúde, nunca encontrei nenhum problema específico por ser mulher. Eu conhecia os problemas porque era médica, e conhecia as pessoas.

Supervisionando com sucesso uma enorme redução nas listas de espera para atendimento médico, Michelle foi vista como ministra de alto desempenho. Isso a levou à promoção para a posição central de ministra da Defesa Nacional em 2002. Sobre esse ambiente tão masculino, ela diz:

No Exército, eles têm disciplina, portanto, se você é o chefe, é o chefe. Em minha primeira reunião com os altos comandantes, eu disse: "Vejam, represento todas as coisas que vocês não querem; sou socialista, mulher, ateia e divorciada. Mas entendo as questões militares, sei o que precisa ser feito e vamos trabalhar bem juntos". E esses homens, que são muito religiosos e conservadores, concordaram.

Foi atuar nesse ambiente tão masculino que turbinou a popularidade de Michelle. Em 2002, enchentes atingiram partes da capital chilena, Santiago. Ela supervisionou pessoal e ativamente o papel dos militares nos esforços de resgate, inclusive andando em um tanque que avançava pela água para chegar aos cidadãos ilhados.

A população gostou desses esforços, e em 2004 tornou-se cada vez mais evidente que ela era a única candidata de seu partido que poderia contar com apoio eleitoral suficiente na iminente eleição para presidente.

Sobre aquele momento crucial, Michelle diz:

Estava em casa uma noite quando os grandes líderes de meu partido foram me visitar. Eles eram conhecidos como Barões. E me perguntaram: "O que quer fazer, Michelle?". Respondi: "Quero passear à beira-mar de mãos dadas com um homem que eu ame". E todos: "Do que ela está falando?!". E expliquei: "Isso é o que eu quero. Se estão me pedindo para ser candidata, isso é diferente. Estou disponível, mas não é o que eu quero".

Tudo bem ser candidata, porque sabia que eles precisavam de mim, mas achava que não iriam até o fim. Achava que iam negociar algo e encontrar outro candidato.

Mas, como registra a História, isso não aconteceu, e Michelle se tornou presidente duas vezes. No sistema chileno, não é possível cumprir dois mandatos consecutivos como presidente. Foi por causa disso que Michelle serviu na ONU Mulheres no período entre seus dois mandatos.

Sobre sua estelar carreira política, Michelle mostra modéstia nestas palavras:

Fui a primeira mulher ministra da Saúde no Chile, a primeira mulher ministra da Defesa no Chile e a primeira mulher presidente do Chile. Isso não significa que eu seja fantástica, mas mostra como era terrível que o Chile nunca houvesse tido mulheres nesses cargos.

Quando lhe perguntamos se nos principais momentos de sua vida, quando bateu em tantos tetos de vidro, sentiu o peso da história sobre os ombros, Michelle diz:

No dia em que me tornei ministra da Defesa, achavam que eu estava pensando em meu pai e na cadeia histórica de acontecimentos. Mas sabe no que eu estava pensando mesmo? Que não poderia falar como uma garota, não poderia ter uma voz jovem e feminina. Eu me preocupava em ter uma voz forte desde o início.

E, quando esses Barões foram me ver, eu não estava pensando "ah, este é um momento histórico"; estava pensando "ok, se sou necessária, então que seja".

Encontro com Christine Lagarde, primeira mulher a liderar o escritório de advocacia global Baker & McKenzie, de 1999 a 2004. Ministra no governo francês de 2005 a 2011, primeira mulher a ser ministra das Finanças, de 2007 a 2011. Primeira mulher eleita para liderar o Fundo Monetário Internacional, de 2011 a 2019. Primeira e única mulher a liderar o Banco Central Europeu, de 2019 até o momento. Conhecida como "rock star" das finanças.

No mês de abril anterior à Semana dos Líderes da ONU — que acontece em setembro —, estávamos em outro encontro global que atrai pessoas que defendem uma causa. Dessa vez, foram as Reuniões de Primavera do FMI e do Grupo Banco Mundial, evento anual no qual se reúnem ministros das Finanças do mundo todo. Para de fato fazer diferença em educação, saúde ou outros setores, o apoio desses ministros é crucial.

As Reuniões de Primavera são um território familiar para Ngozi, que antes de se tornar ministra das Finanças da Nigéria trabalhou no Banco Mundial durante 25 anos e alcançou a segunda posição mais alta na instituição como diretora de Operações. É de conhecimento público que Ngozi foi a primeira mulher e a primeira africana a participar da única eleição verdadeiramente disputável para presidente do Banco Mundial em 2012. Apoiada pelos presidentes da África, ela apresentou sua candidatura, e o que se disse na comunidade internacional foi que, com base em seu desempenho, se ela fosse cidadã dos Estados Unidos na época, teria conseguido.

Infelizmente, nas principais instituições do Banco Mundial e do FMI existe um entendimento informal, uma prática de décadas a respeito da nacionalidade da liderança. Até hoje, sempre um estadunidense foi escolhido como presidente do Banco Mundial, ao passo que um europeu sempre comanda o FMI. No Banco Mundial, essa barreira de nacionalidade e o teto de vidro de gênero ainda precisam ser quebrados.

Ngozi socializou facilmente nas Reuniões de Primavera, defendendo suas causas na saúde e na mudança climática. Julia também se sentia à vontade, visto que a Global Partnership for Education, que ela preside, está sediada no Banco Mundial.

Mas, no fim das reuniões, ficamos sabendo que poderíamos entrevistar Christine Lagarde, a diretora-geral do Fundo Monetário Internacional, que é o órgão mundial encarregado de manter a estabilidade necessária para que as nações comercializem e prosperem. O FMI e Christine foram fundamentais na gestão da resposta mundial à crise financeira global de 2008 a 2009 e a suas consequências na Europa.

Christine nos cumprimentou com abraços e beijos em seu gabinete, exalando inteligência e equilíbrio ao mesmo tempo. Ela nasceu Christine Lallouette em Paris, em 1º de janeiro de 1956. Lagarde é o nome de seu primeiro marido, Wilfred Lagarde, pai de seus dois filhos.

Eis aqui uma mulher a se respeitar. Com sessenta e poucos anos, ela teve sucesso no mundo corporativo, na política nacional e no cenário global, e ainda tem muito a fazer.

Christine descreve sua primeira carreira — a jurídica — da seguinte maneira:

Tive a sorte de estar em um ambiente extremamente vanguardista: Em meu escritório, cada sócio de qualquer parte do mundo tinha o mesmo voto, o mesmo peso, a mesma voz que qualquer outro. Tive a sorte de ter sido contratada pelo escritório de Paris, porque era o único dirigido e administrado por uma mulher. Ela era feroz, cuidadosa, exigente e foi um bom exemplo para mim.

Também tive a sorte por Wallace Baker, filho mais velho do fundador da empresa, ser um dos sócios, já que ele era um homem muito moderno em muitos aspectos. Interessava-se pela contribuição de todos, não tinha preconceito de gênero; foi um dos primeiros advogados do mundo, acho, a falar de responsabilidade social corporativa. Tive a sorte de ter esses dois como mentores e exemplos.

Parece haver muita ênfase na "sorte", mas Christine continua:

Trabalhei muito e provei meu valor. Naquela época, a vida era muito difícil para uma mulher que trabalhava em um grande escritório de advocacia.

Para ela, a existência de métricas claras para estabelecer quem estava indo bem na empresa — prospecção de novos clientes, geração de lucros e gestão de sócios — ajudava a tirar o gênero da equação na hora de escolher quem deveria ser o próximo sócio. Nas palavras dela:

Acho que as mulheres tendem a se sentir menos à vontade em um ambiente mais discricionário e subjetivo, no qual temos que nos enturmar e fazer parte de um Clube do Bolinha.

Mas ela observa que o gênero teve, sim, um impacto:

Eram 16 horas de trabalho, dia após dia, e as jovens advogadas que também queriam ter uma família achavam difícil.

Mãe de dois filhos, Christine reconhece que considerava a falta de equilíbrio entre vida pessoal e profissional um problema, e descreve no Capítulo 8 como superou isso.

Christine subiu na corda bamba quando foi abordada para se tornar a primeira presidente global da Baker & McKenzie numa época em que 90% dos sócios eram homens. Ela diz:

A empresa passou por um momento muito difícil, financeira e tecnologicamente, porque embarcou na construção de uma plataforma incrível que deveria fazer o trabalho sem o envolvimento de ninguém. Quando isso acabou virando uma bagunça, por ter sido arquitetada por grandes egos masculinos, o comitê de nomeações foi atrás de mim e pediu: "Por favor, venha ajudar a resolver isso".

Ela não só foi eleita por seus pares, como também corrigiu os problemas que a empresa estava enfrentando.

Dado o peso da responsabilidade que esteve sobre os ombros de Christine tantas vezes em sua vida, é chocante ouvi-la descrever a si mesma como irresponsável. Mas é exatamente assim que vê sua decisão de passar da presidência do escritório de advocacia para a política francesa. Ela comenta:

Acho que, ao longo de minha vida, às vezes corri riscos "irresponsáveis". Quando me convidaram a ser presidente do escritório de advocacia, não deveria ter aceitado. A empresa estava entrando em colapso, os sócios estavam saindo, eu estava segura em nosso escritório em Paris e poderia simplesmente sair dali com meus clientes e abrir um escritório em qualquer lugar. Então, por que concordei em jogar fora tudo isso para tentar recuperar a empresa? Foi estúpido e irresponsável, mas foi um grande desafio, e pensei: "Tudo bem, ninguém quer fazer esse trabalho, então eu farei".

Analisando minha decisão de entrar no governo francês, também foi estúpida. Eu era muito querida na Baker & McKenzie, havia mudado a empresa, os sócios me amavam e me reafirmaram no cargo mais uma vez com maioria de 97%. Poderia ter esperado mais um ano e meio para receber minha aposentadoria, uma vez que já tinha trabalhado anos suficientes. Mas, em vez disso, quando o presidente francês Jacques Chirac e o primeiro-ministro Dominique de Villepin pegaram o telefone e me convidaram a entrar no governo, não perguntei qual seria meu salário, que proteção social teria... Não perguntei nada, exceto: "As pessoas trabalham como uma equipe?"; "Claro", disseram. "Sim, com certeza!" E, como uma tola, acreditei, arrumei minha mala e fui.

A única explicação de Christine para esse aparente ato de loucura é o patriotismo. Ela diz:

Eu estava ficando farta. Quando você mora no exterior, valoriza e ama seu país muito mais que se estivesse em casa. Ouvia meus compatriotas reclamando constantemente do governo, das políticas e dos impostos. Então, eu disse: "Ok, é hora de me envolver".

Ngozi se identifica com isso. Ela aceitou seu primeiro cargo de ministra das Finanças em 2003 exatamente por esses motivos. Há também outra conexão interessante entre Ngozi e Christine. No primeiro dia de trabalho de Christine como ministra, em 2005, ela foi designada à supervisão das negociações para o alívio da dívida da Nigéria. Ngozi liderou a delegação nigeriana nessas discussões. As duas mulheres criaram uma relação de amizade que ajudou a levar o acordo da dívida a uma direção construtiva.

Christine atuou primeiro como ministra do Comércio e depois da Agricultura. Ela se lembra de ter sido uma forasteira nos seguintes termos:

A política é um "clubinho", e eu não fazia parte. As pessoas crescem juntas, sabem coisas umas sobre as outras, têm coisas umas contra as outras, e isso lhes dá espaço de manobra para dizer: "Uma mão lava a outra"; "Você aceita esta alteração e eu voto a favor disto aqui". A política está cheia dessas porcarias, e as pessoas acabam ficando totalmente comprometidas.

Enquanto ela faz essas observações, Julia e Ngozi assentem com a cabeça. Elas se identificam com isso. Ngozi afirma que foi exatamente o que sentiu na Nigéria. Christine observa que um colega do sexo masculino que também era de fora recebeu tratamento semelhante, portanto ela não atribui isso ao gênero. Nada disso impediu a promoção de Christine a ministra das Finanças em 2007, com responsabilidade por economia e indústria. Aqui ela vê o gênero desempenhando um papel. E lembra:

Os principais déficits comerciais continuaram a ser registrados na França, e houve muita especulação sobre se eu manteria ou não meu emprego como ministra das Finanças. Era a primeira vez que o ministério das Finanças francês era liderado por uma mulher. Houve muita inveja; as pessoas especulavam que eu iria embora antes do outono. Lembro-me de uma reunião internacional em Tóquio, quando uma porta de elevador se abriu, revelando um grupo de jornalistas franceses que me perguntaram se era verdade que eu havia enviado minha carta de demissão pouco antes de deixar a França. Esse era o espírito.

Nos meses seguintes, a crise financeira global atingiu as economias. Ela diz secamente:

Depois que a crise realmente começou, a especulação de que eu renunciaria ou seria demitida desapareceu, porque ninguém queria meu emprego.

A história de sua carreira se confunde com a de outra crise. Em 14 de maio de 2011, Nafissatou Diallo, camareira de um hotel de Nova York, acusou Dominique Strauss-Kahn, ex-político francês e então chefe do FMI, de agressão sexual. Em 18 de maio, Strauss-Kahn foi indiciado e renunciou ao cargo.

Em uma atmosfera de choque global, o FMI precisava de um novo líder. Christine, que ainda trabalhava como ministra das Finanças na França, apresentou-se para concorrer ao cargo e foi rapidamente endossada pelos principais países. Agustín Carstens, ex-secretário das Finanças do México e ex-presidente do Banco do México, também queria o cargo.

Independentemente de quem ganhasse, entraria para a história. Eleger Agustín significaria que, pela primeira vez, um não europeu ocuparia o cargo. Eleger Christine daria ao FMI sua primeira líder mulher eleita.

Nessa disputa, Christine acredita que o gênero trabalhou a seu favor, uma vez que o FMI precisava muito ser visto fazendo algo diferente dos negócios normais após eventos tão dramáticos. Esse foi um momento de corda bamba. De forma um tanto sarcástica, Christine traduz essa necessidade de mudança nas seguintes palavras:

Não acredito que outro homem francês teria sido nomeado para o cargo.

Christine recebeu um apoio avassalador, e a importância de ela alcançar tanto destaque no campo das finanças e da economia, que tradicionalmente foi tão dominado por homens, não pode ser subestimada. Christine brinca enquanto vemos as fotos de reuniões financeiras internacionais:

Está chovendo homem! Como me sinto estando lá? Tenho vontade de desafiá-los, especialmente quando estou no comando. Porque muitas vezes eles nem percebem quanto as coisas têm relação com o gênero. É o enfoque a que estão acostumados.

Mas, de novo, ela é rápida em apontar que o sucesso não vem facilmente. Christine conta:

O FMI tem respeito por credenciais acadêmicas, citações, artigos publicados e classificação no mundo acadêmico. Eu não tinha nada disso. Não era economista. Além de tudo, era mulher. Houve muito ceticismo nas primeiras reuniões que presidi. Mas minha salvação foi ter sido ministra das Finanças e cliente do FMI por quatro anos. Eu estava do outro lado, e isso foi útil. Mas eu não tinha credenciais naturais da perspectiva deles. Portanto, como lidei com isso?

Eu trabalhei como um camelo! Praticamente comia e digeria arquivos. Foi o que fiz, e é o que as mulheres sempre fazem. Nós nos preparamos demais, trabalhamos demais, somos informadas demais. Onde um homem vira as páginas e olha as manchetes, nós lemos inteiramente cada parágrafo.

Em novembro de 2019, Christine assumiu a presidência do Banco Central Europeu. Outra novidade para uma mulher.

Encontro com Joyce Banda, vice-presidente do Malaui de 2009 a 2012, primeira e única mulher a ser eleita. Presidente do Malaui de 2012 a 2014, primeira e única mulher a assumir. Segunda mulher a atuar como líder nacional na África.

O Malaui é uma nação sem litoral, com pouco mais de 18 milhões de habitantes, no sudeste da África. Predominantemente agrícola e ainda amplamente rural, depende fortemente de colheitas como milho e tabaco. O Malaui fez grande progresso desde que se tornou independente do Reino Unido, mas ainda é classificado como um país de baixa renda – com uma renda *per capita* anual média de 389 dólares.[3] O país tem grandes aspirações de subir na escala de renda e garantir uma vida mais próspera a seus cidadãos.

Julia tem lembranças maravilhosas de estar no Malaui com a renomada artista musical e ícone da moda Rihanna, que atua como embaixadora da Parceria Global para a Educação. Centenas de garotas gritaram ao ver Rihanna e começaram a cantar suas músicas, ilustrando que, em nosso mundo interconectado, as adolescentes do Malaui não são muito diferentes das de outros lugares.

Apesar de seus constantes problemas de pobreza, casamento infantil e outras questões sociais, o Malaui é conhecido como "o coração caloroso da África", apelido dado em razão da cordialidade de seu povo, não da natureza de seu clima. Joyce Banda é um bom exemplo do estilo pessoal do Malaui. Com um sorriso brilhante, ela gosta de envolver as pessoas nos braços ao cumprimentá-las e dar as mãos enquanto fala.

Ao contrário da Libéria natal de Ellen, a história do Malaui é mais de paz que de guerra civil. Surgiu na década de 1990 como uma democracia multipartidária, tendo sido uma colônia britânica até a independência, em 1964, e um Estado de partido único por 30 anos depois disso.

As jornadas de Joyce e Ellen ao poder são muito diferentes, mas começaram em uma situação semelhante: um casamento precoce e a necessidade de deixar um cônjuge abusivo. Joyce nasceu em Domasi, aldeia da Malemia, no distrito de Zomba, região sul do Malaui, em 12 de abril de 1950, e foi batizada Joyce Mtila. Ela nos leva de volta no tempo quando conta:

Eu me casei aos 21, e aos 25 já tinha três filhos. Meu marido foi nomeado diplomata no Quênia, e eu estava lá em 1975 quando foi declarada a Década das Nações Unidas para as Mulheres. Se estivesse no Malaui, não teria despertado, mas em Nairóbi comecei a ouvir mais sobre a violência contra as mulheres e os movimentos feministas. Passei a analisar minha própria vida, e percebi que estava sofrendo abuso e nem sabia. Comecei a entender que poderia sair dessa situação. No entanto, venho de uma sociedade em que a mulher deve continuar casada, independentemente do que aconteça. Mas, em 1980, finalmente decidi que não dava mais. Saí, por mim e por meus filhos, porque não conseguia ver como aquele alcoólatra seria um exemplo para eles.

De volta à sua casa no Malaui, após o fim do casamento em 1981, Joyce teve que encontrar uma maneira de se sustentar como mãe solteira. Voltou a trabalhar e abriu uma pequena empresa para complementar a renda. Dois anos depois, encontrou o amor de sua vida, Richard Banda, advogado e juiz. Joyce e Richard se casaram e tiveram dois filhos. O marido a ajudou a expandir sua empresa, de modo que, em 1990, ela era uma das mulheres mais ricas do Malaui. Mas suas duras experiências de vida a haviam estimulado a ajudar outras pessoas. Nas palavras dela:

Minha missão era ajudar minhas irmãs a escapar dos abusos cometidos por seus parceiros. A chave para isso é o empoderamento econômico.

Uma maneira de Joyce fazer isso foi estabelecendo a National Association of Business Women [Associação Nacional de Mulheres Empresárias] no Malaui, em 1989. Foi um grande sucesso, e em 1997 essa organização havia mobilizado 50 mil mulheres, e 20 mil recebiam apoio em microfinanças. Joyce foi recompensada por seus esforços pela organização global sem fins lucrativos The Hunger Project [Projeto Fome], que a indicou, juntamente com o presidente Joaquim Chissano, de Moçambique, ao Prêmio África de Liderança para o Fim Sustentável da Fome, em 1997. Joyce disse:

A associação começou a dar às mulheres uma sensação de poder. Elas sentiam que tinha alguém lutando ao lado delas. Eu me tornei alguém a quem elas podiam recorrer sempre que tinham um problema. Se tinham problemas para pagar as taxas escolares de seus filhos, a solução era falar com Joyce Banda; se uma mulher estava sofrendo abuso, a situação seria relatada a Joyce Banda. Então, por fim, as mulheres perguntaram: "Você não acha que deveria estar sentada onde as leis são feitas para poder ajudar a mudar essas leis que impactam negativamente mulheres e meninas?".

Mas Joyce resistiu a tais súplicas, até que Richard se aposentou do cargo de chefe de Justiça do Malaui. Isso significa que a carreira política de Joyce só começou quando ela tinha 54 anos; mas, assim que começou, decolou depressa.

Em 2004, Joyce ganhou uma cadeira parlamentar na terceira eleição multipartidária democrática do Malaui. Essa eleição marcou a transição do presidente Elson Bakili Muluzi, que havia cumprido dois mandatos, para o presidente Bingu wa Mutharika. Ambos eram membros da Frente Democrática Unida (UDF), assim como Joyce. O presidente Muluzi queria mudar a Constituição para que pudesse concorrer a um terceiro mandato, mas a pressão pública o impediu. Então, o presidente Mutharika foi escolhido como seu sucessor.

Joyce nunca atuou apenas como membro do parlamento. No Malaui, o presidente escolhe seu gabinete entre os membros do parlamento, e ela foi imediatamente nomeada, pelo presidente Mutharika, como ministra do Gabinete para o Bem-Estar da Mulher e da Criança. Nessa função, Joyce levou muitas questões de violência de gênero ao parlamento. Durante seu mandato, também lançou uma campanha de tolerância zero contra o abuso infantil e um apelo nacional à ação por órfãos e crianças vulneráveis. Joyce usou seu poder para agir contra o tipo de abuso que ela mesma havia sofrido. Como explicou:

A primeira coisa que fiz foi levar ao parlamento o projeto de lei de prevenção da violência doméstica. Demoramos dois anos para aprová-lo. Logo depois disso, em abril de 2006, o presidente Bingu wa Mutharika me disse que eu havia feito o suficiente pelas mulheres e que me promoveria ao cargo de ministra das Relações Exteriores.

Joyce ocupou esse cargo por três anos. Mais uma promoção estava por vir. Ela relembrou:

Quando o presidente Bingu wa Mutharika ganhou as eleições em 2004, declarou que me prepararia para substituí-lo em 2014. Era um plano de dez anos. Então, por muito tempo, ele realmente me empoderou. Ele me enviava para representá-lo nas cúpulas presidenciais, e foi aí que ganhei experiência e confiança. Em 2009, enquanto eu era ministra das Relações Exteriores, ele me convidou a ser sua companheira de chapa nas eleições seguintes. Em retrospecto, acho que ele queria o voto feminino. Eu não sabia disso até então. Mas recusei pela maneira como ele havia maltratado seu vice-presidente naquela época. Ele garantiu a mim e a meu marido que nunca me trairia, porque, se o fizesse, trairia todas as mulheres do Malaui e elas nunca o perdoariam.

Cada aspecto do contexto para a decisão de Joyce foi discutido. O presidente Bingu wa Mutharika e seu antecessor haviam se desentendido. Como resultado, em 2005, o presidente Mutharika formou um novo partido político — Partido Democrático Progressivo (DPP) —, e muitos membros do parlamento que concorreram pela UDF se juntaram a ele. O ex-presidente Muluzi acreditava que os parlamentares deveriam resistir em vez de mudar de partido. No meio disso, foi acusado de crimes de corrupção e preso em 2006. O caso ainda está no tribunal, 14 anos depois.

O vice-presidente Cassim Chilumpha, eleito em 2004 como membro do parlamento por uma chapa da UDF, recusou-se a mudar de partido. Alegou-se que Chilumpha havia conspirado com outros para que o presidente fosse assassinado. Como resultado, ele também foi preso e acusado de traição.

Tudo isso gerou constantes processos judiciais e disputas políticas. Com a situação tão turbulenta, Joyce pensou cuidadosamente no que fazer. Sem dúvida, era uma grande oportunidade para promover uma reforma maior, mas aceitar a indicação para vice-presidente também seria uma jogada altamente arriscada. O marido de Joyce, que conhecia bem o presidente, encorajou-a a aceitar. Joyce era membro fundador do DPP e seu vice-presidente, portanto concorrer juntos fazia sentido porque ela e o presidente Mutharika pertenciam ao mesmo partido político. No fim das contas, ela concordou. Joyce foi eleita vice-presidente. As eleições de 2009 no Malaui foram as únicas na história em que um presidente e seu companheiro de chapa venceram por mais de 67%.

Como Joyce temia, esse caminho foi difícil. Ela conta:

O irmão do presidente, Peter Mutharika, jamais gostou que eu fosse a companheira de chapa, coisa inédita para uma mulher no Malaui. Então, depois da eleição, percebi que meu telefone, que antes tocava de seis a sete vezes por dia com ligações do presidente, havia parado de tocar. Meu marido, que tinha uma forte ligação pessoal com o presidente, falou com ele, que nos convidou a tomar uma xícara de chá em seu escritório. Ele disse que estava prestes a anunciar seu gabinete, incluindo pastas para mim. Mas, quando o gabinete foi anunciado uma semana depois, não recebi pastas ministeriais como ele havia prometido.

Esse desacordo escalou. O relacionamento entre Joyce, o presidente Mutharika e o irmão dele, Peter, piorou. O presidente Mutharika a convidou a ir à State House para dizer que havia mudado de ideia sobre prepará-la para substituí-lo e que, em vez disso, prepararia o irmão. Pediu que Joyce apoiasse publicamente Peter Mutharika, dizendo que era a única maneira de ela continuar sendo vice-presidente. No entanto, Joyce recusou. Para ela, essa era a traição da qual haviam falado apenas um ano antes.

Em 19 de novembro de 2010, um carro colidiu com o veículo oficial de Joyce. Esse acidente foi amplamente divulgado e visto, não apenas no Malaui mas globalmente, como tentativa de assassinato. O motorista do outro carro nunca foi preso, e o incidente não foi investigado.

Em dezembro de 2010, o DPP a expulsou do partido. Em resposta, Joyce fundou seu próprio partido político. O DPP não foi legalmente capaz de fazer que ela fosse deposta de seu cargo constitucional de vice-presidente porque havia sido eleita.

Cada vez mais, Joyce começou a temer por sua vida e se aproximou de figuras internacionais em busca de ajuda — incluindo Mary Robinson, ex-presidente da Irlanda. Em sua vida pós-política, Mary atuou de 1997 a 2002 como alta comissária das Nações Unidas para os Direitos Humanos, e de 2008 a 2011 como chefe da Comissão Internacional de Juristas. Em 2007, foi selecionada por Nelson Mandela para fazer parte de uma iniciativa que ele formou, chamada The Elders, um grupo de ilustres líderes mundiais que emprestam sabedoria e experiência a outras pessoas. Considerando todos esses atributos, Joyce acreditava que Mary poderia ajudar. Joyce e Mary se conheceram por trabalharem juntas no Conselho de Líderes Globais para a Saúde Reprodutiva. Joyce lembra que, durante esse período difícil, Mary teve um confronto com o presidente Mutharika sobre Joyce.

Joyce também entrou em contato com Ngozi, que na época era diretora executiva do Banco Mundial. Ngozi se lembra vividamente do estado de angústia e preocupação de Joyce com o que poderia acontecer.

Felizmente, malauianos comuns, homens e mulheres, estiveram com ela durante toda essa experiência difícil. Joyce lembra:

Em 11 de dezembro de 2010, fui expulsa do Partido Democrático Progressista como vice-presidente e membro, o que significa que só continuei vice-presidente constitucionalmente porque fui eleita pelo povo. Quando fui expulsa, logo homens e mulheres começaram a se mobilizar e, uma semana depois, formaram o que chamaram de "Amigos de Joyce Banda". No mercado, usavam camisetas que declaravam que eram "Amigos de Joyce Banda", e em poucas semanas esse grupo cresceu para 500 mil homens e mulheres.

Houve uma tentativa do DPP de dar início a um impeachment no parlamento, mas falhou. Esse impasse — o presidente querendo Joyce fora da vice-presidência e ela se recusando a sair — persistiu durante 2011 e 2012. Teve um fim dramático em 5 de abril de 2012, quando o presidente Bingu wa Mutharika morreu de ataque cardíaco. Joyce descreve as horas fatídicas que se seguiram da seguinte maneira:

Os três dias que se seguiram após a morte do presidente foram dramáticos. O Partido Democrata Progressista não quis anunciar que ele estava morto. A CNN estava anunciando sua morte enquanto o governo DPP ainda dizia que ele estava no hospital na África do Sul. Na verdade, a essa altura, ele já estava morto havia mais de sete horas. Liguei para o hospital na África do Sul para verificar o progresso de meu presidente, e eles me disseram: "Não há presidente aqui". Isso mostra a gravidade da situação e o quanto éramos mantidos de fora. No dia seguinte, 6 de abril, houve uma reunião de gabinete à qual não fui convidada. A lei do Malaui diz que, se o presidente morrer no cargo, o vice-presidente deve convocar uma reunião de gabinete. O vice-presidente também deve fazer o juramento presidencial imediatamente. Mas a primeira reunião de gabinete foi organizada sem mim, a vice-presidente. Rapidamente escrevi uma carta ao secretário-chefe, alertando-o de que eles estavam infringindo a lei. Eles nomearam Peter Mutharika, agindo contra a lei.

Então, no dia 7 de abril, pela manhã, confusa e alheia aos bastidores, entrei em contato com o secretário-chefe para saber o que estava acontecendo, e foi nessa conversa que ele me disse que havia recebido informações de que o presidente havia "acabado" de morrer e que estava prestes a fazer o anúncio. Perguntei: "Não acha que deveria anunciar a morte dele comigo, que sou vice-presidente?". Mas ele recusou.

Compreendi a importância do Exército para quem seria reconhecido como o novo presidente nessa situação. Entrei em contato com o chefe do Exército e lhe pedi que fosse à minha residência, e ele disse que estava a caminho.

Quando se espalhou a notícia de que ele estava comigo, o ministro da Justiça e o procurador-geral da República, que iam ao tribunal pedir liminar contra minha posse, abandonaram os planos e foram à minha residência para se reunir conosco. Um por um, os ministros começaram a correr para minha casa, alguns quase escalando a cerca para chegar a tempo para a entrevista coletiva que eu estava prestes a realizar. Como um dos ministros disse mais tarde, "estávamos correndo como galinhas sem cabeça".

Quando dei a entrevista coletiva naquele dia, havia 15 ministros e 42 parlamentares comigo. Comecei a coletiva e disse ao povo: "Nosso presidente faleceu, vamos todos nos unir e chorar por ele como por um rei".

O drama continuou quando Joyce teve que convocar sua primeira reunião de gabinete, que estava cheia de pessoas que procuravam destituí-la do cargo de vice-presidente, negar-lhe a presidência e colocar Peter Mutharika em seu lugar. Entrando na reunião de gabinete, Joyce se lembra de ter dito:

Nossa, senti a falta de vocês. É um prazer vê-los de novo. Lamento termos perdido nosso pai.

Ela descreve a reação da seguinte maneira:

Todo mundo ficou chocado. Mas, durante a reunião, um ministro se levantou e apresentou uma moção "para retratar tudo que aconteceu ontem", ou seja, as tentativas de não me permitir ser empossada como presidente. Todos apoiaram. Foi nessa reunião que todos concordaram que eu poderia fazer o juramento.

Apesar dessa reação, Joyce não se sentia segura. Ela conta:

Eu havia voltado para casa quando, de repente, vi dois policiais. Corri até meu marido e disse que achava que seria presa. Ele desceu para tentar descobrir o que estava acontecendo e voltou correndo minutos depois para me dizer que eu precisava me preparar, que haviam ido me buscar para me levar ao juramento. O chefe de Justiça estava esperando.

Se você assistir a esse desfile, vai perceber que eu estava perdida. Estava voltada para a direção errada, em choque. Só quando cheguei aos edifícios do parlamento para a guarda de honra e o juramento, foi que percebi que milhares e milhares de pessoas estavam protestando desde aquela manhã e ameaçando incendiar o parlamento se eu não fizesse o juramento naquele dia.

A situação no Malaui quando Joyce assumiu a presidência era terrível. Houve uma crise econômica, os doadores congelaram a ajuda, e o FMI exigia uma desvalorização da moeda local. No ambiente político altamente polarizado do Malaui, Joyce estabilizou a situação, e a taxa de crescimento econômico do país aumentou de 1,8% em 2012 para 6,2% em 2014. Durante seu mandato, também houve progresso para as mulheres, incluindo a redução das taxas de mortalidade materna de 675 por 100 mil nascidos vivos para 460. Quando acusações de corrupção foram feitas contra sua administração, Joyce agiu prontamente, demitindo a maior parte de seu gabinete.

Em 2014, o governo de Joyce organizou as eleições que deveriam ter sido as mais transparentes da história política do Malaui. A Comissão Eleitoral do Malaui (MEC) adquiriu um novo sistema de gestão de resultados concebido para garantir a transparência. O MEC também realizou as primeiras eleições tripartidas para vereadores locais, parlamentares e presidente. Joyce concorreu à reeleição pela chapa do Partido do Povo (PP), o novo partido que ela fundara após sua expulsão do Partido Democrata Progressista. Joyce conta que, sem o conhecimento dela:

As coisas começaram a se desenrolar em uma direção diferente durante as eleições, pois surgiram alegações de que o DPP, chefiado por Peter Mutharika, havia se apropriado do sistema de gestão de resultados do MEC.

Joyce se viu na terceira posição quando os resultados foram anunciados, com Peter Mutharika em primeiro lugar e outro candidato da oposição, Lazarus Chakwera, em segundo. Ela relata:

As pesquisas mostravam que íamos vencer, por isso fiquei chocada quando os resultados começaram a aparecer. Um observador internacional das eleições disse: "Nunca deveríamos chamar de eleição o que aconteceu no Malaui". Os resultados foram contestados, e a Comissão Eleitoral do Malaui anunciou que houvera fraude e que seria necessária uma recontagem; mas, sentindo que o Malaui merecia mais, convoquei novas eleições, das quais retiraria minha candidatura. Quando o presidente Sam Nujoma, da Namíbia, que era o principal membro da equipe de observadores da União Africana, ouviu isso, perguntou se eu poderia ficar mais um ano para presidir as novas eleições se minha proposta fosse aceita. Mas o MEC havia começado a preparar a recontagem dos votos, e ficamos sem tempo, porque as leis no Malaui estabelecem que quem está liderando no oitavo dia após a recontagem deve ser declarado presidente e os outros candidatos devem contestar no tribunal. A ministra Kenyatta Nyirenda, do Tribunal Superior, confirmou essa lei dizendo que era necessário declarar os votos. Ouvindo esses resultados, o povo começou a lutar nas ruas, e uma pessoa morreu naquela noite. Foi nesse ponto que decidi ceder e deixar a State House para evitar mais perda de vidas. Dias depois, o galpão que abrigava os votos foi queimado, supostamente por funcionários do DPP. Portanto, mesmo que algum de nós quisesse contestar o caso no tribunal, não seria possível, porque não havia votos para contar. O incêndio criminoso nunca foi levado a julgamento, portanto ninguém foi preso por ele seis anos depois. Alguns indícios de fraude que surgiram foram folhas de resultados alteradas com corretivo, e meus votos foram jogados nas ruas.

Ao olhar para trás, Joyce agora diz:

Eu deveria ter levado o caso ao tribunal, mas desisti. Não queria lutar e arriscar incentivar agitação e violência na comunidade. Foi uma decisão que tomei. Sabia que as pessoas acabariam descobrindo quem era o melhor líder, e estou feliz por ter vivido o suficiente para ver isso. Agora, acho que meu lado mulher jogou a toalha cedo demais. Não queria que pessoas morressem. Talvez, se fosse homem, tivesse lutado até o fim.

Encontro com Erna Solberg, primeira-ministra da Noruega de 2013 até o momento, segunda mulher eleita para o cargo.

A prosperidade da Noruega contrasta fortemente com a pobreza do Malaui. A Noruega leva a sério suas responsabilidades no cenário mundial e, consequentemente, hospeda muitos encontros internacionais importantes. Como resultado, Julia e Ngozi conhecem bem Oslo.

Mas foi em Bruxelas, a casa da União Europeia, que fomos encontrar Erna. A Noruega não é membro da UE, mas seu relacionamento é o mais próximo possível para um país que não faz parte dela. No intervalo entre os compromissos de Erna naquele dia, nos encontramos com ela na embaixada da Noruega, um edifício de madeira e vidro.

Erna é uma mulher de quase 50 anos com cabelos loiros e olhos azuis. Embora nem todos os noruegueses sejam descendentes de vikings, é fácil imaginar Erna sendo escalada para interpretar uma dessas guerreiras em um seriado de televisão — sem dúvida, a líder de seu povo.

Nascida em Bergen, no oeste da Noruega, em 24 de fevereiro de 1961, o estilo pessoal de Erna é mais bem caracterizado pela palavra "abertura".

Eis uma mulher que diz o que pensa de maneira séria e, graças ao brilho simpático em seus olhos, parece agradavelmente direta, não abrupta.

A trajetória de Erna rumo ao poder começou quando ela escolheu o caminho menos percorrido pelos jovens em uma sociedade progressista como a Noruega. Ela diz:

Quando eu tinha 16 anos, fazia parte de um grupo de meninas da escola que discutia política. Todas as outras se tornaram de extrema esquerda, eu me tornei conservadora. Estávamos todas interessadas nas questões das mulheres, mas, em minha opinião, não precisávamos lutar contra o patriarcado para conquistar os direitos das mulheres e o feminismo. Podíamos simplesmente começar a ter direitos iguais.

Suas diferenças com as colegas de escola a levaram a dizer *sim* à participação em grupos de estudos dirigidos pela organização juvenil do Partido Conservador. Ela se lembra de sua escolha por ingressar da seguinte maneira:

Naquela época, o grupo de jovens do Partido Trabalhista era muito esquerdista, e havia os Jovens Conservadores. Havia muito pouco no meio, então ou você se definia como socialista ou como um economista de mercado.

Tendo tomado a decisão de entrar no grupo, Erna diz que *"assumiu muitas responsabilidades muito depressa"*, mas não planejou uma carreira na política.

Sempre fui franca, mas nunca pensei que me tornaria uma política profissional. Havia muitos jovens, principalmente meninos, que eram ambiciosos e não estudavam. Em vez disso, trabalhavam meio período ou parcialmente para organizações políticas porque almejavam um cargo eletivo. A maioria deles nunca teve muito sucesso, porque não se pode planejar uma carreira política; é preciso planejar outras coisas. E acho que isso foi importante para mim porque, se começarmos a pensar que vamos virar políticos, podemos acabar não nos posicionando em questões polêmicas e, de certa forma, perder um pouco do que constrói o caráter.

Erna se recorda de um ambiente inclusivo a mulheres e jovens. Conta:

Quando me tornei militante, no final dos anos 1970, os Jovens Conservadores tinham uma líder feminina do partido, Kaci Kullmann Five. Ela passou a ser a primeira mulher na liderança do Partido Conservador, e eu fui a segunda. Era uma figura bastante popular, embora fosse só a líder de um movimento jovem, porque o líder do partido na época a colocou sob sua proteção. Antes de cada eleição, havia uma sessão nacional de perguntas para cada partido na televisão. Kaci participou quando tinha vinte e poucos anos. Foi algo inédito e mostrou a muitas meninas do meu partido que éramos valorizadas, vistas.

Ela também se lembra que o espírito da época fazia a diferença:

Na década de 1970, na Noruega, como em muitos outros países, havia marchas de mulheres e discussões sobre pautas femininas. Os partidos políticos priorizavam mais as mulheres, portanto, a partir de então, nunca senti em minha vida política que ser mulher era um impedimento. Às vezes, sentia que ser jovem poderia ser um impedimento, e talvez ser uma garota nova pudesse ser um impedimento. Eu era trabalhadora e uma jovem extremamente séria, focada em economia e questões técnicas. Era assim para compensar o fato de que era mais jovem que os outros.

Mas entrar no parlamento não aconteceu só por causa da seriedade juvenil. Erna precisava ganhar experiência e vencer algumas lutas. Quando tinha 18 anos, foi suplente da câmara municipal, que não era um ambiente fácil. Ela diz:

Bergen, de onde venho, era bem conhecida por lutar duramente no Partido Conservador. No conselho, eu era a única de meu partido que não apoiava um determinado candidato a prefeito. Indiquei um candidato alternativo, mesmo sendo a única representante do movimento jovem. Então, aprendi a passar por tempestades bem cedo, e acho que isso me tornou um pouco mais resistente.

Sem dúvida, estar preparada para fazer coisas difíceis chamou a atenção das pessoas. Erna se tornou membro do parlamento em 1989, quando tinha apenas 28 anos.

O Parlamento norueguês é chamado de Storting e consiste de uma câmara de 169 cadeiras. A Noruega está dividida em 19 condados, e cada um elege um número de membros para o Storting. Os condados mais populosos elegem mais representantes.

Os partidos políticos endossam uma lista de candidatos para cada condado. Erna se lembra como foi ter sido escolhida por seu partido para estar na lista de candidatos tão importantes:

Havia uma vaga na lista de Bergen. Houve certa disputa, e todos pensaram que seria preenchida por uma mulher experiente que já era líder partidária local e envolvida no governo regional. Mas a membra cessante do parlamento me indicou. Ela achava que era melhor ter alguém que pudesse moldar. Fiquei surpresa, mas disse: "Tudo bem, se não quer mesmo votar na outra candidata, *pode me indicar no início do processo". Eu achava que, quando todos os partidos locais houvessem decidido quem queriam, não seria eu. Mas eles me escolheram. Acho que havia alguns membros veteranos do partido, homens e algumas mulheres, que me viam como um talento e queriam me dar algumas possibilidades de amadurecimento.*

Eleita em 1989, Erna esteve no parlamento durante o terceiro e último período de Gro Harlem Brundtland como primeira-ministra. Gro, do Partido Trabalhista, foi a primeira mulher a liderar a Noruega. Ela assumiu como chefe da Organização Mundial da Saúde e enviada especial da ONU para as mudanças climáticas.

Ao se estabelecer como nova parlamentar, Erna voltou a seguir o caminho menos percorrido. Ela conta:

Quando era jovem, trabalhava no sindicato das escolas fundamentais. Na universidade, fui a representante estudantil no conselho administrativo. Fui porta-voz da educação em minha cidade. Quando os jovens são eleitos para o parlamento, todos querem incluí-los no Comitê de Educação. Mas, apesar de minha formação, eu não queria isso. Tendo estudado economia, entrei para o Comitê de Finanças em meu primeiro ano no parlamento. Talvez porque fosse mulher e talvez porque quisesse fazer outras coisas, não queria fazer o que era estereotipado.

O Muro de Berlim caiu durante o primeiro ano de Erna no parlamento. Ela explica que isso resultou na oferta de uma nova e incrível oportunidade.

Fui convidada para ser membro de uma grande comissão nomeada pelo governo para definir como devia ser a política de defesa nessa nova era. Era chefiada pelo ex-primeiro-ministro de meu partido. Compreendi que estava em uma espécie de processo de "preparação" para aprender outras coisas. Isso estava sendo feito para garantir que novas vozes chegassem.

Essas primeiras experiências ajudaram a colocar Erna no caminho que a levou a se tornar ministra do Governo Local e do Desenvolvimento Regional em 2001, vice-líder do Partido Conservador em 2002 e líder em 2004. Em 2013, foi eleita primeira-ministra e reeleita em 2017.

Ao contrário de Ellen, Michelle, Christine e Joyce, que se casaram e tiveram filhos antes de entrar na política, Erna esteve sob os olhos do público por todas essas fases da vida. Em 1996, quando já era parlamentar havia sete anos, casou-se com Sindre Finnes, um economista que agora trabalha para a organização nacional de empregadores da Noruega. Nos primeiros três anos de casamento, eles tiveram dois filhos, uma menina e um menino.

O QUE ELAS TÊM A DIZER

Encontro com Jacinda Ardern, primeira-ministra da Nova Zelândia de 2017 até o momento, terceira mulher a aasumir o cargo.

Num dia de inverno na capital da Nova Zelândia, Wellington, entrevistamos uma mulher que também sabe como combinar a política com a maternidade. Jacinda estava sentada na sala de jantar da residência da primeira-ministra e, naquela manhã de sábado, após uma semana cheia de politicagem tratando de orçamento, estava vestida de maneira casual e aparentemente descontraída.

Embora estivéssemos a mais de 500 quilômetros de Hamilton, onde ela nasceu em 26 de julho de 1980, era um dia de família. Sua mãe ia e vinha com a bebê de Jacinda, Neve. Seu pai entrou para dizer olá. Havia um grande bule de chá e biscoitos. O parceiro dela, Clarke Gayford, de quem está noiva, estava fora filmando seu programa de televisão sobre pesca, de modo que os pais dela estavam ajudando a cuidar de Neve.

O rosto de Jacinda agora é conhecido pelo mundo, como resultado da alegria e do ódio. A alegria que a cercou por ser mãe enquanto primeira-ministra e o crime de ódio que resultou na horrível morte de mais de 50 pessoas que se reuniram para as orações de sexta em duas mesquitas na cidade de Christchurch. Jacinda guiou o mundo no luto pelas vidas perdidas.

Pessoalmente, seu rosto é tão aberto e seu sorriso tão amplo quanto tantas fotos nos fazem esperar. E, quanto mais ela fala, mais você se sente atraída pelos olhos dela. É como se, por meio deles, você pudesse vê-la pensando e debatendo ideias, nunca superficialmente. Enquanto ela relatava uma vívida lembrança de sua infância — ver um menino descalço voltando da escola para casa em um dia de inverno —, ainda era fácil ler em seu rosto a sensação de injustiça que sentira por ter sapatos e ele não.

Essas agitações de consciência social tornaram-se cada vez mais uma característica de sua vida à medida que ela crescia. Caçoavam de Jacinda por se tornar primeira-ministra porque, em sua pequena cidade de 5 mil habitantes, era a única criança interessada em política. Mas mesmo sendo, em suas palavras, *"uma adolescente angustiada que queria mudar o mundo"*, ela nunca se viu seriamente na política ou em um papel de liderança. Sonhava ser psicóloga ou policial, e presumia que teria uma família ainda jovem. Nas palavras dela:

Fui criada na igreja mórmon, e as mulheres de lá têm carreiras, mas também têm família, e geralmente se casam muito jovens. Então, simplesmente presumi que seria assim comigo também. Achei que me casaria com vinte e poucos anos e logo teria uma família.

Ela tomou uma verdadeira atitude política pela primeira vez quando estava no fim da adolescência. Fala de sua tia, que a ajudou a se envolver, nos seguintes termos:

Ela era uma simples adepta do Partido Trabalhista. Batia de porta em porta distribuindo panfletos. Era a pessoa que sempre reunia as tropas. Ela sabia que eu estava me interessando por política, por isso ligou para o parlamentar trabalhista para o qual fazia campanha e disse: "Você precisa fazer minha sobrinha se envolver nisso". Ele morava a três horas de onde eu estava, mas me ligou uma noite e disse: "Marie me contou sobre você. Poderia ser voluntária em minha campanha?".

Jacinda imediatamente pediu férias do trabalho no supermercado e dirigiu seu velho Toyota 1979 até New Plymouth. Ela viajou com outro voluntário e passou as férias em campanha política. Ela simplesmente diz: "Foi assim que comecei".

Cerca de 20 anos depois, aos 37 anos, foi empossada como a terceira mulher primeira-ministra da Nova Zelândia.

Nas duas décadas intermediárias, ela estudou, trabalhou, viajou e desenvolveu sua visão adulta do mundo. Durante o mesmo período, duas mulheres assumiram como primeira-ministra da Nova Zelândia. Jenny Shipley, conservadora, foi a primeira mulher a ocupar o cargo, de dezembro de 1997 até dezembro de 1999. Helen Clark, do Partido Trabalhista, sucedeu Jenny e foi primeira-ministra por quase nove anos.

Como jovem adulta, Jacinda reavaliou sua fé mórmon e se afastou dela. Ficou particularmente ofendida com os ensinamentos doutrinários sobre sexualidade. Felizmente, deixar a igreja não causou um grande conflito com sua família.

Sua primeira formação foi bacharel em Estudos de Comunicação em Relações Públicas e Ciências Políticas, que cursou na Faculdade de Gestão da Universidade de Waikato de 1999 a 2001. Após a graduação, Jacinda começou a trabalhar como assessora política para o então ministro associado da Energia Harry Duynhoven. Nesse trabalho, ela o acompanhou a muitos ambientes bem masculinos, como minas, poços de petróleo e plataformas no mar.

Jacinda decidiu combinar o trabalho com um estudo mais aprofundado. Enquanto concluía a pós-graduação em Ciências Políticas na Universidade Victoria de Wellington, trabalhou para o ministro da Justiça, Phil Goff. De lá, conseguiu um emprego com a primeira-ministra Helen Clark e projetou uma das políticas de assinatura do Partido Trabalhista para as eleições de 2005, um plano para reduzir o ônus dos empréstimos estudantis para estudantes universitários.

Jacinda queria conhecer mais o mundo, por isso largou o emprego e foi viajar. Mas, em vez de só passear, fez coisas como ser voluntária em uma cozinha comunitária e trabalhar em uma campanha pelos direitos dos trabalhadores em Nova York. Nessa época, ela se candidatou a um emprego no gabinete de Tony Blair, que era então primeiro-ministro do Reino Unido. Jacinda conseguiu o emprego e, em 2006, mudou-se para Londres. Nos dois anos seguintes, ela foi promovida, por fim, ao cargo de assessora política, e de trabalhar para Tony passou a trabalhar com o primeiro-ministro trabalhista Gordon Brown. Em suas várias funções, ela se envolveu em questões políticas muito variadas, como ajudar pequenas empresas e melhorar o policiamento.

Trabalhar como membro da equipe política é uma vida agitada, mas Jacinda encontrou tempo para se envolver na representação de jovens. Em 2008, foi eleita presidente de uma organização internacional com alcance em 13 países, chamada União Internacional da Juventude Socialista. Jacinda foi apenas a segunda mulher a assumir como presidente nos mais de cem anos de história dessa instituição.

Muitos jovens apaixonados pela política construiriam deliberadamente um currículo como esse para alcançar seu objetivo final de estar no parlamento. Mas o foco de Jacinda não era ser eleita. Na verdade, quando recebeu a ligação, ela disse *não*. E nos explica:

Havia uma consciência crescente no Partido Trabalhista da Nova Zelândia de que, ao construir nossas listas de candidatos ao parlamento, era necessário incluir mais mulheres e jovens. Estava em Londres e me lembro de receber um telefonema de um membro do parlamento dizendo: "Veja, precisamos de mais mulheres; pode voltar e concorrer?". E respondi: "Não, não sei se isso é para mim".

As ressalvas de Jacinda eram sobre como lidaria com a natureza combativa da política por causa de sua personalidade. Ela conta:

Toda vez que alguém dizia "Por que não vai para o parlamento?", tudo que conseguia pensar era: "Sou resistente o suficiente para isso? Sou assertiva o suficiente para o ambiente político? Sou forte o suficiente para esse meio?".

Havia visto isso de perto e sabia o que seria necessário. E pensei que, mesmo se tivesse todas essas características e pudesse fazer aquilo, acaso seria feliz lá ou isso só me desagradaria?

Felizmente, a oportunidade apareceu de novo. Ela recorda:

Da segunda vez que fui chamada, disseram: "Bem, por que não fica em Londres mas entra na lista de candidatos do partido e faz campanha para que os neozelandeses de lá votem?". E acho que, como em minha cabeça isso não necessariamente me levaria ao parlamento, que poderia ser colocada em um lugar sem chances na lista, quase me deixei enganar. Pensei que poderia fazer isso, que poderia fazer campanha em Londres.

E então tornou-se uma questão de "Você precisa voltar e passar pelas eleições primárias", e fiz isso, e de repente tudo começou a ficar cada vez mais sério.

O que aconteceu a seguir mostra como as ações de uma pessoa que se sacrifica podem ser fundamentais na política. Jacinda lembra:

Temos um processo na Nova Zelândia segundo o qual todas as regiões classificam seus candidatos e, a seguir, essas listas regionais se juntam e formam a nacional. Portanto, se você tiver uma classificação elevada em sua lista regional, é mais provável que chegue ao parlamento. Geralmente, a ordem é: os membros do parlamento estão no topo e o lugar seguinte, logo depois deles, é a posição-chave que maximiza a probabilidade de ser eleito.

Voltei de Londres para a região de Wellington para a reunião que definiu a lista. Meu amigo, Grant Robertson, era visto como o novo candidato que a região queria apoiar para aquela posição-chave. A reunião começou, e indicamos todos os parlamentares em exercício, e então essa posição-chave surgiu. Alguém se levantou e nomeou Grant, e ele se levantou e disse: "Não quero ser indicado enquanto Jacinda Ardern não estiver colocada", e se sentou. E então fui colocada naquela posição-chave e, como resultado, fui eleita para o parlamento.

Grant e Jacinda ainda são amigos, e ele é ministro das Finanças do governo dela.

Eleita membro do parlamento em 2008, as dúvidas de Jacinda sobre se a política era adequada para ela nunca desapareceram. Ela relata:

Mesmo depois de entrar, ainda questionava constantemente se tinha os traços de caráter e personalidade certos para aquele ambiente, porque sou uma pessoa sensível, empática, não gosto do lado agressivo da política.

De vez em quando, eu era avaliada em tabelas de pontuação elaboradas pela mídia como malsucedida por não ter pedido a cabeça de nenhum ministro do governo. Mas não era assim que eu media o sucesso. Então, eu acabei decidindo que talvez não fosse considerada a política mais bem-sucedida, mas pelo menos ficaria feliz com a maneira como me portava.

Sem dúvida, seguir o próprio estilo não atrapalhou seu progresso. Em 2017, Jacinda se tornou vice-líder do Partido Trabalhista em março, líder em agosto e primeira-ministra em outubro.

Jacinda fala de sua ascensão meteórica nas posições do Partido Trabalhista:

Sempre que assumi um cargo na política, foi por ter sido chamada a fazê-lo. E posso honestamente dizer que, não fosse pelas circunstâncias em cada um desses casos e por ter sido solicitada, não estaria nessa função.

Sua nomeação como líder tão perto de uma eleição pode ser caracterizada como uma corda bamba. Ser empurrada para uma campanha sem preparação, e com o ex-líder tendo renunciado por causa de pesquisas de opinião ruins, é um começo horrível.

Jacinda enfrentou não apenas um teste eleitoral, mas também, potencialmente, uma de suas habilidades de negociação. O Parlamento da Nova Zelândia tem apenas uma câmara — a Câmara dos Representantes —, para a qual 120 pessoas são eleitas. Desse total, os 71 membros mais votados são representantes de constituintes de uma única cadeira. Os 49 restantes são eleitos por meio do sistema de lista partidária regional que Jacinda descreveu antes.

Para pessoas de outras democracias, o sistema da Nova Zelândia pode parecer meio estranho, porque cada eleitor vota duas vezes — uma para eleger seu representante local e outra para selecionar sua lista de políticos preferidos do partido. Em sua carreira, Jacinda foi as duas coisas. Foi eleita como representante do eleitorado de Mount Albert, em Auckland, em 2017 e, antes disso, eleita para o parlamento porque estava na lista do partido.

Há um grande número de partidos políticos na Nova Zelândia, além do conservador Partido Nacional e do Partido Trabalhista de Jacinda. É quase impossível para um desses dois grandes partidos formar um governo sem fazer coalizões ou acordos com partidos menores.

O oponente de Jacinda nas eleições gerais de 2017 foi o atual primeiro-ministro do Partido Nacional, Bill English, que assumiu o lugar do popular e antigo primeiro-ministro John Key quando este decidiu se aposentar da política, em 2016.

Embora muitos analistas políticos pensassem que se tornar líder de um partido político com 24% dos votos apenas oito semanas antes de uma eleição fosse o cálice envenenado, Jacinda venceu. Sua liderança foi imediatamente aceita pela população com um salto de quase 20 pontos nas pesquisas de opinião e uma onda de doações para apoiar a campanha do Partido Trabalhista. No final das contas, o Trabalhista ganhou 14 cadeiras, ao passo que o Partido Nacional perdeu quatro. Embora isso significasse que o Partido Nacional ainda detinha mais cadeiras do que o Partido Trabalhista, com 56 cadeiras para 46, Jacinda foi capaz de negociar os arranjos necessários para criar uma maioria dentro do parlamento e um governo trabalhista. Ao fazer isso, ela se tornou a terceira primeira-ministra da Nova Zelândia.

Jacinda é muito firme ao falar sobre os benefícios de provir de um país onde duas mulheres foram primeiras-ministras antes dela. Em suas palavras:

Nenhuma dúvida surgiu por causa da percepção de que o povo da Nova Zelândia não me aceitaria porque sou mulher. Essa é a diferença de ter duas primeiras-ministras como Helen Clark e Jenny Shipley. Pude ver que era possível ser eleita, ser primeira-ministra de sucesso e ser uma mulher. A incrível importância de ser e ter um exemplo como esse não é algo que se deva desvalorizar.

Mas ela também deixa claro que ser e ter exemplos não tira todas as dúvidas que as mulheres têm.

Nunca pensei que não poderia estar na política porque sou mulher. Simplesmente não aconteceu. Mas me passou pela cabeça que não poderia fazer isso só porque era eu. Eu questionava minha habilidade constantemente, questionava se poderia ou não assumir os papéis que as pessoas me desafiavam a assumir.

Vejo esse tipo de dúvida em outras mulheres. Isso me faz pensar que não é só minha personalidade. Tem algo a ver com nosso nível de confiança, e estou fazendo declarações grandiosas aqui. Sabe aquele velho clichê de ver uma lista de características que você precisa possuir para assumir uma função e você só vê aquelas que não tem? Para as mulheres, acho que isso é absolutamente verdadeiro.

Encontro com Theresa May, primeira-ministra do Reino Unido de 2016 a 2019, segunda mulher eleita para o cargo.

É fácil ver a ex-primeira-ministra do Reino Unido, Theresa May, como outra mulher que se tornou líder em uma corda bamba. Afinal, ela conseguiu o cargo depois de um grande choque e herdou um partido político e uma nação profundamente divididos, bem como a tarefa diabolicamente complexa de realizar o Brexit, como ficou conhecida a saída da Grã-Bretanha da União Europeia.

Em 2010, seu antecessor, David Cameron, havia se tornado o primeiro-ministro mais jovem do Reino Unido, aos 43 anos. Ele liderou um governo de coalizão entre seu partido, o Partido Conservador, também chamado de Tories, e os Liberais Democratas. Sob sua liderança, o Partido Conservador melhorou seu resultado nas eleições de 2015 e obteve a maioria por direito próprio.

Com esse histórico de sucesso, nenhum dos presentes à celebração na noite da eleição conservadora teria previsto que ele partiria em pouco mais de um ano. Mas foi exatamente isso que aconteceu. Em 24 de junho de 2016, ele anunciou sua renúncia ao cargo de primeiro-ministro após um resultado chocante no referendo que perguntou ao povo do Reino Unido se o país deveria "permanecer membro da União Europeia ou abandoná-la". Cameron fez campanha para permanecer, e a maioria das pesquisas mostrou que esse seria o resultado. Contra essas expectativas, a proposta para sair venceu com pouca diferença, e Cameron acreditava que o resultado tornava insustentável a continuidade de sua liderança da nação.

Duas mulheres, Theresa May e Andrea Leadsom, e três homens, Michael Gove, Stephen Crabb e Liam Fox, foram nomeados para substituir

Cameron. Quanto a Boris Johnson, que viria a suceder Theresa e é o atual primeiro-ministro, esperava-se que concorresse, mas ele não o fez depois que Gove retirou seu apoio a ele e se candidatou.

Theresa recebeu o apoio da maioria na primeira votação. No sistema do Partido Conservador, os votos são realizados, inicialmente, entre os membros do parlamento. Os dois candidatos com o maior apoio enfrentam, então, uma votação de membros do partido. Theresa e Leadsom foram as duas primeiras, mas Andrea retirou-se em favor de Theresa antes da votação do partido. Em 11 de julho de 2016, estava claro que Theresa seria a segunda primeira-ministra do Reino Unido, depois de Margaret Thatcher, que esteve no cargo por mais de uma década, de 1979 a 1990.

Embora familiarizada com a ideia de andar na corda bamba, Theresa fala sobre sua seleção como líder:

Acho que havia o elemento de se querer algo diferente do líder em comparação com o que os membros do parlamento tinham anteriormente. Isso teve relação, em parte, com o histórico do candidato, bem como outras coisas. Não acho que houve o elemento gênero nisso.

Essas palavras foram ditas com voz rouca. Nossa entrevista ocorreu em um café no eleitorado de Theresa durante a campanha para as eleições de 2019, que deram a seu sucessor, Boris Johnson, uma vasta maioria. Theresa estava batendo de porta em porta em seu distrito eleitoral, que fica nos arredores de Londres, mas no início da semana também estivera na Escócia a -5 °C. Não podemos imaginar o que um cidadão comum pensa ao atender a uma batida na porta e encontrar uma ex-primeira-ministra.

Claro, a mídia aproveitou quando, com a mesma voz rouca, Theresa tossiu durante todo o seu discurso na Conferência do Partido Conservador em 2017. Enquanto ela se esforçava, para piorar a situação, o palco montado atrás dela começou a cair. Como aparentemente tudo na vida, ela lidou com aquele incidente com estoicismo.

Pessoalmente, Theresa não é a figura séria que os retratos da imprensa levariam a esperar. Ela é envolvente, de uma forma profissional, mas afável. Você tem a sensação de que, embora possa não ser tão extrovertida quanto muitas outras pessoas aos olhos do público, ela se sente à vontade na própria pele. Seu comentário sobre os Tories buscarem um líder com uma formação diferente tem relação com classe. David

Cameron é um dos 20 primeiros-ministros britânicos que estudaram no Eton College, o histórico internato independente para meninos que vem educando a elite desde sua fundação, em 1440. De um total de 55 primeiros-ministros, esse é um número notável. David é o que uma australiana como Julia chamaria de *posh*, ou chique.

Em contraste, Theresa Mary Brasier, nascida em 1º de outubro de 1956 em Eastbourne, Sussex, frequentou a escola secundária feminina do governo. Seu pai era vigário da paróquia da Igreja Anglicana e sua mãe, dona de casa, apoiava o trabalho do marido. As mães de ambos trabalharam no serviço doméstico quando jovens.

Sobre sua jornada rumo à política, Theresa conta:

Por volta dos 12 ou 13 anos, eu estava interessada em ser membro do parlamento. O bichinho da política me picou naquela época. Suponho que seja, em parte, porque era filha única, de modo que fui criada em um ambiente onde se via o noticiário, meus pais liam jornais e falavam sobre as coisas. Eu me interessei e queria fazer a diferença, e achava que essa era uma boa maneira de conseguir, mas nunca pensei que chegaria ao topo ou que seria a pessoa-chave.

Ela recorda a ocupação do pai como uma inspiração e um constrangimento, dizendo:

Sou filha de um clérigo, e acho que a combinação de serviço público e falar em público veio à tona em mim. Mas eu estava restrita ao que podia fazer em casa, porque meu pai dizia que era o vigário da paróquia para todos, portanto não queria que eu batesse nas portas como uma proclamada conservadora. Por conta disso, fiquei nos bastidores e comecei a encher envelopes.

Ela brinca dizendo que sua carreira política teve um início desfavorável. O professor de história da escola sabia que ela se interessava por política e que várias outras pessoas também gostavam. Então, ele montou um clube de debates. Theresa contou sobre a primeira reunião do clube:

Todos tivemos que tirar um assunto da cartola e falar sobre ele. Quando chegou minha vez, não consegui pensar em nada para dizer. O assunto era se deveria haver uniforme escolar, e era de imaginar que qualquer um poderia falar sobre isso automaticamente.

Embora sua educação acadêmica fosse diferente da de David Cameron, assim como ele, Theresa frequentou a Universidade de Oxford, que pode se gabar de ter formado 28 dos 55 primeiros-ministros britânicos. Lá, sua habilidade de debate melhorou graças a seu envolvimento na Sociedade de Debates da Oxford Union.

Mas sua abordagem e sua trajetória eram diferentes das dos homens de Oxford interessados em política. Ela narra:

Por ser mulher, não fiz exatamente como os homens, porque muitas vezes eles usam seus contatos e depois vão trabalhar para um parlamentar, e isso é o início da carreira. Eu não fiz isso. Sempre achei que a pessoa deve fazer outra coisa antes de se tornar um parlamentar, para ter outra experiência. Fui trabalhar em um banco.

Embora seu principal motivo para não usar contatos para ir direto para um cargo político fosse sua crença de que era importante ter outra carreira primeiro, ela também deixa claro que, se houvesse tentado o caminho direto, teria sido mais difícil. Theresa explica:

Fazer conexões é algo mais natural para os garotos. E acho que alguns deles tinham outras conexões além de Oxford; tinham a escola ou a família também. Portanto, provavelmente tinham ligações mais naturais com o mundo político.

Um coquetel de classe e gênero.

Foi em uma festa da Associação Conservadora da Universidade de Oxford que ela conheceu seu futuro marido, Philip May. Diz a lenda que os dois foram apresentados pela colega Benazir Bhutto, que passou a ser a primeira, e até agora única, primeira-ministra mulher do Paquistão. Eles se casaram em 1980. Theresa falou publicamente que o casal queria filhos, mas infelizmente não podia tê-los. Philip é muito bem-sucedido no mundo de finanças e investimentos.

Embora Theresa tenha escolhido um caminho alternativo para o parlamento, acabou chegando lá. Tragicamente, seus pais não viveram para vê-la eleita. Seu pai, Hubert Brasier, foi fatalmente ferido em um acidente de carro em 1981, e sua mãe, Zaidee Brasier, morreu no ano seguinte devido à esclerose múltipla.

Theresa ganhou experiência prática pela primeira vez como vereadora, de 1986 a 1994. Ela apresentou seu nome em algumas ocasiões como candidata conservadora a uma cadeira parlamentar, mas não teve sucesso. No entanto, teve um gostinho da campanha eleitoral ao sair candidata conservadora a duas cadeiras trabalhistas seguras, uma nas eleições gerais de 1992 e outra nas eleições suplementares de 1994.

Acabou sendo selecionada como candidata do Partido Conservador para a recém-criada cadeira de Maidenhead nas eleições gerais de 1997.

Sobre esse período de sua vida, quando buscava ativamente a pré-seleção do partido, ela conta:

Era tentador dizer, se eu perdesse, que "eles não queriam uma mulher". Mas, na verdade, disse a mim mesma: "Devo analisar meu desempenho de maneira adequada. Houve algum assunto específico sobre o qual eu não sabia o suficiente? Houve perguntas a que não respondi muito bem? Minha apresentação foi tão boa quanto poderia ter sido?", em vez de apenas dizer: "Bem, obviamente sou uma mulher, e por isso não ganhei".

A eleição de 1997 foi ruim para o Partido Conservador com a vitória de Tony Blair, do Trabalhista, mas Theresa conseguiu ser eleita. Embora estivesse triste pela perda eleitoral, Theresa relembra esse período como o que lhe deu mais oportunidades, descrevendo-o nos seguintes termos:

Muitos deputados haviam estado no governo e achavam muito difícil estar na oposição. Nós, os novos, pensávamos assim: estamos aqui, vamos em frente. E, assim, as oportunidades de progresso foram talvez maiores do que poderiam ter sido. Haver trezentos e tantos de nós do partido no parlamento é diferente de haver 190.

Theresa subiu depressa, tornando-se a primeira dos membros do parlamento recém-eleitos de 1997 a entrar no gabinete paralelo, assumindo, a partir de 1999, como secretária paralela de Estado para Educação e Emprego. Após a eleição de 2001, com os conservadores ainda na oposição, ela permaneceu no gabinete paralelo, mas se mudou para a pasta de Transporte. Em 2002, foi nomeada para a primeira cadeira feminina do Partido Conservador. Usou essa plataforma para fazer um discurso muito discutido e contundente sobre a necessidade de os conservadores mudarem, dizendo a famosa frase: "Sabem como algumas pessoas nos chamam? De *Nasty Party* [partido desagradável]".

No mesmo discurso, ela abraçou a causa da diversidade, dizendo:

Na última eleição geral, 38 novos deputados conservadores foram eleitos. Desse total, apenas uma era mulher e nenhuma era de minoria étnica. Isso é justo? Metade da população tem direito a apenas uma vaga em 38?

Theresa não apenas falou sobre a diversidade, como também agiu, fundando, em 2005, uma organização chamada Women2Win com um membro conservador da Câmara dos Lordes, a baronesa Jenkin de Kennington. Theresa descreve sua fundação da seguinte maneira:

Como presidente do partido, estava trabalhando para mudar nosso processo de seleção, para que fosse mais neutro em termos de gênero. Inadvertidamente, ele tinha um forte viés para homens. E então, reconhecemos que os homens tinham redes de contatos, o que significava que todos conversavam entre si, conheciam as pessoas e assim por diante. Eles podiam dizer: "John conseguiu aquela cadeira; bem, ele está fora da lista, agora posso escolher este". As mulheres não costumavam fazer isso, de modo que dar a elas uma rede foi uma das motivações por trás disso. Além disso, tratava-se de ajudar as mulheres, talvez orientando-as, falando sobre como era estar no parlamento, para que pudessem compreender melhor as questões. E há muitas mulheres no parlamento que estão lá por causa do apoio que a Women2Win lhes deu.

Compreensivelmente, Theresa tem orgulho da Women2Win, mas ela ainda gostaria de vê-la se extinguir, e diz:

Nosso objetivo final é que os eleitores e os comitês de seleção não digam: "Ah, é uma mulher", mas apenas: "Esse indivíduo é a pessoa em quem quero votar porque vai fazer isso, ou tem aquilo. Quero selecioná-lo como candidato porque tem tal habilidade". Não estamos perto disso ainda. Mas as percepções estão mudando. Em parte, isso se deve aos números. Com um número maior de mulheres no parlamento, torna-se mais natural imaginar outras candidatas ali dentro.

Os dias de oposição de Theresa terminaram nas eleições de 2010. Àquela altura, ela já era responsável por uma série de áreas e fora nomeada Líder da Câmara, um papel parlamentar fundamental no sistema Westminster.

No governo, foi indicada para a função sênior de secretária do Interior. Ao assumir esse cargo, ela se tornou a quarta mulher a ocupar um dos grandes cargos de Estado no governo do Reino Unido, seguindo a primeira-ministra Margaret Thatcher, a secretária de Relações Exteriores Margaret Beckett e a secretária do Interior Jacqui Smith. Ela continuou como secretária do Interior, responsável por imigração e cidadania — e a segurança nacional, incluindo a agência de espionagem MI5 e o policiamento na Inglaterra e no País de Gales —, até se tornar primeira-ministra. Durante dois anos, de 2010 a 2012, foi também ministra da Mulher e da Igualdade.

Sobre como avançou, Theresa conta:

Não sentia que era tratada de maneira diferente dos outros na Câmara dos Comuns, por exemplo. Mas escolhi fazer minha política do meu jeito.

Algumas de minhas colegas achavam que deviam se comportar como os homens, ficar na sala de fumantes, beber com eles, esse tipo de coisa. Tratando a coisa como se fosse um clube. Eu não achava isso. Quero pensar que sempre encarei tudo de um jeito muito mais profissional e, portanto, sinto que posso fazer as coisas à minha maneira, em vez de ter que me encaixar em um estereótipo. É uma das minhas maiores preocupações com as mulheres nos negócios e na política: que as mulheres muitas vezes abordam as coisas de maneira diferente, tão válida quanto a dos homens. Elas farão um trabalho tão bom quanto o deles, porém diferente. Não acho que não pode haver essa diferença, que a mulher tem que fazer da mesma maneira que os homens.

Theresa também é conhecida como trabalhadora extremamente árdua e sabe que sua diligência foi notada. Ela vê esse tipo de abordagem mais silenciosa como feminina, afirmando:

Na verdade, muitas vezes há nas mulheres a tendência de pensar: "Se eu fizer um bom trabalho, será notado", em vez de pensar: "Tenho que dizer a todos que estou fazendo um bom trabalho".

Seu mandato como primeira-ministra terminou em 24 de julho de 2019, pouco mais de dois anos depois que assumiu o cargo. Nesse período, sua autoridade política foi corroída pelos resultados de uma eleição geral antecipada que ela convocou em junho de 2017, na qual os conservadores perderam 13 cadeiras e os trabalhistas ganharam 30. Seu governo só sobreviveu chegando a um acordo político com o Partido Democrático Unionista da Irlanda do Norte, que tinha dez cadeiras no parlamento. Então, seus esforços para entregar um acordo sobre o Brexit e garantir o apoio para ele no parlamento fracassaram. Em muitos aspectos, o tempo de Theresa no cargo de primeira-ministra será definido pela política contenciosa do Brexit e por seu fracasso em alcançá-lo. As pessoas especularam publicamente se acaso ser mulher e de fora do "clube" teria contribuído para a derrota dos projetos do Brexit que ela levou ao parlamento.

Apesar de todas as muitas camadas de complexidade dessa história política, Theresa encontra um jeito de resumi-la, da seguinte maneira:

Acho que é difícil ver uma questão de gênero. Boris Johnson, que me substituiu, é Brexiteer, o que significa que ele apoiou a saída da Grã-Bretanha da União Europeia durante o referendo. Acho que os outros Brexiteers do parlamento se sentem mais à vontade com um Brexiteer e confiam que cumprirá as metas. *Independentemente das especificidades reais de qualquer acordo do Brexit com a Europa, porque votei por permanecer, eles sempre sentiram que havia essa conspiração. Que nós, que todos os remanescentes, estávamos tentando deter o Brexit de alguma maneira. E, portanto, tudo que não era exatamente o que queriam foi visto como parte dessa trama. Então, acho que ter um Brexiteer lá é o que faz a diferença para alguns dos meus colegas que não apoiariam meu acordo, e não uma questão de gênero.*

Mas sua análise volta à natureza clubista do parlamento e como ela escolheu fazer sua política de maneira diferente. Theresa comenta:

Acho que uma das questões que envolvem o parlamento é o instinto natural de participar de panelinhas, o que é, em grande parte, um instinto masculino. Nunca fiz parte de nenhuma panelinha. Sabe, nem todos os meus colegas homens. Mas, para muitos homens, há aquela vontade de formar algum tipo de grupo. Para alguns, é o ano de sua entrada no parlamento, ou sua crença na Europa, ou a crença em outra questão, e isso constitui uma ligação muito forte entre eles. Claro, em termos do Brexit, havia mulheres envolvidas também. De modo que não era uma só coisa masculina. Só aquela sensação de que você fazia parte desse grupo e fazia o que o grupo queria.

E havia muitas forças externas. O trabalho nas mídias sociais que estava sendo feito para persuadir as pessoas a ser contra o acordo. Havia um forte ambiente de pessoas tentando ativamente impedir o governo de conseguir o que queria. Normalmente, no parlamento, você espera que o maior grupo ao qual pertence seja seu partido e tenha afinidade com ele. Mas, infelizmente, como o referendo dividiu os partidos, a visão deles sobre a Europa passou a ser a identidade do grupo para muitas pessoas.

Como Jacinda, Theresa acredita que exemplos fizeram diferença para ela, especificamente o fato de o Reino Unido já ter tido uma primeira-ministra. Ela diz:

Não havia aquela sensação de choque, porque já havia sido feito e, portanto, era menos problemático.

Ela reflete sobre o impacto das monarcas nos seguintes termos:

Quando alguém analisa, vê que o Reino Unido está acostumado a ter mulheres líderes. Já tivemos algumas rainhas bastante fortes no passado. Portanto, é menor a sensação de que uma mulher no topo é problemática ou incomum. Penso na história: a rainha Elizabeth I foi uma líder muito forte que as pessoas costumam citar; e há a rainha Vitória. Quer dizer, é um papel completamente diferente, mas o conceito de uma mulher ocupar uma posição de liderança talvez seja diferente no Reino Unido.

Theresa oferece uma observação:

Acho que é uma questão interessante saber se os Estados Unidos já estão prontos para aceitar uma mulher como presidente.

Sobre essa tese, entrevistamos a especialista.

Encontro com Hillary Rodham Clinton, primeira-dama dos Estados Unidos de 1993 a 2001; senadora dos Estados Unidos de 2001 a 2009. Secretária de Estado de 2009 a 2013, terceira mulher no cargo. Candidata à presidência em 2016.

Muitos meses depois da Semana dos Líderes da ONU, estamos de volta a Nova York; voltamos de Washington, DC, de trem. Viemos entrevistar a mulher política mais conhecida do mundo, Hillary Rodham Clinton.

Bilhões de pessoas no mundo podem achar que sabem exatamente qual é a aparência de Hillary e como é sua voz. Mesmo assim, pessoalmente, não importa quantas vezes você a tenha encontrado, sempre há uma sensação de deslocamento entre a imagem e a realidade. Fisicamente, ela é menor do que se espera, mas seus olhos azuis brilhantes são muito maiores e mais cativantes.

Nós nos encontramos no escritório dela em Nova York, olhando de vez em quando para sua coleção de bótons políticos que, curiosamente, diziam coisas como "Comedores de queijo são Hillary".

A jornada de Hillary rumo ao poder é tão conhecida, que não requer explicação detalhada. Primeira-dama, senadora, secretária de Estado, primeira mulher a se candidatar por um dos dois principais partidos à presidência dos Estados Unidos, Hillary é uma pioneira. Aos setenta e poucos anos, ela ainda está cheia de energia, ideias e paixão pela mudança progressista.

Mas percorrer assim os marcos de sua vida não dá a noção de como foi incrível sua viagem na montanha-russa. É importante lembrar, enquanto vivemos na longa sombra de sua derrota em 2016, que Hillary vem acumulando sucessos há décadas. Mesmo antes de ela ou seu marido, Bill

Clinton, serem eleitos, Hillary fazia uma contribuição descomunal para a liderança. Ela recorda com certo orgulho:

Eu presidi a Legal Services Corporation [Corporação de Serviços Legais], um órgão nacional que fornecia serviços jurídicos a milhões de americanos que, sem isso, estariam perdidos.

Ela nunca foi uma primeira-dama que ficava fora do domínio da política. Como primeira-dama do Arkansas, quando Bill era governador, Hillary presidiu o comitê que reformou completamente o sistema educacional daquele estado. Como primeira-dama dos Estados Unidos, liderou um esforço para reformar a política da saúde, que descreve como:

Uma serra circular. Era tão difícil, havia tantos interesses especiais e partidários... O programa de reforma abrangente não foi adotado, mas mudamos e fornecemos cuidados de saúde para 10 milhões de crianças por ano.

Hillary é a única primeira-dama dos Estados Unidos a entrar na política eleitoral e, como senadora por Nova York, liderou a reconstrução, tanto física quanto emocional, após os ataques terroristas do Onze de Setembro.

Depois de trabalhar em parceria com o presidente Barack Obama, servindo com distinção como secretária de Estado, ela se tornou a primeira mulher indicada para a presidência por um partido importante. A disputa pela indicação foi exaustiva. Hillary foi obstinadamente contestada por seu colega, o senador democrata Bernie Sanders. Sobre aquela época, ela conta:

Estive na mira durante toda a campanha, mas ganhei de forma esmagadora. Ganhei por 12 pontos, 4 milhões de votos. Eu me tornei a primeira mulher a ser indicada e foi uma experiência incrível, pela qual sou muito, muito grata. E da qual me sinto muito orgulhosa.

Mas essa notável história de vida, de realizações e sucesso, deixou um teto de vidro alto, duro e intacto. Muitas mulheres no mundo todo, incluindo as que estavam a seu lado na política e outras que talvez não a tenham apoiado, mas que a respeitavam e o que ela representava em termos de conquistas feministas, ficaram chocadas quando Donald Trump foi eleito presidente dos Estados Unidos. Hillary descreve o fato em termos vívidos:

Estávamos fazendo uma campanha que parecia um esforço Obama 2.0. Trump fazia algo totalmente diferente, que nunca havíamos visto. Não conseguíamos descobrir tudo o que estava acontecendo. Mas, no final, consegui 3 milhões a mais de votos. Estou orgulhosa da campanha que fiz, mas queria ter sabido então o que sei agora.

Cheguei onde ninguém mais havia chegado e foi muito, muito difícil. Mas agora há outras mulheres concorrendo pelos democratas à presidência. Então, isso abriu portas. Motivou e encorajou as pessoas, e isso é uma coisa ótima.

Tivemos uma conversa fascinante sobre mulheres e ambição. Dentre nossas mulheres líderes, nenhuma declarou claramente: "Busquei o poder, eu o queria, lutei por ele, consegui". Em vez disso, nossas entrevistadas disseram que foram convidadas, que surgiram oportunidades devido a crises, que pensaram que só colocariam seu nome ali porque tinham certeza de que outra pessoa apareceria e conseguiria o cargo. Christine se apresentou para liderar o FMI. Erna e Theresa parecem ter buscado avanços metodicamente durante o tempo que passaram na política. Nenhuma delas descreveu ter dado esses passos por serem ambiciosas. A própria Hillary sempre explicou cuidadosamente suas motivações para concorrer, apontando as políticas com as quais se preocupa e as pessoas que seriam ajudadas.

A conversa com Hillary foi inflamada porque nossa visita coincidiu com o lançamento de uma entrevista com Beto O'Rourke, parlamentar do Texas que, naquela época, fazia campanha para ser o candidato democrata à presidência em 2020. No artigo da *Vanity Fair*, Beto é citado dizendo sobre a disputa presidencial: "Cara, eu nasci para isso".

Junto com Hillary, refletimos sobre qual seria a reação a uma mulher que assumisse sua ambição de maneira tão direta.

As palavras de O'Rourke passam pelo Twitter e acabam sendo vistas pela mídia como uma gafe, um exagero arrogante. Mas não há nenhuma reação a outras palavras ditas por ele, como: "Você pode dizer que eu quero concorrer. Eu quero. Acho que seria bom nisso".

Uma mulher poderia dizer essas palavras sem críticas? A pesquisa que discutiremos mais adiante sugere que a resposta é, inequivocamente, *não*.

Quanto da aparente falta de apropriação de ambição é inerente à visão das nossas mulheres líderes sobre si mesmas, e quanto é uma resposta condicionada, porque elas têm absorvido o fato de que mulheres ambiciosas são vistas de forma negativa? É impossível saber. Suspeitamos que nem mesmo as próprias mulheres conseguiriam desagregar isso.

Jacinda também está certa ao afirmar que as mulheres têm menos probabilidade de se candidatar a uma posição se não atenderem a todos os critérios estabelecidos. Em um estudo com mais de mil profissionais dos Estados Unidos, as mulheres eram mais propensas que os homens a dar uma versão de resposta que dizia que não se apresentavam porque não tinham todas as qualificações exigidas. Isso pareceria indicar menos confiança, não necessariamente na capacidade de fazer o trabalho, mas na probabilidade de serem escolhidas. As mulheres tinham quase duas vezes mais probabilidade que os homens de dizer que não se apresentavam porque estavam seguindo as diretrizes sobre quem deveria se inscrever, o que significa que elas tendem a ver o processo de contratação como algo baseado em regras, em vez de uma interação humana mais fluida, na qual é possível conversar para conseguir o emprego.[4] É necessário mais trabalho para quebrar o impacto do efeito confiança das suposições sobre como as pessoas são escolhidas, mas há evidências concretas que demonstram que homens e mulheres se comportam de maneira diferente como candidatos a empregos. Dados de 610 milhões de usuários do LinkedIn mostram que, embora homens e mulheres busquem novas oportunidades de emprego da mesma maneira, elas têm 16% menos probabilidade de se candidatar a um emprego depois de visualizá-lo que os homens, e se candidatam a 20% menos empregos.[5]

Devemos nos preocupar com essa falta de apropriação da própria ambição? Confiança e competência não estão necessariamente correlacionadas.[6] De fato, há algumas evidências de que líderes atormentados com as maiores dúvidas evitam riscos desnecessários e trabalham com mais diligência. Ainda assim, de alguma forma, é irritante que as mulheres não possam se levantar e simplesmente dizer: "Eu sou a pessoa certa para liderar".

Em todas as nossas conversas, descobrimos que não existe um caminho único para o poder. Mas há lições a guardar para sempre.

Em primeiro lugar, como cidadãos globais, nunca devemos esquecer que em muitas partes do mundo as mulheres correm o risco de ser presas e torturadas ao se tornarem líderes. Ellen, Joyce e Michelle tiveram que mostrar coragem física. Ngozi também teve experiências diretas e duras de violência. Sua mãe foi sequestrada quando ela era ministra das Finanças por pessoas que queriam lutar contra sua campanha anticorrupção.

Felizmente, sua mãe foi resgatada e não sofreu danos físicos, embora as cicatrizes emocionais persistam.

Para aquelas de nós que vivemos em lugares mais fáceis e ricos, nossa obrigação de apoiar mulheres cujos caminhos rumo ao poder são mais difíceis deve estar sempre em nossa mente.

Em segundo lugar, embora uma corda bamba seja uma perspectiva assustadora, nem todos esses momentos resultam em uma queda abrupta. Estar preparada para enfrentar uma crise pode funcionar. Isso transparece fortemente na história de Christine.

Em terceiro lugar, os homens não são espectadores quando se trata da liderança das mulheres. Os "Barões" de Michelle e o colega de Jacinda que se sacrificou mostram que ser apoiada e encorajada por homens e por uma rede de contatos masculina na hora certa pode ser crucial. Ngozi concorda e comenta que quase todas as suas funções de liderança surgiram por meio de oportunidades oferecidas por homens — os presidentes Obasanjo e Jonathan a escolheram como ministra das Finanças. No Banco Mundial, Moeen Qureshi, Jim Wolfensohn e Bob Zoellick a orientaram e a promoveram. Os homens podem desempenhar um papel positivo na mudança das mulheres para posições de liderança.

Em quarto lugar, e o mais importante para mulheres jovens, é que as líderes não acordam todas as manhãs com um monólogo interno tipo "Nossa, eu sou ótima". Na verdade, elas compartilham as mesmas ansiedades sobre estar despreparadas e os mesmos temores de fracasso que todas nós temos. Qualquer mulher ou menina que esteja pensando em se tornar uma líder, mas é atormentada por preocupações achando que não é boa o suficiente, deve se animar. Essa experiência não é única, é comum a algumas das mulheres mais poderosas do mundo. A dúvida não é uma barreira para a liderança, e sim faz parte dela.

Em quinto lugar, se o pior acontecer, amanhã é outro dia. Hillary é um modelo de resistência e coragem diante da derrota.

Dentre todos os caminhos, há muito a recomendar na abordagem mostrada na Noruega de Erna, de um *networking* que deliberadamente abriu a porta para uma jovem talentosa e depois cuidou dela. Concluímos com um alerta para nós mesmas: estamos mesmo fazendo o máximo que podemos para que isso aconteça para a próxima geração? Você está?

4
Hipótese um:
Vai, garota!

Washington, Nova York, Bruxelas, Auckland, Londres: escrever este livro significou aviões, trens, carros, uma sensação de movimento constante. Em todos os lugares, depois de cada entrevista, nossas conversas eram intensas e muitas vezes pessoais. Passamos a nos conhecer melhor, bem como a aprender sobre as mulheres líderes que tão generosamente nos doaram seu tempo.

Em uma cervejaria em Bruxelas em um dia quente, enquanto bebíamos refrigerantes e ignorávamos todas as bebidas alcoólicas, Ngozi explicou que ela é a primeira de sete filhos, a mais velha de cinco meninos e duas meninas. Nascida em 1954 na Nigéria, Ngozi é ibo, um dos 350 grupos étnicos que formaram a nação da Nigéria depois que colonialistas brancos traçaram linhas em um mapa. A primeira cidade de Ngozi foi Ogwashi-Ukwu, no estado do Delta. Ela morava com a avó, uma disciplinadora amorosa que não a poupava das árduas tarefas de caminhar quilômetros para buscar água no riacho ou recolher lenha na floresta. Aos 9 anos, sabia cozinhar, limpar e cuidar da casa.

Na cultura ibo, espera-se automaticamente que o primogênito dê o exemplo para os demais. Enquanto o peso dessa obrigação tende a cair um pouco mais solidamente se o primogênito for um homem, na família de Ngozi recaiu fortemente sobre ela, porque houve uma grande lacuna entre seu nascimento e o de seus irmãos. Ela é seis anos mais velha que o filho seguinte, e mais de 15 anos mais velha que seu irmão mais novo.

Desde os primeiros dias, seus pais esperavam que Ngozi fosse uma líder na família e um exemplo. Ela também aprendeu a sonhar alto em termos de educação. Sua mãe tinha doutorado em sociologia pela Universidade de Boston, nos Estados Unidos, e seu pai doutorado em estatística matemática pela Universidade de Colônia, na Alemanha. Com tantas conquistas, presumiram que seus filhos, as meninas e os meninos, acabariam sendo doutores.

Para Ngozi e sua irmã, nunca houve o menor indício de que precisariam escolher entre carreira e maternidade. Elas poderiam ser como a mãe e as tias, todas mães e com alta educação acadêmica.

Ngozi disse que se sentiu amada, e não pressionada a se destacar, mas na casa de sua família, ela simplesmente absorveu através da pele uma cultura de grandes expectativas. Na verdade, achava que se esperava mais das meninas, que havia mais tolerância com a obstinação juvenil dos meninos.

Com tudo isso, ela não cresceu pensando que seria uma líder. Seus olhos estavam voltados para as realizações acadêmicas e uma carreira universitária, a exemplo de seus pais, tias e tios. Mas, olhando para trás agora, percebe que sua família e o ambiente escolar a tornaram uma líder. Ngozi trabalhou como monitora da escola, uma experiência prática de liderança em pequena escala. Mas muito mais importante foi o fato de que sua educação fez com que se sentisse muito à vontade em sua própria pele. Quando ela foi para os Estados Unidos estudar em uma universidade, o pai lhe disse:

Se as pessoas a discriminarem porque você é negra ou mulher, ou ambos, lembre-se de que é problema delas, não seu. Use o problema delas como uma fonte de força e motivação para fazer melhor, não como fonte de fraqueza.

Esse se tornou seu mantra, e as pessoas que conhecem Ngozi ficam maravilhadas com sua força, mesmo diante da adversidade.

À primeira vista, ninguém pensaria que a história da família de uma menina nascida em Barry, País de Gales, no Reino Unido, em 1961, teria algo em comum com a de uma mulher nascida na Nigéria. No entanto, quando Julia contou sua história a Ngozi, havia algumas semelhanças claras, bem como diferenças. O início da vida de Julia é a quintessência da história da imigração — em 1966, sua mãe e seu pai levaram Julia e sua irmã, Alison, para Adelaide, na Austrália, em busca de uma vida melhor.

Nenhum dos pais de Julia concluiu o ensino médio. O pai nasceu em Cwmgwrach, uma vila de mineração de carvão no País de Gales, o sexto de uma família de sete filhos. Simplesmente por causa da pobreza, ele não pôde frequentar a escola depois dos 14 anos. Apesar de ter recebido a oferta de uma bolsa de estudos devido ao seu desempenho no exame-padrão administrado a crianças de 11 anos naquela época, sua família simplesmente não poderia mantê-lo na escola. Precisava que ele trabalhasse, então ele conseguiu um emprego na loja da vila.

A mãe de Julia foi muito doente quando criança, tendo sido criada em um lar que sofreu doenças e tragédias. Dois dos três irmãos de sua mãe morreram ainda crianças. Uma irmã sobreviveu até a idade adulta, mas morreu de câncer aos 40 anos. O início da vida de sua mãe foi, portanto, cheio de tristeza e muitas ausências da escola por problemas de saúde. Na época, sem nenhum sistema para ajudar uma criança nessa situação, a mãe de Julia abandonou a escola antes do final do ensino médio.

Embora os pais de Julia tenham melhorado a própria educação por meio de leituras vorazes e de alguns cursos formais ao longo da vida, sempre houve uma melancólica sensação de "e se?".

E se houvéssemos concluído os estudos? E se pudéssemos fazer faculdade? Como seria a outra vida não vivida?

Consequentemente, Julia explicou que ela e sua irmã foram criadas em um ambiente familiar que lhes ensinou a valorizar cada dia de estudos, a pensar na vida com ambição, a ter como objetivo uma educação universitária e uma boa carreira.

Tendo ouvido as histórias umas das outras, refletimos sobre o fato de que nunca fomos incentivadas ou forçadas por nossos pais a pensar que deveríamos ser líderes. Nenhuma de nós foi instruída a entrar na política ou a ter como objetivo ser ministra ou primeira-ministra. Mas também nunca nos disseram que não podíamos ser líderes. Nossos primeiros entornos nos permitiram crescer e ser o tipo de mulher que poderia responder a todas as oportunidades, sem se concentrar em seus limites. Nunca aprendemos, por meio de palavras ou ações, que os meninos são melhores e os líderes naturais.

Nos anos 1950 ou 1960, ou mesmo nos 1970, ninguém nos teria dito "Vai, garota!". No entanto, essa expressão contemporânea captura como foram nossas origens. Era como se nossos pais sussurrassem isso em nossos ouvidos todos os dias.

Família e escola não são casulos hermeticamente fechados. Independentemente do que nos ensinaram as pessoas mais próximas de nós, ainda vivíamos em ambientes inundados de papéis de gênero e estereótipos. Mas, quando crianças, especialmente quando muito jovens, o impacto das atitudes daqueles que nos amavam e nos ensinavam diretamente foi fundamental.

Com base em nossas conversas, desenvolvemos nossa hipótese "Vai, garota!": uma chave para permitir que uma mulher se torne uma líder é uma infância na qual ela aprende que não é menos que os meninos e que deve ter grandes ambições.

"Hipótese" pode parecer uma palavra incomum de se usar, mas está em nossos lábios desde que começamos a discutir a escrita deste livro. Nosso ponto de partida foi um conjunto de melhores suposições sobre o que poderia explicar a falta numérica de mulheres líderes e de que maneira observamos que elas eram tratadas diferentemente dos homens. Para explicar essas melhores suposições, usamos duas fontes de informação: nossa própria experiência de vida e nossa compreensão dos estudos acadêmicos sobre liderança feminina.

Nenhuma de nós é pesquisadora credenciada, com doutorado em estudos de gênero, mas por muitos anos tivemos acesso a dados e evidências sobre temas de gênero. Em parte, isso aconteceu porque somos inveteradas participantes de reuniões e conferências e pudemos ouvir o que os oradores citam e explicam. E, em parte, porque livros e artigos sobre mulheres chamaram nossa atenção. Para Julia, os últimos anos foram particularmente intensos em pesquisas sobre mulheres na liderança por ela ter o privilégio de trabalhar regularmente em Londres, em um escritório aberto ao lado da fabulosa equipe do Global Institute for Women's Leadership [Instituto Global de Liderança Feminina]. Além de ser formalmente notificada sobre o que a equipe está trabalhando, todos os dias ela ouve algo novo e intrigante.

Nossas suposições tiveram o benefício da experiência vivida e de toda essa pesquisa por osmose, mas será que estavam completamente certas, totalmente erradas ou em algum ponto intermediário? Decidimos que resolver isso seria o cerne deste livro. Em cada capítulo, apresentamos uma de nossas melhores suposições na forma de hipótese, ou seja, declarada como uma proposição a ser testada. Ao adotar essa abordagem, seguimos os processos testados e comprovados de mentes questionadoras através dos tempos, que disseram a si mesmas coisas como: *"Minha hipótese é que a Terra gira em torno do Sol"* ou *"Minha hipótese é que a Terra é plana"* e, então, reuniram evidências para descobrir se sua proposição era verdadeira ou não.

No total, apresentamos oito hipóteses. Nosso processo de teste envolve a análise da experiência vivida por mulheres líderes e uma investigação mais sistemática da pesquisa acadêmica, com um forte enfoque nos estudos psicológicos. Conforme observado no Capítulo 2, embora achemos essa forma de trabalho intrigante, só podemos determinar quanto ela é transportada para o mundo real explorando-a com a experiência da vida real de nossas mulheres líderes.

Cada uma de nossas entrevistadas é uma pessoa fascinante, e sabíamos que seria fácil nos envolvermos tanto na conversa com elas que sairíamos com lembranças maravilhosas, mas sem material voltado para responder às hipóteses. Nossa lista de perguntas-padrão nos manteve no caminho certo, e para a hipótese "Vai, garota!", perguntamos a cada líder:

1. Você sonhava em ser uma líder quando criança?

2. Pode nos falar sobre as pessoas-chave que influenciaram seus pontos de vista quando criança e ajudaram a formar quem você é hoje?

3. Podemos investigar especificamente a influência de seu pai e sua mãe?

4. Pode nos contar sobre sua educação e qual papel ela desempenhou, se houver, em prepará-la para sua jornada de liderança? O que você aprendeu quando menina sobre as expectativas de seu futuro papel na vida?

Ao redigirmos essas perguntas, buscamos construções abertas que levassem à discussão, em vez de um enquadramento mais fechado e específico que poderia implicar que haveria uma resposta certa. Dependendo do que foi dito, nós nos aprofundamos e fizemos mais perguntas espontaneamente.

Em resposta, o que nossas mulheres líderes disseram?

De nossas entrevistadas, Ellen Johnson Sirleaf foi a que parecia ter sido escolhida pelo destino quando criança. A autobiografia de Ellen se chama *This Child Will Be Great* [Esta criança será incrível], uma referência a uma profecia feita por um venerável ancião quando ela era bebê. Mas, como ela nos conta, com o tempo, essa grande previsão *"se tornou uma piada interna da família"*, provocando muitas risadas nela, na mãe e em sua irmã mais velha. Considerando quão sombrio é o resto da história da infância de Ellen, é um alívio saber que também houve diversão e humor.

O contexto da infância de Ellen foi fortemente moldado pelas duradouras divisões entre os ex-escravos dos Estados Unidos que se estabeleceram na Libéria e os povos originários que sempre viveram lá. Ela descreve:

Minha infância foi interessante porque eu diria que tive um pé nos dois mundos do nosso país: o lado indígena e o lado dos colonos. Meu pai e minha mãe provinham parcialmente do lado indígena, mas cresceram em lares de colonos e foram educados por famílias de colonos.

O evento principal de sua infância foi a morte do pai. Ellen afirma:

Eu vi meu pai morrer. Ele foi o primeiro indígena eleito para a legislatura liberiana. Quando morreu, após sete anos doente, minha família passou para o outro lado da miséria; minha mãe tinha que fazer coisas como vender pão para nos manter na escola.

Meu pai representava a pessoa mais importante de nossa tribo, e eu o vira subir às alturas; pessoas como presidentes visitavam nossa casa quando ele estava bem. E, então, eu o vi cair a ponto de só ficar sentado em uma cadeira, e ninguém apareceu mais. Depois que ele faleceu, não planejei isso, mas de alguma forma eu tinha na cabeça que tínhamos que recuperar o que meu pai fora forçado a perder por causa da doença. Eu não diria que planejei minha liderança nem nada, mas acho que senti em minha consciência que ele havia ido muito longe e perdido tudo por causa da saúde, e agora alguém tinha que carregar aquele estandarte.

Embora a morte do pai tenha despertado em Ellen a ambição, ela identifica claramente um modelo feminino como o mais importante, ao relatar:

Devo dizer que minha mãe foi a figura mais forte de minha infância. O pai de minha mãe era um comerciante alemão na aldeia onde ela nasceu. Minha mãe sempre se destacou pela aparência e foi vista como diferente.

Depois da morte de meu pai, ela nunca mais se esqueceu de cumprir a ordem dele: que voltássemos à aldeia onde morava nossa avó paterna. Sempre que voltávamos à aldeia, minha mãe estendia a mão para todos. Eu e meus irmãos crescemos acostumados à sua vida de compartilhar e ensinar. Ela foi, para mim, um exemplo, e também a fonte de minha força. Com o cristianismo, ela incutiu três coisas em nós: trabalho árduo, honestidade e humildade, e durante toda a minha vida tentei representar esses três valores. Ela era professora e pregadora, e simplesmente imaginei que seguiria seus passos.

Como Ellen descreve, sua infância foi livre de estereótipos de gênero. Ela diz:

Eu achava que poderia ser qualquer coisa. Poderia jogar qualquer jogo como um menino, poderia enfrentar qualquer professor, mulher ou homem, na sala de aula, e me ensinaram a fazer exatamente isso.

É um longo caminho da Nigéria e da Libéria até a França, mas Christine Lagarde conta uma história estranhamente semelhante à de Ngozi sobre a responsabilidade de ser a filha mais velha e sobre perda, como Ellen.

Christine é a mais velha de quatro irmãos. Os mais novos são todos meninos. Ela conta:

Desde muito cedo, como meus pais se dedicavam a todo tipo de atividades, fui educada como uma pessoa responsável pelos outros, e esse é um dos atributos da liderança: é preciso correr riscos e assumir responsabilidades.

Como Ellen, Christine brincava com os meninos e se considerava tão boa quanto eles. Na verdade, estava cercada de meninos em casa e na escola, porque estava na primeira turma mista de uma escola que fora exclusivamente masculina. Olhando para trás, declara:

Não fui moldada exatamente para pensar como um menino, mas definitivamente não havia diferença entre mim e meus irmãos nas expectativas futuras de nossos pais para nós.

Assim como Ellen, ela perdeu o pai jovem e viu como isso mudou a vida de sua mãe. Nas palavras de Christine:

Meu pai faleceu de uma doença debilitante quando eu tinha 16 anos. Então, muito cedo, aos 12 — porque meu pai sofreu com aquela doença por cerca de quatro anos —, vi minha mãe assumir a liderança da família por não ter opção. E então, depois que ele faleceu, ela virou uma mãe solteira que tinha que fazer tudo.

O início da vida de Joyce Banda não foi cheio da tragédia que esse tipo de perda representa, mas contou com adversidades. Seu pai era um órfão que se esforçou para fazer algo por si mesmo; tornou-se policial e entrou para a Banda Policial do Malaui. Música era sua paixão, e ele acabou se tornando o primeiro negro a lecionar música na Kamuzu Academy, uma escola de prestígio no Malaui.

Na cultura de Joyce, a primeira neta da família era mandada para a avó materna quando tinha 1 ano de idade. A avó materna a moldaria para que, no fim das contas, a menina crescesse e assumisse seu papel de matriarca da família. Mas, no caso de Joyce, seu pai se recusou e disse que ela ficaria em casa cinco dias por semana para ir à escola, e com a avó nos fins de semana.

Esse ato de rebelião mudou o curso da vida de Joyce, permitindo-lhe estudar e fazer algo diferente de trilhar um caminho predeterminado.

Como Ellen, Joyce também estava sujeita a uma profecia. Tendo interagido com a menina em várias ocasiões, o tio John disse ao pai dela: *"Não sei o que vejo nesta criança, mas ela será uma líder".* Joyce se lembra de seu pai rindo e respondendo com as palavras: *"Ela é só uma menina, o que poderia ser?".* Joyce ficou profundamente desapontada ao ouvir isso, mas acredita que seu pai pode ter se arrependido dessas palavras, porque à medida que ela crescia, ele costumava lhe dizer: *"Lembre-se do que o tio John disse; você está destinada a ser líder".*

É notável o fato de que esse espírito de ambição também estivesse em sua avó. Joyce disse:

Nasci em uma aldeia chamada Malemia. Uma britânica branca estabeleceu uma clínica lá. No dia seguinte ao meu nascimento, essa britânica estava dando uma volta, encontrou minha avó me carregando e perguntou qual era meu nome. Em nossa tribo, seria tradicional que eu usasse o nome de minha avó materna, já que nasci para assumir o papel dela. Mas minha avó respondeu perguntando a essa britânica qual era o nome dela. Ela disse "Joyce", que significava "alegria". Minha avó decidiu desafiar a tradição e me chamar de Joyce, porque queria que eu crescesse e me tornasse importante como aquela mulher que construía clínicas e ajudava as pessoas.

Essa foi uma decisão com ramificações formidáveis. Em sua etnia, levar o nome da avó é mais que simbólico. Significa que a neta se tornará efetivamente a avó após a morte desta, inclusive assumindo seu papel, herdando sua propriedade e sendo acolhida pelos amigos dela. A avó de Joyce morreu quando esta tinha 27 anos, mas como ela não tinha o nome da avó, muitas dessas coisas não aconteceram. Obviamente, era forte a vontade de sua avó de que Joyce se tornasse outra coisa, tivesse uma vida diferente.

Uma característica marcante do relato de Joyce sobre sua história de vida é a ausência de referências à mãe. Quando questionada sobre isso, ela responde de um jeito comovente:

Minha mãe tinha apenas 17 anos quando nasci, e como ela trabalhava e eu passava os fins de semana na aldeia de minha avó, eu a via muito pouco. Ela era o oposto da mãe dela e de mim. Era muito quieta. Por isso, às vezes posso falar muito sobre meu passado e não mencionar minha mãe uma única vez. É triste, mas é verdade. Em muitos aspectos, éramos ambas filhas de minha avó. No entanto, há dez anos, criei um fundo de bolsas de estudos em nome dela que ofereceu ensino superior para 1.500 alunos no Malaui, incluindo 30 médicos. Minha mãe era como uma irmã mais velha.

Joyce recorda, porém, que mesmo em famílias onde as meninas são nutridas e incentivadas a ter grandes ambições, a pobreza pode destruir tudo. Ela nos conta a história de Chrissie, sua melhor amiga na aldeia:

Chrissie era definitivamente mais brilhante que eu. No final do ensino fundamental, ambas fomos selecionadas para frequentar o ensino médio em escolas para meninas diferentes, mas ambas de alta qualidade, no Malaui. No feriado seguinte, quando voltei para a aldeia, Chrissie não quis me ver. Minha avó disse que ela abandonara a escola porque sua família não conseguira reunir os seis dólares de que Chrissie precisava para voltar. Lembro-me de chorar durante horas. Essa foi a primeira vez que despertei para a injustiça deste mundo. É muito doloroso para mim que, mesmo hoje, 49 milhões de meninas na África não frequentem a escola, e não por culpa própria.

Em sua própria vida, Joyce também sentiu a dor da pobreza na educação. Conta que, depois de terminar o ensino médio, seu pai lhe disse que não poderia mandá-la com seus quatro irmãos para a faculdade com o salário que tinha. Como resultado, ela escolheu um curso de curta duração, em vez de uma qualificação mais longa e completa.

É surpreendente que, para nossas entrevistadas, ser a filha mais velha tenha implicado uma expectativa de liderança. No caso de Joyce, também significou autossacrifício.

A um mundo de distância, Hillary Clinton foi a filha mais velha de sua família, com dois irmãos mais novos. Fundamentais para seu senso de identidade foram a atitude e a orientação de seu pai. Hillary avalia:

Acho que o potencial de liderança de uma mulher começa na família, na comunidade, e há evidências, pelo menos nos Estados Unidos, de que a atitude do pai em relação à filha é particularmente importante. Em meu caso, meu pai encorajou muito meus estudos e minhas ideias. Ele não tinha estereótipos preconcebidos sobre como eu deveria ser ou agir. Também nunca tratou de maneira diferente a mim ou meus irmãos. Minha mãe também foi incrivelmente encorajadora e me incentivou a ter confiança, a me defender, a assumir pequenas posições de liderança no bairro.

Assumir responsabilidades de escoteira é um exemplo das primeiras experiências de liderança de Hillary. Mas ela também apontou o impacto das expectativas de gênero fora de casa e, especialmente, das meninas que limitam seu comportamento à medida que se tornam adolescentes. Hillary descreve isso nestes termos:

O que aconteceu no início da nossa adolescência foi que, à medida que as meninas se interessavam pelos meninos, as expectativas deles começaram a limitar o comportamento público delas. Lembro-me, no colégio, de meninas com medo de tirar notas melhores que o namorado. Assim, mesmo que as meninas ouvissem boas mensagens na escola sobre grandes ambições, uma vez que passavam a ter relacionamentos pessoais, como resultado do modelo tradicional de relacionamento com o sexo oposto naquela época, começavam a se afastar um pouco do espaço público. É uma das razões pelas quais acabei indo para Wellesley, uma faculdade só para meninas.

Ela também experimentou o sucesso e a derrota eleitoral precoce. Foi eleita vice-presidente de classe durante o primeiro ano do ensino médio, mas perdeu a eleição para presidente no último ano. Seus oponentes eram dois meninos, um dos quais lhe disse: *"Você é imbecil se acha que uma menina pode ser eleita presidente"*. Considerando tudo que aconteceu posteriormente, essas palavras ainda doem.

Perto do topo do mundo, na Noruega, ser escoteira também foi uma experiência formativa para Erna Solberg, que relembra com carinho:

Eu era escoteira em um grupo bem pequeno, então quando os mais velhos foram para a universidade, recebi mais responsabilidades. Quando tinha 14 anos, tornei-me uma das líderes de 40 escoteiras. Com duas líderes de 15 anos, eu levava esse grupo de meninas para acampar nos fins de semana. Quando os pais lhe dão esse tipo de responsabilidade, você tem que tomar decisões.

Erna brinca dizendo que, sendo a filha do meio de três meninas, ela era "o meio-termo":

Sou aquela que todos os testes de personalidade dizem que não poderá ser bem-sucedida.

Conta que, em sua família, ninguém era politicamente atuante. Mas evidentemente gerou líderes, pois sua irmã mais velha e a mais nova são hoje bem-sucedidas nas áreas que escolheram.

Sua irmã mais velha atribui isso ao fato de que, como não tinham irmãos, nunca sentiram que houvesse uma diferença ou qualquer limite nas habilidades das meninas. De vez em quando, Julia também se pergunta sobre o impacto de pertencer a uma família sem meninos. Não dá para responder a essa pergunta, mas se sua irmã mais velha fosse um menino, teriam os sonhos de seus pais de que a próxima geração tivesse uma vida mais instruída, empoderada e próspera sido investidos desproporcionalmente nele?

Erna simplesmente observa:

Não houve ativismo, mas tivemos pais que nos apoiaram e disseram que deveríamos tentar fazer o que quiséssemos.

Curiosamente, quando Erna compara sua vida com a de sua irmã que abriu uma empresa, acredita que a política pode ter apresentado menos barreiras de gênero. Ela diz:

Acho que os negócios são diferentes da política, porque na política você está representando as pessoas, mas nos negócios a questão é ganhar dinheiro. Acho que, às vezes, há uma questão de saber se uma líder mulher terá garra ou será forte o suficiente para obter resultados comerciais.

Muito mais perto da Antártica que do Ártico, Jacinda Ardern também cresceu sem irmãos. Sempre foram só ela e a irmã, que é 18 meses mais velha. Ela conta:

Graças a minha mãe e meu pai, eu sentia que poderia fazer qualquer coisa. Nunca houve a questão de gênero. Quando tinha cerca de 8 anos, minha família se mudou e compramos o pomar de meus avós. Meu pai era policial e minha mãe arranjou um emprego no refeitório do colégio. E todos nós mantínhamos o pomarzinho funcionando; era um pedaço de terra muito pequeno, mas tínhamos que trabalhar. Então, cresci com tratores, catadores de cereja e motocicletas. Eu era meio moleca. Lembro-me de ajudar meu pai um dia e ele dizer: "Passe-me a chave-inglesa, você é a coisa mais próxima de um filho que eu tenho". *Nunca senti que houvesse estereótipos em minha família ou papéis definidos que cumpríamos. Mas, se senti algo, foi que provavelmente estaria cumprindo o papel que um menino teria, se existisse.*

Theresa é nossa única líder filha única. Tendo sido criada em uma vila na Inglaterra no final dos anos 1950, em uma casa onde a mãe não trabalhava, é fácil imaginar que ela via seu mundo cheio de estereótipos de gênero. Mas a atitude de seus pais e o fato de frequentar uma escola só para meninas deram-lhe a sensação de que ela poderia fazer qualquer coisa. Ela recorda:

Meus pais sempre disseram que era decisão minha, que o que fizesse e quão longe chegasse dependia de quanto quisesse trabalhar. Nunca houve qualquer sugestão de que não podia fazer isso ou aquilo.

Michelle Bachelet resume com eficácia o tema que ouvimos de todas as líderes femininas com as palavras:

Tive um ambiente muito favorável que me permitiu ser eu mesma.

Ela descreve os detalhes de sua criação dizendo:

Meu pai era um militar muito atípico. Em primeiro lugar, tinha a cabeça bem aberta. Ele sempre apoiou muito as mulheres, incluindo minha mãe e eu. Minha mãe trabalhava e sempre me dizia: "Seu destino não é se casar e ter filhos; se quiser, pode fazer isso, mas também pode fazer o que quiser na vida porque trabalha muito". Ela não se diria feminista, mas era. E era muito ativa, tinha pensamentos e ideias próprias e tudo o mais.

Portanto, não tive uma família típica. Se tivesse sido criada por uma típica família chilena, na qual os papéis masculino e feminino são tão diferenciados, teria sido diferente.

Michelle é a mais nova de dois filhos, tem um irmão mais velho. Embora não fosse a líder das crianças de sua família, seus primeiros anos lhe propiciaram experiências de liderança. Ela conta:

Nunca me vi como líder, mas, olhando para trás, percebo que, na prática, sempre liderava algo. Eu sempre estava organizando algo na escola.

Ao refletir, ela nota que, quando pequena, não pensava nas mulheres como líderes políticas ou detentoras de poder. Já havia percebido que a ambição feminina podia ser avaliada como negativa, que era importante para a mulher ser vista como alguém que busca uma causa nobre, não o poder para si mesma.

A principal lição da infância que Michelle aprendeu foi a ter responsabilidade. Com uma gargalhada, brinca:

Responsabilidade é o que me guiou por toda a vida. Muitas das decisões que tomei foram por amor, mas também por responsabilidade.

As risadas continuam enquanto Michelle também recorda ter aprendido a ser uma boa dona de casa em aulas de economia doméstica, inclusive a cozinhar e polir a prataria. Julia diz que com ela foi pior, porque foi forçada a estudar lavanderia na escola.

Piadas à parte, o que as lembranças sobre a infância dessas mulheres líderes nos dizem?

Em primeiro lugar, suas palavras nos fazem recordar quanto contraste existe nas culturas e nos contextos de onde vêm nossas mulheres. Graças ao Fórum Econômico Mundial (FEM), podemos ver essas diferenças por um paradigma estatístico. A cada ano, o FEM publica seu Índice Global de Diferenças de Gênero, que gera uma classificação de países com base no quão grandes ou pequenas são as diferenças entre homens e mulheres em quatro domínios principais: status econômico, educação, saúde e política. O índice de 2020 cobre 153 países, com o país mais igualitário listado primeiro. A casa de Julia, a Austrália, está na 44ª posição, enquanto a Nigéria de Ngozi está em 128º lugar.

A Noruega, casa de Erna, supera o índice, ficando atrás apenas da Islândia, que é liderada pela primeira-ministra Katrín Jakobsdóttir. Completando a tríade principal está a Finlândia, liderada pela primeira-ministra Sanna Marin, que assumiu o cargo em dezembro de 2019. Aos 34 anos, ela se tornou a primeira-ministra mais jovem de todos os tempos. A Islândia pode se orgulhar de mulheres em todos os lugares, porque cada um dos cinco partidos da coalizão governista tem uma mulher na liderança.[1] Erna também sabe o que é reunir uma equipe só de mulheres. Em janeiro de 2019, ela anunciou uma nova coalizão na qual os quatro partidos políticos eram liderados por mulheres.[2]

Jacinda tem motivos para se orgulhar do fato de a Nova Zelândia estar em 6º lugar no índice FEM. Em 21º está o Reino Unido de Theresa, e em 53º encontramos a terra natal de Hillary, os Estados Unidos. Cada uma dessas nações é classificada como de alta renda.

Em contraste, a casa de Ellen, na Libéria, está em 97º, e o Malaui de Joyce está em 116º. Ambos são países de baixa renda.

Michelle está em uma posição interessante. O Chile é caracterizado como de renda média, mas não está muito atrás dos Estados Unidos no ranking de gênero, chegando na 57ª posição.

Em segundo lugar, ao verem líderes avançando nacional ou globalmente, muitos tenderiam a presumir que sempre tenham levado uma vida privilegiada e que isso ajudou sua ascensão. Mas essa conclusão fácil de tirar não resiste à análise em relação às nossas mulheres líderes.

Sem dúvida, Ellen e Joyce, pelos padrões dos países de renda alta e média, vêm de origens pobres. No ambiente de suas nações, nenhuma das duas estaria entre as crianças mais desfavorecidas, mas suas circunstâncias eram difíceis o bastante para criar uma verdadeira insegurança para Ellen após a morte de seu pai, e para negar a Joyce acesso à educação superior completa.

Voltando-nos para nossas demais líderes, que vêm de nações mais ricas, suas origens seriam mais bem descritas como de classe média, variando até a classe média alta. A maioria era de filhas de trabalhadores, com ocupações que iam de funcionária de um café e policial, no caso de Jacinda, professora e acadêmico, no caso de Christine, escriturária e executivo de uma empresa de transporte público, no caso de Erna, e vigário e dona de casa, no caso de Theresa. O pai de Hillary possuía e dirigia uma empresa de tecidos, enquanto sua mãe era dona de casa em tempo integral. Mais uma vez, a palavra "privilégio", no sentido de vantagem material ou status social, não parece estar exatamente certa.

O pai de Michelle ocupava uma posição de alto escalão como general e sua mãe era arqueóloga. No entanto, qualquer benefício que o status de seu pai possa ter proporcionado, terminou dramaticamente como resultado do golpe militar.

Em suma, acreditamos estar claro que nenhuma das famílias de nossas líderes pode ser considerada berço de líderes nacionais e internacionais, às quais se aplicariam descrições como ricas, poderosas ou aristocráticas.

Esta é uma conclusão encorajadora: uma garota pode se tornar líder sem provir de uma família de elite.

Em terceiro lugar, e o mais importante, é que essas reflexões deixam claro que o que uma menina ouve na infância é importante. Nossas mulheres líderes nunca ouviram *não*, nunca ouviram que não podiam ser líderes, que "isso é para meninos". Cada uma delas cresceu em um ambiente que as empoderou, com uma abertura sobre os papéis de gênero. Cada uma foi objeto de grandes expectativas.

Não há nada sobre o papel do pai ou da mãe ser mais importante. Isso varia de mulher para mulher. Curiosamente, não há exemplo de um dos pais ser favorável a que sua filha tenha um futuro livre de estereótipos de gênero e o outro ter uma visão mais tradicional. Seria fascinante entender como essa dinâmica funcionaria para a autoimagem de uma garota.

Mas, analisando um pouco mais profundamente, sem estabelecer limites, talvez os pais dessas mulheres líderes tenham reforçado o tema da responsabilidade. Essa palavra surge com frequência. Nossas mulheres líderes foram encorajadas por seus pais a trabalhar duro, a ser responsáveis, ser "boas meninas". Temos a tendência a mais prontamente descrever um menino como um líder nato quando ele mostra desde cedo uma aptidão para assumir o comando, e a elogiar uma menina por mostrar responsabilidade? Em outras palavras, mudamos as lentes sobre "quem é o menino" para "o que a menina faz"?

Em caso afirmativo, mesmo nas famílias mais empoderadoras haveria nuances que levariam os homens a terem uma expectativa inata de que estarão no comando, ao passo que as mulheres se prepariam demais e nunca assumiriam o direito a um lugar no topo?

Essas perguntas não têm respostas fáceis, mas parece certo dar um *sim* hesitante a cada uma delas e alertar sobre a importância de enfatizar a responsabilidade para todas as crianças, em vez de permitir que desenvolvam uma identidade mimada. Afinal, o excesso de confiança não respaldado pela capacidade real não é uma característica desejável em líderes ou em qualquer outra pessoa.

Outro tema claro é que o que se ensina em casa acaba esbarrando nas expectativas de gênero do mundo: meninas adolescentes agindo de maneira não inteligente, mulheres sendo punidas por ter ambição. Julia se lembra de uma conversa com sua sobrinha-neta, Isla, que havia acabado de fazer 4 anos, sobre a festa de sexto aniversário do irmão mais velho, Ethan. Questionada sobre se ela havia participado de uma das brincadeiras físicas, Isla respondeu que não, porque era só para meninos. Na verdade, era só para crianças que atingissem certa altura, e ela era mais baixa. Nenhum membro da família jamais dissera que ela não podia brincar por ser menina, mas sem dúvida foi isso que ela aprendeu. Os estereótipos de gênero do mundo acabam sendo arrastados até para os lares que tentam não os reproduzir.

Mas, dado que as crianças levam esse tipo de impressão do mundo para casa, além de propiciar um ambiente empoderador, os pais podem ter conversas regulares sobre papéis de gênero e estereótipos, designando um espaço e um tempo para corrigir impressões erradas que possam ter se formado na mente de filhos e filhas sobre o que é ou não apropriado.

Isso parece ainda mais importante hoje, dada a falta de fronteira entre o lar e o mundo exterior. Quando as autoras eram crianças, o mundo além de suas comunidades locais só passava em jornais, rádio e televisão, com acesso aos dois últimos por tempo limitado. Agora, com celulares, tablets e outros dispositivos, não há restrições nem limites de tempo. O mundo, para o bem e para o mal, é totalmente acessível, e a prioridade das mensagens transmitidas em casa está sob maior desafio.

Além de falar, há também a questão do que se mostra em casa, como modelo. Com o rápido crescimento do número de mulheres na força de trabalho e a diminuição do número de mulheres que ficam em casa em tempo integral, muitas de nós presumiríamos intuitivamente que as tarefas domésticas agora fossem mais equitativamente compartilhadas. Mas as estatísticas mostram que ainda há um longo caminho a percorrer. Um estudo realizado nos Estados Unidos, em 2018, sobre o uso do tempo revela que, em média, as mulheres gastam duas horas por dia a mais que os homens em tarefas domésticas e de assistência não remuneradas. O pico da diferença ocorre na faixa dos 35 a 44 anos, momento em que as famílias podem precisar cuidar dos filhos e dedicar mais tempo aos pais idosos. Nessa fase da vida, as mulheres realizam 8,8 horas diárias de trabalho grátis, ao passo que os homens contribuem com 5,2 horas. Mesmo quando homens e mulheres trabalham em tempo integral, há uma diferença de 22% no tempo dedicado ao trabalho doméstico e de assistência não remunerado.[3] Uma análise de quem administra as necessidades de saúde em casa também mostra diferenças substanciais. Cerca de 80% das mães dizem que são elas que levam os filhos às consultas médicas, e mais de 75% dizem que fazem o acompanhamento, como garantir que os medicamentos sejam tomados. Quando uma criança não está bem para ir à escola, 40% das mães indicam que se afastam do trabalho para cuidar dela, ao passo que só 3% dos pais afirmam que assumem essa responsabilidade.[4]

Pode ser uma mensagem difícil de absorver para os pais que hoje em dia não manejam regularmente um esfregão, nem lavam a louça, nem ficam em casa para cuidar de uma criança doente, mas o exemplo sobre o compartilhamento de tarefas domésticas é outro aspecto da criação de um ambiente propício e não estereotipado. As pesquisas mostram que, quando questionadas sobre o que querem ser quando crescer, as meninas têm menos probabilidade de confinar suas respostas a ocupações estereotipadamente femininas se tiverem um pai que não só diga que acredita em uma distribuição mais igualitária do trabalho doméstico, mas também faça mais tarefas em casa.[5]

Com tudo isso, "Vai, garota!" é, definitivamente, uma hipótese comprovada e uma verdadeira lição para os pais e outros parentes de meninas. Uma família que cria o tipo de ambiente livre de limites de gênero capacitará a menina a ser líder.

5
Hipótese dois:
É tudo uma questão de cabelo

Hillary Clinton costuma brincar dizendo que deveria ter chamado seu livro sobre a época em que era secretária de Estado de *"As crônicas das xuxinhas: 112 países e ainda é tudo uma questão de cabelo"* [The Scrunchie Chronicles: 112 countries and it's still all about the hair].

Por questões práticas, Hillary, a secretária de Estado dos Estados Unidos mais viajada da História, deixou o cabelo crescer e regularmente o prendia em um rabo de cavalo. Em palavras que certamente não deveriam ser citadas, um funcionário do Departamento de Estado disse a Rachael Combe, da revista *Elle*: "Para uma garota, é um grande pé no saco. O clima muda, e você entra e sai de aviões. [A equipe] sai do avião parecendo um lixo na maioria dos dias, mas ela [Hillary] tem que sempre estar pronta para as câmeras. Ela disse que deixou o cabelo crescer porque é mais fácil. Assim, tem opções".[1]

Um tanto ironicamente, a cobertura do anúncio de Hillary sobre uma iniciativa de igualdade de gênero e empoderamento das mulheres no Camboja, em 2012, foi ofuscada por histórias sobre sua equipe querer banir os *scrunchies* (conhecidos no Brasil como "xuxinhas"), elásticos envoltos em tecido para prender o cabelo, que ela usava.

Neste capítulo, exploramos uma hipótese sobre xuxinhas e sapatos, corpo e padrões de aparência para descobrir se para mulheres líderes acaba sendo tudo, ou pelo menos uma parcela desproporcional, uma questão de aparência.

Essa hipótese tem algumas dimensões diferentes. A primeira e talvez mais fácil de resolver é: *as mulheres líderes acabam perdendo um tempo valioso em questões relacionadas à aparência.*

Nosso funcionário não identificado do Departamento de Estado pode ter pensado que Hillary tinha opções, mas uma que estava fora de cogitação era aparecer todos os dias com o cabelo curto, sem maquiagem e vestindo um terno padrão, camisa, gravata e sapatos confortáveis.

Esse, especialmente nesta era de globalização, é o "uniforme" definido e aceito da liderança masculina. Alternativas igualmente válidas incluem traje militar, *smoking* para eventos formais e camisa de colarinho aberto para uso casual. Outra variação aceitável é usar as roupas tradicionais de um país. Por exemplo, o presidente Narendra Modi, da Índia, usa versões modernizadas do *bandhgala* tradicional.

Os homens que usam o uniforme aceito podem ter outros aspectos de sua aparência criticados. Por exemplo, podem ser vistos e descritos como baixos ou altos, barrigudos ou magros, calvos ou cabeludos; mas as roupas, em geral, não ocupam o centro das atenções.

Só muito ocasionalmente as roupas se tornam um problema para o homem. O primeiro-ministro Justin Trudeau, do Canadá, acabou descobrindo da maneira mais difícil que, quando se tem o benefício de poder usar um uniforme que não atrai críticas, vale a pena ficar com ele. Em uma viagem à Índia, em 2018, ele adotou roupas tradicionais do local em muitas ocasiões, resultando na imagem chocante de ele vestindo um *sherwani* — um casaco longo — de brocado dourado para conhecer ícones de Bollywood que estavam de blazer preto liso. Ele foi criticado por exagerar e "brincar de se fantasiar".[2]

O presidente Barack Obama disse à *Vanity Fair* em 2012: "Você notará que visto apenas ternos cinza ou azuis... Estou tentando diminuir o número de decisões. Não quero tomar decisões sobre o que ou como visto, pois tenho muitas outras a tomar",[3] mas quase derrubou a internet quando apareceu em uma entrevista coletiva, em 2014, vestindo um terno bege. Imediatamente seus *slogans* mais famosos foram reformulados para "Em marrom-claro você pode confiar" e "A audácia do pardo".[4]

Mas esses incidentes são tão poucos e distantes entre si que são as exceções que confirmam a regra de que o uniforme padrão funciona para os homens.

Nenhum equivalente surgiu para mulheres líderes políticas. Elas têm um número quase infinito de opções de roupas, e o que vestem para o dia, os coquetéis e as noites varia muito mais do que um terno ou um *smoking*. Deleitar-se com a moda e uma grande variedade de opções de roupas ou achar tudo isso um incômodo depende de cada líder.

Mas para quase todas as mulheres, especialmente as líderes que estão sob os olhos do público, a falta de um uniforme significa mais tempo e energia gastos para decidir o que ter no guarda-roupa e fazer as escolhas sobre o que vestir todos os dias. Afinal, por quanto tempo alguém pode hesitar sobre qual gravata usar?

Em muitas culturas, também existem expectativas sobre penteados, unhas pintadas e maquiagem para as mulheres, que fazem que, além do tempo gasto no guarda-roupa, seja preciso ainda mais tempo para tudo isso.

Em nossa hipótese, o custo do tempo para se arrumar não é pago apenas pela mulher líder. Tempo de mídia sobre política também é usado para relatar o que uma líder está vestindo ou sua aparência, e não o que está fazendo.

Mas nossa hipótese é mais profunda que isso: *a aparência historicamente foi e continua sendo a base sobre a qual as mulheres são julgadas.* Em poucas palavras, as mulheres tendem a ser valorizadas mais pela aparência e os homens, pela atitude. A cultura popular percebeu isso quando as lojas começaram a vender roupas para crianças com os dizeres "Inteligente como o papai" para meninos e "Bonita como a mamãe" para meninas. Não há nem um pingo de ambiguidade aí: julgue as garotas pela aparência!

Felizmente, não se encontram mais camisetas assim, mas o fato de esse preconceito ser menos visível não significa que tenha deixado de existir.

Há outra dimensão difícil de descrever nessa questão da aparência que queremos mostrar: como as pessoas julgam e caracterizam as mulheres com base nas roupas. Se a cada um de nós fosse pedido para fechar os olhos e imaginar a versão masculina e a feminina de um cientista ou cirurgião, ou um restaurador de asfalto, a mesma roupa apareceria em nossa imaginação para ambos: um jaleco para cientistas e cirurgiões e um colete de segurança reflexivo para os restauradores. Mas existe todo tipo de maneiras de descrever mulheres que vêm com uma expectativa definida de como ela é e o que veste, sem nenhum equivalente masculino, como "mãe gostosa", ou até — e pedimos desculpas antecipadamente por usar essa palavra para enfatizar o argumento — "vadia". Podemos invocar na cabeça as imagens femininas que acompanham esses termos porque esses estereótipos não vêm apenas com um conjunto esperado de comportamentos; vêm com um guarda-roupa definido. O objetivo deste exercício é entender que se considera que as roupas falam sobre as mulheres, mas não sobre os homens. Há uma expectativa da sociedade de que, mesmo antes de uma mulher falar ou fazer qualquer coisa, é possível descobrir aspectos prováveis de seu caráter e sua conduta pelo que ela veste. Como isso funciona para as mulheres líderes?

Há outro aspecto importante em nossa hipótese: *não julgamos as mulheres apenas pela aparência, mas restringimos fortemente o ideal em relação ao qual devem ser avaliadas.*

A autora e filósofa Susan Sontag expôs esse conceito de maneira belíssima em seu artigo de 1972 intitulado "O duplo padrão do envelhecimento":

A grande vantagem dos homens é que nossa cultura permite dois padrões de beleza masculina: o menino e o homem. A beleza de um menino se assemelha à de uma menina. Em ambos os sexos, é um tipo de beleza frágil que floresce naturalmente só na primeira parte do ciclo de vida. Com satisfação, os homens são capazes de se aceitar sob outro padrão de boa aparência, mais pesados, mais rudes, com uma constituição mais robusta. Não há equivalente desse segundo padrão para mulheres. O único padrão de beleza para as mulheres dita que elas devem continuar tendo a pele lisa. Cada ruga, cada linha de expressão, cada fio de cabelo grisalho é uma derrota. [5]

Muitas referências culturais globais para mulheres fazem jus às palavras de Sontag. Pense nas atrizes de Hollywood que apresentam para o mundo rostos de 40, 50 ou mesmo 60 anos aparentemente não marcados pelo passar do tempo. Compare as características ainda suaves da cantora Madonna com o rosto enrugado de Daniel Craig, o ator que representa James Bond e é uma década mais novo.

A falta de um segundo padrão para as mulheres sempre terá um efeito negativo contra as líderes, que dificilmente serão meninas na idade ou na aparência.

Em suma, nossa hipótese é que, em comparação com os homens, a aparência das mulheres líderes é mais escrutinada, que a decisão do que é aceitável é julgada em relação a um padrão diferente e que as questões de caráter muito provavelmente são inferidas do vestuário.

Além disso, as mulheres líderes perdem oportunidades de transmitir uma mensagem substancial devido ao efeito de evicção de comentários desproporcionais sobre sua aparência, e pagam um preço pelo tempo a mais gasto na preparação para eventos públicos.

A ciência prova ou refuta nossa hipótese, no todo ou em parte? A resposta é que ajuda um pouco, mas não tanto quanto gostaríamos. Como líderes mulheres ainda são incomuns no cenário político, as pesquisas tendem a surgir aos poucos e começar em torno de eleições específicas com candidatas de alto nível. Não há pesquisas de longo prazo e metodologicamente consistentes.

Mesmo que houvesse, dado que a maneira como as mulheres líderes são vistas e julgadas muitas vezes seria analisada por meio de reportagens, o grau e a velocidade da mudança no cenário da mídia tornam a tarefa de pesquisa mais difícil. Seria quase impossível responder à pergunta se as diferenças ao longo do tempo resultam de variações nas normas de gênero ou nas abordagens dos jornalistas.

Há estudos sobre como as mulheres são tratadas nas redes sociais e muita discussão sobre quão tóxico esse ambiente pode ser. Mas carecemos de estudos contemporâneos que vão ao fundo do viés de aparência baseado em gênero em reportagens sobre mulheres líderes no mundo de hoje, em que a mídia social molda a mídia tradicional e vice-versa. Os estudos até agora tendem a se concentrar em uma ou outra, não em ambas nem na interação entre elas.

Além disso, há a complicação de que os julgamentos sobre uma líder não nascem no vácuo. Nunca houve nem haverá uma eleição perfeitamente construída em que candidatos e candidatas igualmente capazes, com recursos e apoiadores, exatamente da mesma idade, raça e experiência, concorram e nos permitam ver que diferença faz o gênero quando todo o resto é o mesmo. O contexto é importante, sem dúvida. Por exemplo, um estudo canadense de disputa envolvendo mulheres pela liderança de um partido político mostrou que ser uma candidata inesperada, combinado com ser mais jovem e loura, ampliou as reportagens sobre a aparência. Em contraste, ser a preferida significava para uma candidata que, embora houvesse mais referências à sua aparência que à de seu concorrente masculino, o número de reportagens era baixo e o estilo, superficial.[6]

Um estudo sobre disputas para governador nos Estados Unidos descobriu que os repórteres da mídia impressa devotaram significativamente mais atenção à aparência, à personalidade e à vida privada das mulheres em comparação com as dos homens, que tinham maior probabilidade de ser julgados por suas opiniões sobre uma questão de política pública.[7]

Um estudo, que fez um bom trabalho ao enfrentar tanto o número de menções de um candidato quanto o estilo e o tom dessas menções, relaciona-se à candidatura de Elizabeth Dole, por indicação do Partido Republicano, à presidência dos Estados Unidos em 1999.[8] Por um período, Elizabeth esteve em segundo lugar em uma pesquisa de opinião em relação ao candidato mais bem-sucedido, George W. Bush, e superava John McCain, outro candidato. Em pesquisas que a comparavam ao provável adversário democrata, Al Gore, ela saía na frente. Os pesquisadores mostraram que Elizabeth recebeu menos cobertura do que seria de esperar dado seu status na votação. Também havia mais referências à sua aparência — incluindo algumas bem negativas — e a seus traços de caráter que para Bush e McCain.

Preocupantemente, em palavras que poderiam facilmente ter sido escritas sobre uma candidata de hoje, o estudo descobriu que, "ao ler as notícias, duas imagens predominantes de Elizabeth Dole emergem. Uma é a imagem mais positiva da pioneira popular, inteligente, trabalhadora e talentosa, enquanto a outra é a mais negativa da perfeccionista robótica excessivamente cautelosa e ensaiada, que exala charme mas carece de substância".

No próximo capítulo, focaremos esses tipos de caracterização de estilo relacionada ao gênero, mas é importante notar que, com base na experiência de Dole, há uma ladeira escorregadia relacionada ao gênero, tanto na aparência quanto na personalidade, que parece facilmente propiciar que mulheres sejam descritas com adjetivos como "polida" e "equilibrada", na melhor das hipóteses, e "esposa submissa" e "sem autenticidade", na pior.

Claro, Elizabeth Dole foi candidata há muito tempo. Porém, infelizmente, não há razão para supor que o foco na aparência esteja diminuindo.

Uma pesquisa da dra. Blair Williams, cientista política australiana, mostra que, na verdade, está piorando.[9] O trabalho de Blair compara a reação da mídia à eleição da segunda primeira-ministra do Reino Unido, Theresa May, em 2016, contra a reação à primeira, Margaret Thatcher, eleita em 1979. A pesquisa mostra que a cobertura tem mais viés de gênero agora que antes. Em particular, Blair descobriu que referências à aparência de Theresa aconteceram duas vezes mais que à de Margaret Thatcher e que o problema era pior na imprensa conservadora.

Essa descoberta pode muito bem ser explicada pelo declínio dos padrões da mídia, e não pelo aumento do foco na aparência. Afinal, quarenta anos atrás, a mídia era mais comedida e respeitosa na maneira como cobria os políticos em geral. Mas, seja qual for a causa, isso significa que os eleitores estão vivendo em um ambiente com mais, e não menos, reportagens sobre a aparência.

Nenhuma dessas análises pretende sugerir que não haja cobertura sobre a aparência dos homens. O cabelo do presidente Donald Trump foi frequentemente discutido e, durante a campanha eleitoral, foi até puxado por um apresentador de *talk show* para mostrar que era real e grudado na cabeça. Do outro lado, no Reino Unido, o esfregão louro de Boris Johnson também ganha comentários.

Embora haja interesse, não há o mesmo grau de julgamento. Quando Boris Johnson se tornou primeiro-ministro do Reino Unido, notícias e comentários frequentemente se referiam a ele como desgrenhado, mas ninguém sugeriu que sua falta de noção para se vestir ou de habilidade para pentear o cabelo fosse o prisma pelo qual ele deveria ser avaliado.

Mas e se fosse uma mulher desgrenhada, obviamente de meia-idade, que tivesse tão pouca consideração pela aparência e fosse rotineiramente fotografada com o cabelo bagunçado e peças de roupa para fora da calça? Será que ela seria julgada e descartada porque sua falta de cuidado poderia dizer algo profundo sobre seu caráter?

Por sua vez, o outro extremo — ser glamoroso e atraente — também não ajuda. Para citar um exemplo, Belinda Stronach, candidata à liderança do Partido Conservador do Canadá, tinha menos de 40 anos, era loura e atraente. Ela foi consistentemente citada com base em sua aparência, tendo o cabelo, o guarda-roupa, o corpo e o *sex appeal* analisados.[10] De maneira controversa, em um momento posterior de sua carreira política, referiram-se a ela como uma "palerma", trazendo à luz o estereótipo de que as mulheres podem ser bonitas ou inteligentes, mas não as duas coisas. Ainda pior, ela também foi chamada de "prostituta" por ex-colegas do Partido Conservador.[11]

Dada a escassez de pesquisas, analisar isso só pode nos levar até certo ponto no teste das hipóteses. Para obter uma visão mais ampla, fizemos três perguntas a cada uma de nossas líderes:

1. Durante sua liderança, sua aparência e suas roupas receberam mais atenção que a que normalmente se dá aos líderes homens?

2. O que você fez — se fez algo — para lidar com o interesse em sua aparência?

3. Você viu o interesse desproporcional em sua aparência como algo que tirava a força política de suas mensagens?

E essas perguntas provocaram discussões detalhadas e animadas.

Theresa sempre se interessou por moda, mas nem ela poderia prever quantos comentários receberia acerca de sua aparência. Na consciência pública, destacou-se como uma grande força na política do Partido Conservador quando, em 2002, fez o discurso em que dizia que "algumas pessoas nos chamam de partido desagradável". Ao fazer esse discurso honesto, estava usando um terninho preto e sapatos de salto com estampa de oncinha.

Os redatores das manchetes focaram nos sapatos. Por exemplo, o *Daily Telegraph* dedicou um terço de sua primeira página a uma foto dos sapatos de Theresa acompanhada pela manchete "UM SALTO AGULHA NO CORAÇÃO DOS CONSERVADORES".[12]

Uma vez focada nos sapatos, a mídia não largava o osso. Cada par de sapatos e outros detalhes das roupas que Theresa usou durante os dias da conferência foram comentados. Houve muita empolgação com uma jaqueta de couro vermelha.

Os comentaristas passaram a ver seus sapatos como o símbolo do novo Partido Conservador. O *Times* declarou: "Quando a história do Partido Conservador for escrita, talvez registre que o renascimento dos Tories não começou no Centro Internacional de Convenções Bournemouth, e sim em uma loja de calçados do outro lado da rua".[13]

Na verdade, a cobertura da mídia derivou para o absurdo. Mas ser analiticamente estreita não foi o pior problema com a reação da mídia.

O *Daily Mirror* viu Theresa como a personificação de uma "fantasia de *dominatrix*, com sua formidável representação de uma diretora apontando o dedo. Ver Theresa May usando sapatos altos de oncinha no estilo 'não f*** comigo' foi o bastante, aparentemente, para fazer brotar lágrimas nos olhos dos conservadores de sangue quente no primeiro dia da conferência do partido".[14]

O *Guardian* levou essa linha de reportagem ainda mais adiante; Matthew Norman afirmou em sua coluna "Diary" — que reconhecidamente dá uma visão irônica aos eventos políticos —, que Theresa, ao usar a jaqueta de couro vermelha, parecia uma "prostituta de luxo envelhecida".[15]

A esse absurdo, Theresa corajosamente respondeu: "Não consigo entender como o *Guardian* sabe como é uma prostituta de luxo".[16]

Isso provocou o que pretendia ser um esclarecimento cômico; disseram que a estavam comparando a um "sujeito cheio de cicatrizes de batalha [...] que perambula pelo Shepherd Market na esperança de conseguir uma garrafa de Chablis e uma descansadinha em um hotel três estrelas".[17]

Mais de uma década e meia depois, é difícil imaginar essas palavras sendo publicadas. Isso significa que devemos concluir que a mídia está melhor hoje? Antes de responder a essa pergunta, pense que recentemente, em 27 de março de 2017, o *Daily Mail* colocou na primeira página uma manchete que fazia um jogo de palavras com referência às pernas das líderes ["Never mind Brexit, who won Legs-it!" ou, em tradução livre, "Esqueça o Brexit, veja quem ganhou o concurso de melhor par de pernas"] ao lado de uma fotografia de Theresa com a líder da Escócia, Nicola Sturgeon, na qual ambas estavam de saia com as pernas cruzadas.

As duas líderes se reuniram para discutir o complexo futuro do Reino Unido. A Escócia votou solidamente pela permanência na União Europeia, e o iminente Brexit estava causando uma nova onda de defesa da independência escocesa. A possibilidade de a Escócia se separar e formar sua própria nação, acabando com o Reino Unido como o conhecemos, estava ativamente sendo levada em conta.

Mas, de acordo com o *Daily Mail*, a seriedade dessas conversas entre a primeira-ministra e outra líder sênior era secundária em comparação com a questão principal: qual das duas tinha as melhores pernas. A mensagem claríssima foi que, não importa o status que uma mulher atinja ou quão importante seja seu trabalho, ela será julgada pela aparência.

O que sem dúvida foi diferente em 2017 em comparação com o início dos anos 2000, foi a tempestade nas mídias sociais que se seguiu à manchete "Legs-it" do *Daily Mail*, incluindo memes inteligentes que compararam as pernas de vários políticos do sexo masculino que haviam sido fotografados correndo ou de férias usando bermuda.

Como Theresa reagiu? Sobre o *Daily Mail* e a mídia de hoje, ela diz: *"É difícil para as mulheres, pois a mídia tende ao sensacionalismo"*. E ela recorda, bem-humorada, outro momento midiático:

Houve outra ocasião em que eu ia à festa de aniversário do meu marido logo depois de participar de um debate parlamentar. Estava sentada no banco da frente, com uma blusa decotada. Do outro lado do parlamento, uma parlamentar trabalhista também usava uma blusa decotada, então as manchetes falaram sobre uma guerra de decotes entre nós duas.

O ofensor, nesse caso, foi mais uma vez o *Daily Mail*, que em 30 de novembro de 2007 publicou um artigo intitulado "A grande divisão de decotes: há apenas um verdadeiro debate em Westminster". No artigo, a jornalista Jill Parkin escreveu:

"Claro que todos nós deveríamos estar interessados no que a líder paralela da Câmara dos Comuns estava dizendo, mas o que quero saber é: ela estava usando um sutiã de pele de onça? Afinal, dá para imaginar, já que sabemos que Theresa May gosta de pele falsa. Theresa, que uma vez avisou aos conservadores que corriam o risco de ser vistos como o partido desagradável, agora parece querer que sejam o partido travesso. A ostentação de seu decote na Câmara dos Comuns na quarta-feira parecia um desafio direto aos ousados decotes às vezes exibidos pela ministra do Interior, Jacqui Smith".[18]

Aparentemente, Theresa não se deixou abater por toda essa bobagem machista. Ela até aponta um lado positivo nos seguintes termos:

Há alguns anos, eu estava em um elevador na Câmara dos Comuns e havia uma jovem, e eu comentei que ela estava usando um belo par de sapatos. E ela disse: "Seus sapatos me colocaram na política". Ela me viu como um ser humano, porque sou famosa por gostar de sapatos. E foi isso que a fez entrar na política. E lá estava ela, trabalhando na Câmara dos Comuns.

Questionada sobre se uma mulher que se vestisse como a versão feminina de Boris Johnson poderia chegar ao topo, Theresa foi cautelosa ao responder, talvez por não querer ser vista comentando sobre seu sucessor.

Ela arriscou dizer que um homem pode ser julgado pelo que veste, mas isso tende a ser contra o padrão que ele estabeleceu para si mesmo:

Acho que isso tem a ver com a personalidade, já que, em relação a alguns homens, se não parecessem inteligentes, as pessoas poderiam comentar. Estou pensando em um ou dois de meus ex-colegas de gabinete que estavam sempre vestidos de forma imaculada. E se aparecessem meio despenteados, as pessoas diziam "Espere um minuto" e comentavam. Deve haver uma razão para isso. Cada um de nós, como indivíduo, estabelece uma espécie de estilo e uma expectativa em certo sentido. E aí, claro que temos que continuar atendendo a essa expectativa.

Pensando mais um minuto, ela conclui que, se o estilo de uma mulher fosse não se preocupar com a aparência e andar frequentemente desarrumada, então:

Se ela fosse assim, provavelmente não seria selecionada para o Partido Conservador.

Parece não haver razão para supor que isso só seria verdade para partidos de direita.

Do outro lado da política, Hillary pode dar uma visão geral clara e uma perspectiva histórica. Ela diz:

Cheguei à maioridade em uma época em que havia uma expectativa sobre como uma mulher deveria se vestir em público. Não se andava por aí com vestidos sem mangas ou decotados. Olhando para trás, talvez fosse bobagem, mas usávamos terninhos de saia e blusa brancos, fitinhas amarradas no pescoço como se fossem uma gravatinha falsa. Mas fazíamos isso porque sabíamos que era o que se tinha de fazer para ser aceita como profissional. Seguimos essa regra porque, caso contrário, teríamos sido punidas.

Acho que parte da ênfase na aparência das mulheres está ficando um pouco mais relaxada. Mas ainda se presta excessiva atenção nisso. Parte da estratégia de enfrentamento é simplesmente aderir a um visual. No meu caso, comecei a usar terninhos. O mesmo cabelo na maioria das vezes, o mesmo tipo de maquiagem, e assim eles param de falar no assunto. Talvez ainda discutam sobre coisas como "Você precisava mesmo usar isso?" ou "Olhe a cor desse terninho!", mas é menos problemático. E essa é uma das maneiras de lidar com isso.

Mas, mesmo aperfeiçoando seu visual, há um custo a ser pago. Hillary fez esse cálculo:

Na eleição presidencial, digamos que gastei, no mínimo, uma hora por dia para fazer cabelo e maquiagem. Seria uma hora que um candidato do sexo masculino não precisaria gastar; somando todas, daria um total de 576 horas, ou seja, 24 dias. É um absurdo! Vinte e quatro dias de minha campanha foram gastos para me arrumar para a campanha. Um homem entra no chuveiro, balança a cabeça, veste seu terno, que é praticamente igual ao que todo mundo usa, e sai pela porta. Então, isso gera ressentimento; você pensa "Espere um minuto, o que estou fazendo?". É demorado e exaustivo.

O estilo do cabelo de Hillary não é o único que se nota. Da Noruega à Nova Zelândia e além, o cabelo tem sido algo considerado digno de discussão. Erna comenta:

Eu me tornei membro do governo quando tinha um filho de 2 e outro de 4 anos. Meu marido fazia muito, mas não tínhamos ajuda em casa e eu tinha muito pouco tempo. Admito que meu cabelo era muito comprido para poder penteá-lo de um jeito fácil, porque eu não tinha tempo.

Quando eu era líder do partido, alguns comentaristas da mídia disseram: "Ela se veste mal. Precisa dar um jeito na maquiagem". Cortei meu cabelo segundo o estilo sugerido por meu cabeleireiro e, de repente, tornei-me novidade aos olhos da mídia. Em várias matérias de jornal, disseram: "Vejam, ela está se saindo melhor nas pesquisas de opinião e sua aparência está muito melhor. Deve ter feito dieta. Está usando roupas melhores e cortou o cabelo!". É engraçado que um ou dois jornalistas que se fixavam em minhas roupas e meu cabelo pareciam pensar que minha mudança tenha sido a responsável pelo sucesso do Partido Conservador.

Isso se reflete no comentário do *Times* sobre Theresa, com uma derivação aparentemente fácil, mas fundamentalmente irracional, do comentário sobre o estilo pessoal para o conteúdo político.

Jacinda pensa nas questões de gênero no vestuário desde os tempos do colégio. Ela fez campanha no Morrinsville College para que as meninas tivessem a opção de usar bermuda como os meninos, em vez de ficar limitadas a saias. Em seu último ano na escola, sua campanha foi bem-sucedida.[19]

Na vida na política, ela enfrentou sua própria versão de "tudo é uma questão de cabelo", dizendo:

Para o primeiro debate eleitoral televisionado — tendo em vista que aconteceu não muito depois de eu me tornar líder, por isso não tive muito tempo para me preparar —, eu me lembro de pensar: "O que posso fazer para que minha aparência não seja alvo de comentários?". Havia decidido prender o cabelo, porque assim não cairia em meu rosto e não me distrairia.

Depois do debate, começaram a chegar mensagens no meu gabinete dizendo que pessoas não gostaram de eu ter prendido o cabelo, e isso se tornou um verdadeiro ponto de discórdia. Não levei os comentários para o lado pessoal, mas de repente ocorreu-me que em todas as minhas fotos em outdoors eu estava com o cabelo solto. Na maioria das vezes, uso o cabelo solto, por isso foi bastante chocante para as pessoas. Então, a partir daí, para os debates na televisão passei a usar o cabelo solto.

Em uma etapa inicial de sua carreira, Jacinda também enfrentou sua própria versão de um "Legs-it". Conforme descrito no Capítulo 3, no sistema eleitoral da Nova Zelândia, os eleitores votam duas vezes, uma para eleger um representante local e outra para votar na lista de candidatos do partido político de sua preferência. Esse sistema duplo também significa que é possível que um candidato concorra a uma cadeira como membro local do parlamento e também esteja na lista do partido. Isso aconteceu com Jacinda na eleição de 2011. Ela havia sido eleita para o parlamento pela lista do partido na eleição de 2008, e estava de novo em uma posição viável na chapa. No entanto, também concorreu pela vaga marginal do Auckland Central contra Nikki Kaye, do Partido Nacional, que por pouca margem tirou o lugar de um parlamentar trabalhista veterano em 2008.

Essa tática dupla parece estranha, mas é praticada por todos os lados da política na Nova Zelândia, porque participar de uma corrida local é um fator positivo para um candidato e seu partido político. Quando um candidato conquista a cadeira local, não precisa da posição do partido, e isso permite que outra pessoa listada seja eleita. Mesmo que um candidato perca a disputa pela vaga, é provável que a atenção que tiver conquistado localmente aumente o número de pessoas que votam nele e em seu partido.

É uma política inteligente, mas nessa ocasião resultou em uma manifestação de machismo. A competição entre essas duas jovens foi apelidada de "A Batalha das Gostosas", e a mídia não se cansava disso. Para dar um exemplo, a *New Zealand Listener*, uma importante revista de atualidades, publicou um artigo no qual apareciam fotos das duas, e suas roupas eram descritas em detalhes da seguinte maneira: "Kaye chega com um vestido verde-esmeralda e um cinto; Ardern, com uma elegante roupa laranja e cinza. Ambas preferem ser julgadas por seu desempenho no trabalho, mas as duas se asseguraram de estar fantásticas para a foto. Que não haja dúvidas: isto é um concurso". E o artigo continuava:

"Sejamos honestos, há uma razão para publicar este artigo, fotos de estúdio e tudo o mais. E, se você for honesto, dirá que há um motivo principal para estar lendo este artigo. É porque comentaristas e estrategistas políticos apelidaram a disputa do Auckland Central de 'A Batalha das Gostosas'."

E prosseguia:

"Nicola Laura Kaye, 31, no canto azul; Jacinda Kate Laurell Ardern, 31, no canto vermelho. A pobre e velha Denise Roche, dos Verdes, não se encaixa no metafórico ringue de luta livre. 'Se esta é a Batalha das Gostosas, eu serei a tia', ri Roche, de 48 anos. 'Não quero estar no ringue'. Isso provavelmente reflete mal para nós que estamos mais interessados no equivalente político de luta no gel que em debater os meandros das políticas das candidatas."

(Kaye suspira. "Luta no gel? Deve ser a centésima vez que ouço essa piada".)

No artigo, as duas candidatas são bem-humoradas, mas rejeitam o formato de gênero ao qual estão sendo forçadas.

"Tanto Ardern quanto Kaye se descrevem como feministas, ainda que uma 'feminista moderna' no último caso. A questão, então, é a seguinte: como podem essas duas mulheres rir alegremente da descrição — feita pela mídia, pelos estrategistas do partido, pelo público — dessa disputa eleitoral como a Batalha das Gostosas? Não é degradante? Elas não se sentem insultadas?

Kaye diz: 'Obviamente, preferia que fosse a Batalha das Especialistas da Política ou algo assim. Mas uma das coisas que percebo na política é que você não se preocupa com aquilo que não pode controlar. Embora tenha sido inicialmente um título superficial, na verdade deu a nós duas um perfil mais amplo em torno do trabalho que estamos fazendo no parlamento. É um tema de conversa'."

E nisso também Ardern concorda. Ela trabalhou arduamente no pacote de política de emprego para jovens, de 250 milhões de dólares neozelandeses, do Partido Trabalhista, e diz que o perfil da Batalha das

Gostosas lhe permitiu abordar questões como igualdade de remuneração e trabalho flexível. "Sempre brinco dizendo que é uma referência ao fato de sermos jovens. Não fico obcecada por isso", diz ela.

"As pessoas tendem a focar no fato de que ambas somos jovens, e nunca no fato de que, muitas vezes, jogamos homens de meia-idade uns contra os outros. Ainda parece haver um pouco de novidade em torno do fato de que somos mulheres jovens na política. Espero, um dia, chegarmos a um lugar em que isso não seja mais uma novidade."[20]

Nikki ganhou a cadeira, mas a campanha de Jacinda reduziu sua margem de vitória de 1.497 votos para 717. Jacinda voltou ao parlamento graças à sua posição na lista do partido e tentou mais uma vez ganhar a cadeira em 2011. De novo, não teve sucesso, mas reduziu a margem para 600 votos. E, como você deve ter adivinhado, a eleição de 2011 também foi conhecida como "Batalha das Gostosas".

Christine, igualmente, sabe o que é ser alvo de comentários sobre a aparência. Ela diz que isso sempre começa com seu cabelo também, porque resolveu desde cedo nunca o tingir. Por isso, a descrição usual dela é "cabelos brancos, alta e elegante".

Nem todas as nossas mulheres líderes são esbeltas, nem serão descritas com tanta aprovação. Michelle lembra:

Quando eu era ministra, tinha um colega bem grande. O apelido dele era "Panzer", em referência ao tanque [de guerra], para indicar que ele era um homem poderoso. Mas eu era chamada de gorda.

Erna é uma mulher grande. Se ela fosse líder política em um país propenso à cobertura maldosa dos tabloides, seria fácil imaginá-la sendo ridicularizada por ser gorda. Julia descreve a sensação de ironia que sentiu quando, enquanto estava no cargo, a notável feminista Germaine Greer apareceu na televisão nacional australiana e disse que a primeira-ministra tinha uma "bunda grande". Ngozi, sempre protetora, pigarreia e comenta: "Que ridículo! Que bunda?", e anuncia que, na África, Julia seria vista como magra. Quando a hilaridade passa, Erna, com seu jeito sério, fala sobre sua forma corporal:

A Noruega é um país pequeno, e se você for grande, não é tão fácil encontrar roupas. Só existem opções como túnicas largas e jeans. Então, precisei encontrar estilistas e marcas que tivessem mais tamanhos, e isso ajudou a desenvolver mais meu estilo.

Em seu país, conta ela, a mídia não foi cruel com seu corpo. Erna descreve uma abordagem mais positiva:

A mídia estava muito mais propensa a dizer: "Ah, ela perdeu peso!". Foi feito de forma positiva porque acho que, na Noruega, o público teria reagido se houvessem usado o termo "gorda".

Nesse ambiente aparentemente mais benigno, Erna vê sinais de mudança positiva:

Há uma diferença na maneira como homens e mulheres são tratados, mas acho que há menos foco agora. Houve um período nos jornais noruegueses, 15 ou 20 anos atrás, em que, quando você ia a um evento oficial, eles davam uma nota para sua roupa e sua aparência. Tivemos o casamento de uma princesa norueguesa e todo o governo compareceu. Todas as mulheres do governo foram classificadas por seus vestidos. Eu devia ser a mais malvestida de lá, mas o homem que fez a classificação gostou de minha bolsa, embora não de meus sapatos. Acho que há algumas revistas que ainda fazem esse negócio de polícia da moda, mas os jornais não fazem mais.

Erna se divertiu ao ver o estilo de seu marido criticado em uma reunião de cúpula nórdica com o presidente Obama, que incluiu um jantar de Estado na Casa Branca. Ela recorda:

Meu marido estava lá, então ele e as esposas foram com Michelle Obama a uma exposição de arte. Ele estava com um terno azul e é ruivo, e tudo isso foi relatado. Nós nos divertimos com isso porque, sim, falaram de meu vestido, mas também do terno dele.

Michelle Bachelet também teve problemas com a polícia da moda. Ela lembra que a única vez, como presidente, que foi citada em uma revista feminina que circulava na América Latina, a matéria dizia algo como "Inacreditável! Na mesma semana, ela usou a mesma roupa duas vezes!".

Fiquei surpresa. Eles poderiam ter escrito sobre mulheres poderosas, mas optaram por escrever sobre isso. Mas eu também sabia que, se trocasse muito de roupa, seria considerada frívola.

Assim como Erna, Jacinda acha que se beneficia de um ambiente menos hostil. Ela conta:

A mídia aqui não é tão ruim quanto vi no exterior, mas ainda assim lembro-me de querer neutralizar essa questão deliberadamente. Não queria que houvesse comentários sobre o que eu usava ou sobre minha aparência.

Agora que o país está familiarizado com ela e seu estilo, Jacinda observa que todos os comentários que recebe do público em geral são *"gentis. Eles querem saber que estou me cuidando"*.

Joyce fala sobre ser criticada por continuar usando roupas tradicionais, que no Malaui seriam a *kanga* — um grande pedaço de tecido enrolado no corpo, ou dois tecidos grandes costurados, formando uma roupa esvoaçante — e um lenço de cabeça tradicional chamado *duku*. Nas palavras dela:

Quando me tornei proeminente, as pessoas disseram: "Você vai usar essa kanga? Tem certeza? Ninguém a respeitará globalmente usando esses panos. Precisa comprar terninhos! Não diga que você vai nos representar com esse duku!". Minha resposta foi que eu não usava roupas ocidentais havia muito tempo e não começaria agora.

Joyce foi criticada por usar roupas tradicionais, mas Ellen descobriu que funcionava para ela, que conta:

Recebi muitas declarações boas porque me vestia bem com nossas roupas tradicionais. A roupa africana foi bem-aceita, até pelos homens. Mas pensava no que vestir. Se houve uma coisa que evitei foram os terninhos. Valorizo o fato de Angela Merkel e Hillary Clinton terem quebrado os padrões e as pessoas agora aceitarem mulheres usando calça. Mas acho que teria recebido uns olhares estranhos por ser mulher e usar terninho, e certamente as igrejas não teriam me permitido entrar.

Sem dúvida, suas palavras levantam uma questão. É bom saber que Ellen não foi julgada diária e severamente pelo que vestia, mas não é nada legal que esse feliz resultado tenha sido alcançado por ela ter se adequado às antigas expectativas acerca de como uma mulher deveria se vestir. No entanto, dados os enormes benefícios que os homens ganharam em tantas sociedades por terem um uniforme aceito, deveríamos realmente pensar que aderir a um padrão de vestimenta definido seria bom para uma mulher líder, pois faria as pessoas se concentrarem no que ela diz e faz, e não em sua aparência?

Quando conversamos com Hillary, ela olhou as roupas de Ngozi com inveja e disse: *"Seu estilo é ótimo porque não precisa se preocupar com seu cabelo"*.

Ngozi, que sempre usa roupas tradicionais africanas feitas de belos tecidos de algodão e lenços de cabeça combinando, amarrados no estilo próprio dela, descobriu, como Ellen, que se vestir como ela é — uma mulher africana — é admirado e bem-vindo.

Como ela mesma diz: *"Não preciso me preocupar com meu cabelo; visto minha kanga, amarro meu lenço na cabeça e vou embora"*.

Julia vê com admiração e inveja Ngozi amarrar seu lenço rapidamente. No final das contas, conseguiu tirar a discussão sobre suas roupas da equação aderindo a alguns *looks* padrão. Mas, em seu primeiro período como primeira-ministra, o foco em suas roupas e sua aparência foi esmagador. Por exemplo, após o debate dos líderes que ela teve com seu homólogo masculino da oposição antes da eleição de 2010, houve diversos comentários sobre o tamanho de suas orelhas.

Independentemente de as pessoas aprovarem ou não suas roupas e sua aparência, o desafio para nossas líderes femininas é sair pela porta sabendo que serão julgadas a cada dia de trabalho. Preocupar-se com como cada roupa será recebida pode ser frustrante.

No entanto, houve um momento especial em que ser uma mulher que colocou um lenço na cabeça significou tudo.

Isso aconteceu em março de 2019, após o horror do massacre em Christchurch, Nova Zelândia, que teve como alvo muçulmanos em oração e matou 51 pessoas. A primeira-ministra Jacinda Ardern usou um lenço na cabeça em respeito ao luto.

Questionada sobre sua decisão de cobrir o cabelo, Jacinda responde:

Nem me lembro de ter feito isso. Quando o tiroteio aconteceu, eu estava em New Plymouth. Fui direto pegar um avião para nossa capital, Wellington. De lá, entrei em contato com a polícia e disse que queria ir para Christchurch o mais rápido possível, mas não queria atrapalhar as operações deles nem dificultar as coisas.

Quando eles disseram que eu podia ir, liguei para uma amiga que morava em Wellington e disse: "Vou para Christchurch amanhã. Tem um lenço para me emprestar?".

Acho que nem estava claro para mim, naquele momento, em que local estaríamos. Eu sabia que não estaríamos em uma mesquita, mas sabia que estaria com a comunidade. E, para mim, não havia decisão a tomar; era um mero sinal de respeito.

Eu estaria com eles em um momento de dor — o ataque havia acontecido com eles. E me pareceu uma coisa completamente natural. Não cheguei a refletir sobre isso.

Eles estavam usando sua fé de uma forma aberta, e a comunidade deles havia acabado de ser atacada. Então, eles próprios se sentiam um alvo.

Quando comecei a receber mensagens dizendo que usar o lenço fazia que eles se sentissem mais seguros, soube que havia feito a coisa certa.

As imagens de Jacinda abraçando sobreviventes e parentes dos mortos aos prantos, usando respeitosamente um estilo de roupa associado às mulheres muçulmanas, correram o mundo todo e se tornaram um símbolo de amor em face do ódio. Houve um poder transcendente na aparência.

Os seres humanos sempre perceberão e sentirão uma reação à aparência das pessoas. Nosso coração sempre fica contente com a energia e a falta de autoconsciência das crianças, com a sabedoria gravada no rosto dos idosos. Vemos os hipsters, os fashionistas, aqueles que só querem usar roupas casuais, os que abominam vestir qualquer coisa que não seja o mais elegante dos ternos.

Sempre haverá momentos-chave na jornada de vida de um ser humano nos quais as roupas farão parte do ritual: o vestido de noiva, o traje de luto...

Como Jacinda demonstrou, para um líder, às vezes o que se veste é importante pelos motivos certos.

Mas, geralmente, a aparência é a coisa menos interessante acerca do ser humano. Não diz nada sobre o que está em sua cabeça, seu coração ou sua alma.

Porém, tanto as pesquisas quanto as palavras de nossas entrevistadas apontam para a mesma conclusão: as mulheres continuam enfrentando maior escrutínio que os homens nessa questão. Nossas líderes femininas tinham estratégias de enfrentamento, incluindo a criação de uniformes próprios para que o interesse por sua aparência diminuísse com o tempo. Mas cada uma delas estava consciente do problema e pensava em como lidar com ele.

As experiências delas no mundo real comprovam nossa hipótese de que, infelizmente, no que se refere às mulheres, ainda se dá mais atenção à aparência do que ao que fazem. De fato, em muitos aspectos, nossa hipótese nos parece comprovada. As mulheres precisam de mais tempo para cuidar dos problemas associados à aparência. Oportunidades jornalísticas e da mídia em geral que poderiam focar na substância acabam mirando na aparência.

Nós corrigiríamos um aspecto de nossa hipótese. Parece que, embora as mulheres possam ser julgadas pelo padrão de beleza feminina que Sontag descreve, o que geralmente acontece é que a aparência de uma mulher é comparada com a de outra. Também não encontramos evidências claras de que os julgamentos sobre a própria líder sejam feitos com base em sua aparência. Chegar a isso exigiria um estudo em tempo real das reações dos eleitores, em vários países, à aparência de suas líderes. Isso exigiria não apenas recursos, mas também um número suficiente de líderes femininas atuando no mesmo momento para torná-lo factível.

Mudar o que chamamos de "tudo é uma questão de cabelo" não será fácil. A mídia tradicional deveria estabelecer novos padrões. Nas redes sociais, todos nós podemos recuar quando começa um círculo vicioso viral sobre a aparência de uma líder. Todos nós podemos nos perguntar: "Será que estou me abrindo para receber uma mulher líder como uma pessoa inteira e a avaliando adequadamente, ou apenas julgando o cabelo, o casaco e os sapatos dela?".

Em nosso mundo com consciência de imagem e com o turbilhão das mídias sociais, desintoxicar-nos das avaliações feitas sobre as aparências pode parecer uma aspiração ingênua. Talvez, como parte do novo treinamento, precisemos absorver nossa mídia política ouvindo e lendo, não assistindo; treinando-nos para julgar os líderes pelo que dizem e fazem, não pela aparência que têm.

No dia seguinte a Barack Obama abandonar seu *look* padrão e vestir seu terno marrom-claro, muitos relatos da mídia tiveram que explicar o que ele havia dito, porque, na onda de discussões sobre sua roupa, parece que muitas pessoas não haviam captado a mensagem dele.[21] Entre ouvir e olhar, a balança estava desequilibrada. Talvez todos nós possamos desempenhar um papel na obtenção do equilíbrio certo entre os dois para as mulheres líderes.

6
Hipótese três:
Estridente ou suave –
o enigma do estilo

Nossas próprias experiências e observações de política e liderança nos ensinaram a odiar a palavra "estridente". Em nossas primeiras discussões sobre este livro, imaginamos que milhões de dólares poderiam ser arrecadados para boas causas se houvesse um "cofrinho" global e uma multa fosse paga cada vez que essa palavra fosse lançada contra uma mulher. A reflexão aconteceu ao analisarmos as potenciais diferenças na forma como a conduta de líderes masculinos e femininos é recebida. Por exemplo, um homem líder impulsionado pela tragédia a derramar uma lágrima provavelmente receberia aplausos por sua compaixão, ao passo que uma mulher líder correria o risco de ser vista como uma pessoa incapaz de lidar com a situação. Um homem líder pode efetivamente usar brincadeiras para mostrar que ele é "só um cara normal", mas uma mulher líder corre o risco de ser caracterizada como leviana. Um homem líder irado pode ser visto como forte, ao passo que uma mulher líder seria vista como histérica ou — essa palavra de novo — estridente.

Analisamos esse raciocínio na hipótese de duas partes que exploramos neste capítulo. Em primeiro lugar, postulamos que *comportamentos semelhantes em homens e mulheres líderes suscitam reações diferentes*. No entanto, queríamos ir mais longe, porque ficamos intrigadas para saber se as mulheres modificam seu comportamento sabendo que um julgamento diferencial as aguarda. Todos que estão sob os olhos do público, especialmente os líderes políticos que precisam obter o apoio da população, questionam seu próprio comportamento. Inevitavelmente, o pensar no que dizer ou fazer é acompanhado pela análise de como esse dizer ou fazer será percebido. A outra parte de nossa hipótese, portanto, analisa se o gênero é um elemento dessa suposição, especificamente: *No estilo que exibiram como líderes, nossas entrevistadas estavam cientes desse dilema de estilo de liderança/gênero, e autolimitaram seus comportamentos por isso.* Em nossa mente, pensávamos nessa edição intuitiva como mais provável de acontecer nas manifestações públicas de liderança, como as apresentações parlamentares, as entrevistas coletivas e as várias interações durante a campanha.

Felizmente, há ricas evidências de pesquisas relevantes para essa hipótese sobre o enigma do estilo que datam de 1969, quando Virginia Schein quebrou um teto de vidro ao se tornar a primeira mulher a receber um doutorado em psicologia industrial pela Universidade de Nova York. Munida dessa qualificação impressionante, ela foi trabalhar como gestora no setor de seguros, que empregava poucas mulheres nesse nível. Ao perguntar sobre esse fenômeno, foi informada de que as mulheres simplesmente não estavam interessadas.

Insatisfeita com a resposta, Virginia começou a pesquisar estereótipos de gênero e cargos seniores. Seu estudo de 1973 deu origem à análise *"Think Manager — Think Male"* ["Pense em gestor — pense em um homem"].[1] Virginia demonstrou que, quando se pedia às pessoas que descrevessem os atributos de que um gestor precisava e as características que percebiam que homens e mulheres tinham, os homens eram vistos como a solução "natural".

Quase quatro décadas depois, em 2011, os pesquisadores revisaram os diversos estudos sobre esse tema que foram conduzidos desde o trabalho pioneiro de Virgínia.[2] Esse metaestudo concluiu que houve uma ampliação da visão sobre as qualidades exigidas para a liderança. Traços mais associados às mulheres, como sensibilidade, cordialidade e compreensão, passaram a ser citados, assim como traços tradicionais de liderança, como ser enérgico e competitivo. No entanto, não houve redução na semelhança que as pessoas viam entre as características vistas como masculinas e as exigidas para a liderança.

Os dados coletados não identificaram a causa da mudança nas percepções da liderança. Potencialmente, o aumento da experiência com mulheres líderes teve um impacto, ou a mudança das antigas hierarquias de estilo de comando e controle para estilos de gestão mais horizontais e ágeis pode ter alterado a visão de algumas pessoas. Um pouco dos dois parece ser a explicação mais provável.

Esse aspecto do metaestudo é uma boa notícia, mas no geral, as descobertas não justificam estourar champanhe e soltar balões e serpentina. Concluiu-se que os homens continuavam se enquadrando melhor nas imagens que as pessoas faziam de um líder, e quanto mais alta a posição, mais masculinas as características eram percebidas. Quando se pensa em um presidente ou um primeiro-ministro, pensa-se em um homem.

A comemoração também precisa esperar, dado o grande número de estudos que mostram que ainda há um mal-estar generalizado relativo ao gênero que faz que homens e mulheres depreciem as lideranças femininas.

Por exemplo, um estudo interativo de 14 milhões de respostas no site norte-americano Rate My Professor [Avalie o professor] descobriu que os alunos tinham uma probabilidade desproporcional de classificar um acadêmico homem como "estrela" ou "gênio", ao passo que as acadêmicas mulheres eram desproporcionalmente descritas como "mandonas", "desorganizadas" ou "feias".[3]

Um estudo muito convincente foi conduzido na Universidade Estadual da Carolina do Norte, que tinha um curso totalmente on-line ministrado para quatro turmas por um professor e uma professora. Devido à forma peculiar como esse curso foi realizado, os alunos nunca conheceram nem viram os professores. Isso possibilitou que o professor desse aula para uma turma revelando sua verdadeira identidade e a professora fizesse o mesmo com outra. Mas, para as turmas três e quatro, eles mudaram de gênero — a mulher que ministrava o curso fingia ser homem e vice-versa. Quando o desempenho do professor foi avaliado pelos estudantes, foi considerado ruim por aqueles que acreditavam que ele era mulher, em comparação com aqueles que acreditavam que era um homem. A professora se saiu melhor com aqueles que acreditavam que ela era um homem em comparação com aqueles que pensavam que era uma mulher.[4] Obviamente, o calibre do magistério deles não mudou; a única coisa que mudou foi a percepção dos alunos acerca de seu gênero.

Pesquisas como essa nos permitem trazer à tona o preconceito de gênero. Revelam uma automaticidade preocupante. O mero status de liderança, que significa ter algum poder sobre os outros, é suficiente para desencadear uma resposta com viés de gênero. O modo como a mulher atua como líder não é o fator causal. Ela recebe avaliação negativa simplesmente por ser mulher.

O fato de essa pesquisa ter metodologia científica e os resultados serem apresentados clinicamente não deve nos impedir de ficar indignadas com as descobertas. É muito irritante, frustrante e ultrajante que, no mundo contemporâneo, o gênero possa importar tanto, com óbvia desvantagem para as mulheres. Dá vontade de gritar aos céus: "Que diabos está acontecendo?".

Se os céus respondessem, a resposta seria que o preconceito inconsciente ainda existe e afeta a maneira como as pessoas percebem as mulheres em posições de liderança.

Nesse contexto, quão difícil é para uma mulher se tornar uma líder política se tem que lutar contra esse estereótipo masculino subliminar de liderança? Como mostramos no Capítulo 3, não existe um caminho único para o poder, e é impossível responder se ser mulher tornou tudo mais difícil ou se teria sido mais fácil trilhar o mesmo caminho se fossem homens. Se Ellen Johnson Sirleaf fosse um homem, teria sido eleita com uma maioria mais vasta? Ou será que uma nação profundamente farta de senhores da guerra, golpes e violência estaria realmente mais preparada para aceitar uma mulher? Se Erna Solberg fosse um homem, hoje o Partido Conservador da Noruega estaria melhor ou pior? Ser homem influenciou na eleição de Donald Trump como presidente?

A política não permite a realização de um teste de controle para revelar claramente o impacto do gênero. Infelizmente, todas essas fascinantes questões permanecem sem uma resposta verificada por meio de pesquisas objetivas. No entanto, uma vez que nossas líderes chegaram lá e estão exercendo o poder, existem pesquisas que nos ajudam a entender a interação entre gênero e avaliação de liderança.

Por exemplo, um estudo do campo da engenharia — dominado por homens — mostra que uma mulher líder pode ser aceita, desde que não viole os estereótipos femininos que ainda afetam nosso pensamento sem que sequer percebamos. Os pesquisadores descobriram que um engenheiro confiante ganharia influência em sua organização, mas para uma mulher fazer o mesmo, a confiança por si só não seria suficiente. Ela precisaria ser vista também como competente e atenciosa. Provavelmente, ser competente precisaria ser provado separadamente, porque não seria apenas presumido, como seria para o homem confiante. Além disso, ela igualmente precisaria ser carinhosa para não ficar muito longe do estereótipo feminino.[5]

Os pesquisadores acadêmicos Laurie A. Rudman e Peter Glick conduziram experimentos sobre atitudes em relação a mulheres e homens que eram apresentados como "agênticos" — ou seja, nesse contexto, ter um desejo de chegar ao topo, mesmo que isso significasse passar rasteira em outras pessoas — em comparação com as atitudes voltadas para mulheres e homens com uma abordagem mais cooperativa. Grupos representativos da comunidade foram convidados a avaliar candidatos para dois tipos de emprego: um com descrições do cargo-padrão e outro "feminizado", no sentido de enfatizar a necessidade de habilidades sociais.[6] Em um conjunto interessante de conclusões nada felizes, o estudo descobriu que, mesmo quando uma empresa deliberadamente feminizou a descrição do cargo, isso não favoreceu uma mulher ambiciosa e agêntica. Na verdade, homens agênticos eram preferidos para os empregos feminizados em comparação às mulheres agênticas. Além disso, aqueles que acreditavam mais fortemente que mulheres deveriam ser atenciosas e amáveis também avaliaram negativamente as mulheres agênticas.

O outro lado enlouquecedor dessa discriminação é que um homem educado e prestativo será valorizado, ao passo que uma mulher não se beneficiará tendo o mesmo comportamento. A pesquisa mostrou que uma mulher simpática e atenciosa está apenas atendendo às expectativas, portanto seu comportamento não gera uma reação positiva, ao passo que um homem obterá uma boa resposta porque será visto como tendo superado as normas habituais de comportamento. Na verdade, ser visto como um colega prestativo demonstrou estar correlacionado com promoções de cargo para homens, mas não para mulheres.[7]

Extrapolando essas descobertas para o mundo político, é fácil imaginar uma situação em que um setor de eleitores está convicto de que os homens já tiveram sua vez e pisaram na bola com um monte de coisas, e é hora de um estilo de liderança mais inclusivo, e presume que as mulheres são melhores porque as considera mais simpáticas. Mesmo esses eleitores muito pró-mulheres provavelmente escolheriam um candidato típico do sexo masculino em vez de uma mulher que não conseguiu equilíbrio entre ser forte e atenciosa. A possibilidade de que escolham o candidato homem pode muito bem ser potencializada se ele parecer educado, atencioso e prestativo.

O que esse tipo de pesquisa nos diz é que, para uma líder política ser aceita pelo público eleitor, ela não pode apenas exibir os traços historicamente associados à liderança. Se fizer isso, haverá uma revolta, porque ela estará violando nossos estereótipos inconscientes de gênero. Em vez disso, ela deve andar em uma corda bamba muito específica, equilibrando-se entre ser vista como "homem" o suficiente para liderar e não ser percebida como tendo mudado as características esperadas das mulheres.

Quer tenham lido ou não algum desses tipos de estudos ou pensado sobre como não cair dessa linha tênue, intuitivamente, as mulheres fazem tudo que podem para permanecer nela. Isso não é só um processo de causa e efeito, em que a mulher aprende por meio da experiência vivida e depois muda seu comportamento. É um círculo, porque as mulheres, mesmo sem experiência pessoal, absorvem de seu ambiente que há questões que têm a ver com gênero e liderança e moderam seu comportamento antes para tentar evitar um problema.

Os pesquisadores Rudman e Glick descrevem bem, com as seguintes palavras, o custo provável de tentar ser a mistura perfeita de características masculinas e femininas:

"A mulher que demonstrou competência agencial e valores comunitários não foi discriminada nas classificações de contratação, independentemente da descrição do cargo. Essa solução, entretanto, é problemática. Andar na linha tênue de parecer competente, ambiciosa e competitiva, mas não à custa dos outros, é uma tarefa difícil. Na medida em que as mulheres precisam manter uma impressão 'bilíngue' de si mesmas como gentis e capazes para não serem percebidas como autoritárias e dominantes, sua situação é mais difícil e tênue em comparação com os homens. Além disso, a necessidade de prestar atenção a essa forma delicada de gestão da impressão pode gerar ansiedades, que por sua vez diminuem o desempenho na tarefa."

Com base nesses estudos, nossa hipótese do dilema do estilo parece bem sólida. No entanto, quando a expusemos a nossas líderes, elas nos surpreenderam. Perguntamos se elas se viam em risco de caracterizações baseadas em gênero e, em caso afirmativo, se deliberadamente se inspecionaram e limitaram a exposição pública de suas plenas emoções. Também perguntamos quais foram as consequências de se sentirem tão restringidas. Em resposta, contra nossas expectativas, várias líderes optaram por não falar sobre as percepções dos eleitores, e sim sobre o obstáculo específico que achavam que enfrentaram em grupos pequenos, mas importantes.

Ellen fala sobre suas experiências de ser respeitada com relutância em seu próprio país e sobre a falta de respeito fora dele. Sobre quando era ministra das Finanças, diz:

Eu tinha uma sensação peculiar quando ia às reuniões de gabinete e todos os outros eram homens. Havia me firmado como uma pessoa forte, e daí veio o termo "dama de ferro", porque em questões fiscais eu era muito forte. Eles me respeitavam, mas não me viam como parte da equipe. Eu era a estrangeira que comandava as coisas.

Muitos de nós ouvimos pela primeira vez a definição "dama de ferro" em referência a Margaret Thatcher, quando era primeira-ministra do Reino Unido. Mas tem sido muito usada desde então, inclusive para Ellen e Erna. Isso cheira a estereótipo de gênero, com a suposição implícita de que uma mulher é fraca demais para liderar, a menos que seja feita de um material forte.

Ellen também explicou como funcionava a política de gênero de pequenos grupos. Trabalhando em uma organização internacional, o Programa das Nações Unidas para o Desenvolvimento (PNUD), ela detalha como se sentia subestimada e negligenciada:

Muitas vezes, em reuniões, quando se juntavam todos os representantes residentes — que eram, na maioria, homens —, eu dizia algo que depois era repetido por um homem, talvez não exatamente da maneira como eu disse, mas com a mesma intenção e objetivo; e então, claro, todos os homens concordavam plenamente.

Michelle recorda uma experiência semelhante:

Quando eu era conselheira de um ministro, às vezes esboçava uma ideia e os homens olhavam para mim e não diziam nada. Então, um colega homem dizia exatamente a mesma ideia, mas mudava uma ou duas palavras, e todos olhavam para ele e diziam: "Uau! Brilhante! Fantástico!". Um homem até admitiu para mim que isso acontece. Um colega homem, que também era conselheiro do ministro, disse: "Sei que você deu a ideia e eu só a repeti de outro jeito". Isso me fez pensar que talvez às vezes as mulheres não saibam como apresentar suas ideias de um jeito que seja interessante para os homens. Será por isso que nossa narrativa não é tão bem-sucedida quanto outras? Ou talvez seja só uma atitude machista mesmo.

A resposta à pergunta de Michelle é: "Sim, é só machismo". Foi conduzida uma análise para descobrir por que, em uma empresa de biotecnologia, cientistas mulheres altamente qualificadas falavam menos nas reuniões que os homens. Ficou claro que, quando as mulheres falavam, se suas ideias não fossem perfeitas, eram rejeitadas, ao passo que, se um homem apresentasse uma proposta falha, as melhores partes eram salvas. O estudo também mostrou que as ideias das mulheres tendem a ser ignoradas até que um homem reafirme o mesmo argumento.[8]

Embora pesquisas sejam sempre úteis, as mulheres do mundo todo não precisam de um artigo acadêmico para saber que é verdade. Elas podem simplesmente apontar sua experiência de vida diária como pessoas subestimadas, maltratadas, interrompidas ou que têm suas ideias ignoradas ou roubadas. Sem dúvida, Julia e Ngozi podem se identificar com isso.

Mas o que preocupa é que a experiência de nossas mulheres líderes mostra que ser vista como uma forasteira, ser questionada e duplamente examinada, persiste quando elas ocupam o mais alto cargo possível de uma nação. Ellen observa que, mesmo quando se tornou presidente, o tratamento diferenciado continuou.

Como presidente, eu participava das reuniões da União Africana e, embora como chefe da Agência Regional da África do PNUD eu houvesse me reunido com muitos desses presidentes, ido aos seus países e falado com eles sobre o desenvolvimento, ainda era tratada de maneira diferente. Eu notava que, nas reuniões, os homens saíam em pequenos grupos, e quando eu tentava entrar, eles eram muito gentis, mas deixavam a sensação de: "Nós sabemos que você é presidente agora, mas este é nosso domínio".

Digamos assim sobre minha experiência na União Africana: quando a mulher usa o cargo para falar, todos os olhos estão focados nela, todos os ouvidos estão esperando, talvez para ver se ela vacilará ou deixará de dizer algo. E então, ela fala, e se falar com força ou com conhecimento de causa, com informações adequadas, sim, é aceita; mas os homens nunca dirão "Ótimo discurso" nem nada assim. Ela nunca obterá esse tipo de reconhecimento. E então todos os olhos se desviam dela; e é como se ela houvesse passado em um teste.

Hillary aponta outra dinâmica que é verificada pelas pesquisas. Ela conta:

Para mim, é interessante que antes de ser candidata, quando era defensora em nome de outras pessoas, eu me sentia muito mais livre. Havia consequências pelo que eu dizia, ou as pessoas podiam pensar que eu havia ido longe demais, mas não era tão pessoalmente difícil como quando se está na linha de frente, concorrendo às eleições e tomando as decisões. Isso se torna incrivelmente personalizado depois, e a mulher fica nesse dilema de ser muito forte, ou não forte o bastante, ou muito fria, ou muito emotiva. Dá para ver o estereótipo, dois pesos e duas medidas, plenamente. Alguns são muito evidentes, fáceis de perceber, outros são muito mais sutis e só os vemos em retrospecto.

As pesquisas mostram que as mulheres que negociam por si mesmas tendem a ser vistas negativamente como muito agressivas, ao passo que não há revolta quando elas estão negociando pelos outros. Na verdade, as mulheres absorveram tão profundamente esses padrões comunitários que, quando convidadas a negociar por outras pessoas, são muito mais assertivas. A pesquisa da Universidade de Harvard mostrou que as mulheres que negociam pelos outros garantem um pacote de compensação 18% melhor do que se estivessem tentando fazer um negócio para si mesmas.[9] Basicamente, essas mulheres sabem que nossas sociedades aceitam que uma leoa mostre os dentes e as garras para proteger seu bando, mas não que ruja e morda para se estabelecer como a líder.

Na esfera política, isso significou que Hillary era mais popular na época em que terminou de servir como secretária de Estado do presidente Obama. Todo esse estereótipo impõe um custo humano, como ela refletiu:

Você é um ser humano, está tentando ser você mesma, o que muitas vezes não é valorizado se não se encaixar na categoria de mulher "aceitável". Você não só enfrenta dois pesos e duas medidas, como também está se questionando o tempo todo. Está constantemente tentando se calibrar para ser tão eficaz quanto deseja ser percebida.

Ao perguntar a Hillary se o custo de todo esse cálculo é o risco de ser vista como não autêntica, tocamos em um ponto delicado. Ela observa:

Dizer "não autêntica" é outra maneira de dizer "Você não é o nosso tipo de mulher". Você não está sendo adequadamente respeitosa ou subserviente, nem fala manso, nem se veste da maneira que esperamos, ou seja lá o que for que o preconceito exija.

Theresa poderia ter uma conversa maravilhosa com Hillary sobre esse assunto. No final de 2016, John Crace, um chargista do *Guardian*, batizou-a de "Maybô" e até escreveu um livro intitulado *I, Maybot: The rise and fall* [Eu, Maybô: a ascensão e a queda].[10] Em julho de 2017, o *New Statesman* publicou na capa um cartum de Theresa como um robô ao lado da manchete "MAU FUNCIONAMENTO DE MAYBÔ".[11] No final desse mesmo ano, Henry Mance, do *Financial Times*, decidiu que a palavra "Maybô" era a que melhor resumia o ano.[12] Ele até ofereceu a seguinte definição: "Uma primeira-ministra tão carente de características humanas, que logo exigirá a reinicialização do sistema".

Maybô, obviamente uma junção do sobrenome de Theresa com a palavra *robô*, tornou-se um termo comumente usado para ridicularizar as respostas que classificavam de roteirizadas e seu estilo sem emoção. Para Julia, tudo isso é assustadoramente familiar. Ela também foi criticada por ser robótica.

Theresa estava preparada para discutir o Maybô. Em sua opinião, essa crítica se consolidou durante a campanha eleitoral realizada pouco menos de um ano depois de ela se tornar líder. Ela diz:

Em 2017, convoquei uma eleição repentina, de modo que a equipe de campanha meio que teve que tirar o pó daquilo que havia usado para David Cameron, e eu fui colocada nesse tipo de estrutura. Foi uma campanha muito cenográfica, mais formal, atrás do pódio, e não combinou comigo. Sou muito mais de ficar na soleira da porta, geralmente cumprimentando as pessoas, do que de me encaixar em um cenário e seguir um roteiro.

Theresa também recorda as limitações que surgiram por se concentrar na tentativa de não cometer erros durante o tempo que passou no topo da política.

Também fui muito cuidadosa com a imprensa. Como primeira-ministra, e mesmo como ministra do Interior antes disso, precisava ter cuidado com o que dizia, porque uma palavra no lugar errado pode ter consequências.

Claro que os líderes homens também precisam prestar atenção em suas palavras, mas não precisam equilibrar esse tipo de cuidado mostrando também afeto e carinho. Theresa descreve as expectativas de gênero desta forma:

As pessoas presumem que uma mulher líder será mais emocional e empática. Existe uma percepção natural de que a mulher seja assim. Então, quando ela não é, acho que se agrava a discussão sobre o comportamento robótico. Talvez seja até inconsciente.

Uma vez que uma mulher é comparada a uma máquina desprovida de emoção, sua reação, se acaso demonstra alguma, tende ao absurdo. Anunciando sua renúncia ao cargo de primeira-ministra em 24 de maio de 2019, Theresa fez uma declaração de sete minutos. Perto do final, e mais notavelmente nas cinco palavras finais — "o país que eu amo" —, sua voz falhou de emoção. As manchetes descreveram isso como choro. Por exemplo, o *Times* escreveu "Theresa May em lágrimas ao renunciar", e o *Sun*, "Declaração de despedida com lágrimas da primeira-ministra". Um leitor casual que não tivesse visto as imagens presumiria que ela chorara abertamente.

A própria Theresa sentiu que tudo isso foi uma reação exagerada, e disse no *Telegraph*, em 11 de julho de 2019: "Se a voz de um primeiro-ministro houvesse falhado, diriam 'que grande patriotismo, ele realmente ama seu país'. Mas se uma primeira-ministra faz isso, é 'porque ela está chorando'".[13]

O que Theresa revelou foi como a mídia foca nas lágrimas de uma mulher. Ela recorda que perguntavam o tempo todo à sua assessoria de imprensa sobre quando ela havia chorado. Um dos membros de sua equipe acrescentou que até perguntavam se ela choraria no futuro, como: "Você vai chorar quando for embora?". Não queriam só relatar se Theresa havia chorado, mas também fazer previsões de quando ela poderia derramar uma lágrima da próxima vez.

Michelle também sabe o que é estar sob vigilância para ser vista chorar. Ela conta:

O presidente que foi meu predecessor era considerado sensível, e isso foi visto como fantástico pelo povo, como um presidente que se preocupava. Se eu fosse sensível, era vista como uma pessoa que não dava conta, que não era capaz de controlar seus sentimentos. Não estou nem falando em chorar, só de minha voz mudar por causa de minhas emoções.

Seu medo de ser estereotipada englobava tanto substância quanto estilo. Michelle estava ciente de que, se uma mulher fosse vista falando só sobre questões femininas, logo seria dispensada. Ela diz que aconselhava as mulheres de seu partido a falar sobre questões mais amplas, como assuntos internacionais e economia. Seu conselho era:

Claro, vocês devem falar com uma perspectiva de gênero, mas não só sobre as questões das mulheres, caso contrário, não teremos o apoio de todos.

Michelle disse que, ao fazer sua própria campanha, falou de programas como a eliminação das desigualdades e a melhoria da saúde e da educação, que eram muito importantes para as mulheres, mas não enquadrou sua campanha como focada no gênero.

Joyce estava em uma posição muito diferente; havia entrado na política por ser uma notável defensora dos direitos das mulheres. Ao descrever sua jornada para o poder, ela fala de sua primeira reunião de gabinete em meio à crise após a morte do ex-presidente. Nessas circunstâncias, para ela, funcionou uma abordagem humana e calorosa da dor e da perda. Ela descreve com orgulho seu estilo de liderança — de portas abertas e inclusiva — e não tem medo de usar a palavra "amor" em relação ao relacionamento que um presidente deve ter com o povo de sua nação. Descreve, no Capítulo 7, uma caracterização de gênero contundente que enfrentou como presidente, mas não fala de limitar ou questionar a si mesma.

Christine também fala de emoção e derramamento de lágrimas:

Sou chorona. Quando algo me comove, choro. Sempre disse, em reuniões ou cerimônias, que tudo bem chorar, que nos faz sentir bem. Quero dar esse espaço às pessoas porque é saudável. Nunca passei rímel nos cílios de baixo para poder chorar sem parecer que estou de ressaca.

Erna acha que depende do que nos faz chorar.

Dependendo de onde estamos, comover-se é uma coisa boa. Eu derramo lágrimas quando vejo crianças cantando. Derramei lágrimas até em memoriais por coisas que aconteceram há dez anos. Mas se for uma reação a algo que acontece conosco, por exemplo, se perdermos uma votação no parlamento e nos sentarmos para chorar, aí as pessoas vão falar. A Noruega é diferente; nossa política tem menos testosterona. Um homem que começa a gritar não é considerado um político muito bom.

Como Erna, Jacinda também via seu ambiente político doméstico como mais benigno em termos de gênero que muitos outros lugares do mundo. Mas, mesmo assim, ela tem consciência da necessidade de "*não demonstrar muita emoção na voz. Sempre ser vista como estoica. Achei que me julgariam se eu não fosse capaz de sustentar isso*".

Lembro que, quando era nova na política, perguntei a um dos homens do parlamento, que eu achava ser o mais estoico de todos, o mais durão, aquele que parecia nunca perder a compostura: "Como você consegue? Porque eu sinto as coisas profundamente".

E ele quase se ofendeu com a pergunta. Ele se achava uma pessoa que sentia as coisas profundamente. E me disse: "Nunca, jamais, tente não sentir emoções, porque, no momento em que fizer isso, perderá a empatia e simplesmente fracassará como política". E pensei: Isso é verdade; não devemos neutralizar todas as nossas emoções. Na verdade, é para isso que estamos lá. Estamos lá para sentir empatia, para refletir sobre como seria estar no lugar dos outros, e se tentarmos cauterizar isso, que tipo de político seremos?

Esse foi um momento muito importante para mim. No entanto, houve algumas vezes em que não consegui esconder minha comoção por um problema ou momento. E muitas vezes refleti sobre esses momentos e me preocupei com a forma como seriam interpretados, como isso refletiria em mim. Ainda me preocupo com isso.

Perguntamos a Jacinda como ela captou tão perfeitamente a necessidade de cura na comunidade nos dias após o massacre de Christchurch. Ela responde:

Nosso foco era cuidar das pessoas. E sendo esse o foco, fiz exatamente o que parecia ser a coisa certa a fazer naquela hora. E isso foi mais fácil pelo fato de os neozelandeses serem particularmente unidos. Houve uma grande manifestação de pesar em nome da comunidade muçulmana. Naquele momento, me senti porta-voz da dor de uma nação inteira.

Sua imagem com um lenço na cabeça abraçando as vítimas foi equilibrada por uma perfeita sensação de força. Jacinda disse:

Eu estava com raiva. Fiquei particularmente furiosa com a ideia de que o criminoso usaria nosso sistema de justiça como plataforma. Ficou muito claro que esse ataque tinha como objetivo notoriedade para ele; o fato de ele ter enviado seu manifesto por e-mail para mim e para outros e feito transmissão ao vivo... o ataque só buscava notoriedade. E pensei: "Isso é algo de que pelo menos posso tentar privá-lo".

Na mais trágica das circunstâncias, seguir seus instintos, não parar para pensar sobre estereótipos de gênero, foi o correto.

A reação do mundo foi abraçar o povo da Nova Zelândia e a liderança de Jacinda. Perguntamos se ser tão elogiada — na verdade, colocada em um pedestal — de alguma forma acentua as consequências de cometer um erro no futuro. Julia e Ngozi comentaram com Jacinda que temos discutido nossa preocupação de que o problema com os pedestais é que o caminho da queda é longo, e as mulheres que foram colocadas neles tendem a cair não porque fizeram algo ruim, mas simplesmente por serem humanas e, consequentemente, imperfeitas.

Jacinda se declara grata por nos preocuparmos com ela, mas ressalta:

Os neozelandeses são muito centrados. Internamente, não somos de colocar as pessoas em pedestais. Reconhecemos publicamente que alguém fez um bom trabalho e a seguir a rotina normal é retomada e a pessoa será julgada pelos mesmos critérios de sempre.

Jacinda responde sobre o escrutínio extra que as mulheres líderes enfrentam:

Desde o momento em que me tornei líder, houve a expectativa de que eu traria uma onda de jovens para as eleições e causaria um "terremoto da juventude". Chamaram isso de "Jacindamania". Eu recuei; não queria isso, porque sou absolutamente falível. Costumo dizer que vou cometer erros. Portanto, senti essa pressão o tempo todo.

Theresa também teve que responder em tempos de crise terrorista, tanto como ministra do Interior quanto como primeira-ministra. Ela resume com as seguintes palavras o dilema que ela e Jacinda enfrentaram:

Quando tivemos ataques terroristas, tivemos que mostrar força para que as pessoas sentissem que alguém estava controlando a situação e sabia o que fazer. Assim, elas poderiam se sentir seguras e protegidas. Mas, por outro lado, também querem que você mostre empatia e simpatia pelas vítimas, e naturalmente. E você precisa encontrar o equilíbrio certo para mostrar a preocupação natural que tem pelas vítimas e, ao mesmo tempo, que tem força para fazer o país superar a situação.

A pressão das expectativas de gênero está melhorando ou piorando? Dada sua experiência única como presidente do Chile, depois de passar algum tempo fora e ser eleita de novo com sucesso, Michelle está bem posicionada para dizer se as coisas estão melhorando ou piorando. Ela diz:

Sabe, achei que a situação estava melhor, mas depois percebi que estava igual ou pior. Acho que a política está ficando mais complicada e violenta atualmente. Há menos respeito. Agora os ataques são mais pessoais.

Dada a corda bamba em que precisam andar, essa política mais focada no lado pessoal será ainda mais difícil para as mulheres. Então, há evidências de que as expectativas de gênero estão crescendo, não diminuindo.

Um levantamento de atitudes feito por meio de 16 pesquisas de opinião nos Estados Unidos descobriu que, em um estudo de 1946, apenas 35% dos entrevistados responderam que mulheres e homens poderiam ser igualmente inteligentes. Em 2018, isso havia subido para 86%, e alguns nos restantes 14% afirmaram que as mulheres eram mais inteligentes que os homens.

Mas, a mesma pesquisa também mostrou que aumentaram as expectativas de que as mulheres se comportariam de maneira mais cooperativa. Em 1946, 54% dos entrevistados indicaram que as mulheres são mais coletivas que os homens, 83% afirmaram isso em uma pesquisa de 1989, e 97% em 2018.[14] Isso significa que as mulheres que não atendem a essa expectativa abalam mais as crenças das pessoas a respeito de como as mulheres são.

É interessante especular se a luta pelos direitos das mulheres influencia, de alguma forma, a percepção cada vez maior de que somos mais gentis e empáticas. Os eventos de empoderamento de mulheres e meninas frequentemente terão como premissa a narrativa de que somos tão fortes e inteligentes quanto os homens, mas também mais inclusivas e atenciosas que eles. Grande parte da literatura sobre gestão que defende a diversidade no trabalho fala dos benefícios que advêm de uma abordagem mais orientada para o ensino e para as pessoas — que as mulheres oferecem.

Por exemplo, um metaestudo de liderança transformacional versus transacional concluiu que as mulheres são melhores na primeira.[15] Nesse contexto, liderança transformacional significa a capacidade de definir metas, desenvolver planos para alcançá-las, inovar, orientar e capacitar membros da equipe. A liderança transacional foi vista como uma abordagem definida de forma mais restrita, na qual objetivos específicos para os subordinados são definidos e o líder monitora o cumprimento das tarefas, recompensando ou corrigindo os subordinados conforme necessário. Os pesquisadores também definiram um terceiro estilo de liderança, que se caracterizava por manter a posição, mas não agir como líder. Isso foi descrito como uma abordagem laissez-faire.

Descobriu-se que tanto líderes homens quanto mulheres misturaram e combinaram vários aspectos dessas abordagens. No entanto, as líderes demonstraram ser um pouco mais transformadoras que os líderes, principalmente no sentido de apoiar e encorajar aqueles que lideravam.

As mulheres também se engajaram no comportamento recompensador associado ao modelo de liderança transacional quando um subordinado alcançava um objetivo definido. Os homens eram mais propensos que as mulheres a usar a obediência da liderança transacional, corrigindo e disciplinando os membros da equipe que não cumpriram os objetivos. Também eram mais propensos que as mulheres a ser líderes laissez-faire.

Com base nesse tipo de análise, dizem que as mulheres mostram o tipo de liderança que a teoria da gestão identifica como o mais eficaz no mundo de hoje.

Essa conclusão é sedutora, mas será que ela realmente ajuda? Afinal, essa teorização não levou a uma revolução na qual as mulheres dominem as posições de liderança, e sim reforçou os estereótipos de gênero.

Ao longo dos anos, desde 1946, estaria sendo colocado um fardo crescente sobre os ombros das mulheres em relação ao fato de serem comunitárias, sem que se ponha nenhuma expectativa a mais nos homens? Há muito para pensar a respeito, e voltaremos a essa questão no Capítulo 12.

Analisando nossa hipótese, parece que, como todo o resto que tem a ver com gênero, existem nuances. Nem toda lágrima é vista como fraqueza feminina. Nem todas as críticas a uma líder surgem por causa de seu gênero.

Mas nossas líderes sentem que uma lente colorida pelo gênero interferia no julgamento de sua liderança em comparação com a dos homens. Mesmo dentro de grupos menores, o escrutínio maior era percebido.

Nossas líderes limitam a si mesmas por causa desse tipo de viés. Não são todas as líderes, nem o tempo todo, mas isso destaca como nossas líderes pensam seu envolvimento com o mundo. Simplesmente por serem mulheres, mais energia é gasta para adivinhar a dinâmica de gênero que atua sobre como sua conduta será recebida.

As experiências de nossas mulheres líderes e os diversos estudos acadêmicos reforçam-se mutuamente. Essa hipótese está comprovada. No entanto, diante disso, queremos sugerir a adoção das palavras de luta de Christine Lagarde:

Quando as pessoas me rejeitam ou me desdenham porque sou mulher, eu digo: "Cai fora! Não vou trabalhar com você. Se não gosta de mim porque sou mulher, ou não quer trabalhar comigo porque sou mulher, estou fora! Vou arranjar algo melhor".

7
Hipótese quatro:
Ela é meio megera

"O que é *resting bitch face*? [literalmente, cara de megera em repouso]", perguntou Ngozi.

A resposta curta é que é algo que só se fala sobre uma mulher. A resposta mais longa é que é uma daquelas ideias que surgem no mundo todo e pegam. Em maio de 2013, uma produtora chamada Broken People postou um vídeo no site de humor Funny or Die.[1] Editado para imitar um informe publicitário, alertava sobre um fenômeno em que uma mulher, que não é uma megera, parece ser quando seu rosto está em repouso, inexpressivo.

Os comediantes também exploravam um equivalente masculino, chamado *resting arsehole face* [cara de babaca em repouso], mas toda a atenção estava voltada para a "megera". Com quase 8 milhões de visualizações, o vídeo gerou muitas risadas.

Mas a ideia não ficou apenas na arena da comédia, onde começou. Cientistas descobriram qual é a causa dessa condição,[2] e cirurgiões plásticos se ofereceram para consertá-la.[3]

Ngozi fez a pergunta acima quando saímos de nossa reunião em Bruxelas com Erna Solberg, que havia dito:

Uma das coisas que aprendi é que, quando você envelhece, tudo começa a cair. Recentemente, aprendi com meu pessoal de relações públicas que isso é conhecido como "cara de megera em repouso". Anos atrás, mesmo antes de conhecer essas palavras, havia decidido sempre sorrir um pouco, para que todos possam ver que estou sempre de bom humor. Você tem que combater essa cara de megera em repouso, porque isso é usado para minar as mulheres e retratá--las como azedas, rígidas e agressivas.

Intuitivamente, Erna vem tentando superar o tema de nossa quarta hipótese. No Capítulo 3, falamos sobre as dificuldades das mulheres de possuir ambições. No capítulo anterior, analisamos como as mulheres censuram o próprio comportamento para combater os estereótipos de gênero ou se adequar a eles.

Neste capítulo, vamos aprofundar um pouco o problema de as mulheres serem vistas como desagradáveis, como "meio megeras". Temos consciência de que usar a palavra "bitch" pode ser ofensivo para alguns, e pedimos desculpas. Mas decidimos manter a palavra porque ela captura um sentimento comum sobre mulheres líderes. Se formos todos honestos conosco, provavelmente recordaremos um momento em que essa palavra surgiu em nossa mente sobre uma mulher com poder e autoridade. De fato, houve um momento em que pensamos em chamar o livro de *Ela é uma megera*, mas decidimos que aquilo que queríamos explorar era mais complexo que isso.

A hipótese deste capítulo é: *Devido a um viés inconsciente, geralmente se presume que as mulheres com poder são desagradáveis ou, no vernáculo, megeras.* Acaso os pesquisadores desenvolveram um índice de chatice baseado em gênero? Não é bem assim, mas há uma pesquisa relevante da Harvard Business School. Lá, os alunos foram convidados a ler um estudo de caso sobre um empresário e, a seguir, selecionar classificações associadas a sua simpatia. Metade dos alunos leu um estudo de caso no qual o empresário era uma mulher. A outra metade leu sobre um homem. Em todos os aspectos, exceto o gênero, os estudos de caso eram idênticos, mas os alunos consideraram a mulher menos simpática que o homem.

Esse resultado não se referia à aparência do rosto de uma mulher específica. Os alunos receberam textos, mas não fotografias. O que se revelou foi que, entre os outros preconceitos inconscientes de nosso cérebro, parece haver um que nos sussurra que uma mulher líder provavelmente é "meio megera".

Para líderes políticas, isso obviamente é desagradável e injusto. Mas os impactos reais são mais profundos. Pesquisas psicológicas mostram que o viés de gênero que faz supor que uma mulher que quer ou tem poder é "meio megera" pode custar votos. A Universidade de Yale conduziu um experimento no qual foram medidas as reações a candidatos políticos do sexo masculino e do feminino que expressaram diferentes níveis de ambição. Os pesquisadores concluíram que "as preferências de voto para as candidatas foram negativamente influenciadas por suas intenções de busca de poder (reais ou percebidas), mas que as preferências por candidatos não foram afetadas por intenções de busca de poder".[4] Vale a pena parar por um momento apenas para sentir o peso dessa descoberta. Não é surpreendente, já que se encaixa no corpo de trabalho sobre mulheres agenciais discutido no último capítulo, mas é chocante que no século XXI algo tão vital quanto um voto em uma democracia possa ser motivado exclusivamente pelo machismo.

Esse estudo e muitos outros deixam bem claro que, quando se trata de mulheres e liderança, as pessoas têm na cabeça estereótipos prescritivos, não só descritivos.

Um estereótipo descritivo é mais bem definido como algo que é regularmente suposto sobre determinado grupo. Imagine uma nova colega de trabalho. Ela é chinesa. Em um café da manhã de boas-vindas na sala dos funcionários, a conversa se volta para comida, e ela contribui dizendo que odeia arroz. Uma reação comum seria surpresa e interesse — a nova colega de trabalho está fora do estereótipo descritivo sobre o povo chinês.

No entanto, nesse exemplo, nenhum estereótipo prescritivo entra em jogo. Você não gostaria menos dela por saber que ela não come arroz. Isso acontece quando as pessoas presumem que um grupo tem uma determinada característica e também consideram certo que devam tê-la.

Esperar que as mulheres coloquem os outros em primeiro lugar e ajam com espírito comunitário, em vez de individualmente ter fome de poder, tem se mostrado um estereótipo prescritivo. Nós não só associamos esse traço de caráter às mulheres; pesquisas mostram que as marcamos negativamente quando elas não o exibem. Nas palavras do estudo de Yale, "a presença de reações moral-emocionais e evasivas — reações de ultraje moral como desprezo, desdém, raiva, irritação, desaprovação, desgosto e repulsa — sugere que as aspirações ao poder de uma mulher política são não apenas inesperadas, como também 'erradas'".[5]

Vale a pena ler duas vezes essa lista de reações: desprezo, nojo e repulsa são palavras assustadoramente fortes.

Para Julia, a leitura desse estudo foi um momento revelador, dadas as reações sustentadas e altamente negativas de muitos por ela ter desafiado, com sucesso, um homem para o cargo de primeira-ministra. Para dar só um exemplo das referências de gênero a suas ações, nos dias que se seguiram à chegada de Julia ao cargo mais alto, Michelle Grattan, uma importante jornalista política australiana, escreveu um artigo que começava com estas palavras: "Garotas legais não andam com facas. Portanto, Julia Gillard, que chegou ao cargo de primeira-ministra com a imagem de jogadora limpa e justa, sabe que precisa ser persuasiva ao explicar como enfiou uma faca no pescoço de Kevin (ex-primeiro-ministro)".

E terminava com: "Mas Gillard o faz com petulância e aquela risada feminina desarmante".[6]

É preocupante que a pesquisa acadêmica mostre tamanha toxicidade nos sentimentos em relação às mulheres ambiciosas, assim como o fato de que os estereótipos prescritivos não sejam alterados pela exposição a mais pessoas que não se enquadram no padrão. Se, após o hipotético café da manhã descrito acima, os próximos 20 chineses que começassem a trabalhar lá dissessem não gostar de arroz, o estereótipo descritivo das pessoas desse lugar começaria a ceder diante dessa nova informação. Um estereótipo prescritivo sobre o que é certo e errado, por outro lado, não desaparece simplesmente porque mais pessoas são vistas o violando.

Anteriormente, discutimos o pensamento "Pense em presidente ou primeiro-ministro, pense em um homem". Aqui, nossa hipótese pode ser resumida como "Pense em uma mulher líder, pense em uma megera".

Ao explorar essa hipótese com nossas mulheres líderes, explicamos brevemente a pesquisa e, a seguir, perguntamos se elas haviam sentido essa caracterização e, em caso afirmativo, como lidaram com isso. Ao fazer essa segunda pergunta, estamos conscientes de que as mulheres se adaptam ao machismo tão profundamente ao longo da vida, que é impossível traçar uma linha entre "isso sou eu" e "isso é o que faço em resposta aos estereótipos de gênero". Para dar um exemplo, a pesquisa mostrou que as mulheres têm maior probabilidade que os homens de ser líderes participativas e colaborativas.[7] Não dá para calcular quanto disso acontece porque elas estão intuitivamente tentando projetar autoridade sem receber a reação de serem vistas como desagradáveis.

Erna tem o cuidado de sorrir, mas em geral, não fica muito preocupada com ser rotulada de desagradável ou megera. Ela comenta:

Uma das coisas que as pessoas costumam dizer sobre mim é que estou sempre calma. Naturalmente, sou uma pessoa calma, mas também tive que aprender a ser assim. Se uma mulher se torna muito agressiva, muito agitada, acho que as pessoas reagem a isso.

Essas palavras refletem o comportamento autolimitante discutido no capítulo anterior. No entanto, Erna é otimista acerca de sua própria nação e gênero, dizendo:

Acho que é nisso que nossa sociedade é muito diferente. Há um foco maior em questões pessoais para mulheres políticas que para homens. As pessoas me perguntam: "E sua família? Como você cuida da casa?". Você pode ficar irritada com essas perguntas porque gostaria de ser questionada sobre política externa ou o novo conceito estratégico da Otan. Mas há um aspecto positivo para as mulheres, pois aumenta nossa simpatia. Em nossa cultura, ser simpática também significa que as pessoas são capazes de pensar: "Consigo me identificar com ela porque entende meus problemas". Isso nos aproxima das pessoas.

Para Erna, sua percepção de normalidade — por provir de um ambiente familiar comum e ser capaz de compartilhar preocupações de mãe como se seus filhos lembraram de levar o material à escola — foi um baluarte contra os problemas com a simpatia percebida.

Michelle diz que nunca sentiu o problema "ela é meio megera", mas o fato de ser considerada agradável criou outra dinâmica. Ela diz:

As pessoas achavam que eu era muito legal e simpática. Tanto que, no final de meu primeiro mandato, quando estava indo ao Congresso para a cerimônia do novo presidente, uma mulher me disse: "Vou lhe recomendar uma coisa: nunca mais se envolva em política, porque é uma coisa ruim e você é uma boa mulher!".

Na verdade, as pessoas gostavam tanto de mim que me chamavam de "mamãe". No começo, achava que isso era negativo, mas passei a entender o que estavam defendendo. Diziam: "Ela é nossa mãe porque nos protege, quer nos apoiar, quer nos incentivar, quer que saiamos da pobreza". Então, nesse sentido, não foi uma coisa ruim.

Michelle conseguiu se equilibrar na corda bamba discutida no capítulo anterior. No entanto, graças a experiências amargas, ela estava vacinada contra ser vista como uma megera ou uma pessoa em quem não se pode confiar. Como sobrevivente de tortura que fugiu do fascismo no Chile, ela não era alguém cujo histórico lhe fizesse correr o risco de ser estereotipada como muito "mole".

Christine logo concordou com nossa hipótese quando lhe foi apresentada, mas voluntariamente pensou que as mulheres "*se preparam demais; nós ensaiamos demais e somos mais conscienciosas*". Nessa visão, as mulheres se esforçam para ganhar respeito em seu campo na esperança de que isso seja mais importante que ser amadas.

Joyce indica que parte de sua luta tinha a ver com algo mais básico do que ser considerada legal. Algumas pessoas dos partidos de oposição tentaram encorajar uma rejeição total da liderança presidencial feminina. Ela diz:

No Malaui, há um ditado que diz que um touro vai à fazenda para puxar a carroça e uma vaca é mantida em casa para dar leite. Então, as pessoas da oposição disseram: "Somos muito azarados de ter uma vaca puxando nossa carroça". Foi cruel, e isso só pôde ser dito porque a pessoa insultada era uma mulher.

Palavras feias, de fato.

Theresa enfrentou a caracterização Maybô, que implicava falta de simpatia. Mas, analisando de maneira mais ampla, ela diz:

O primeiro discurso que fiz quando me tornei primeira-ministra foi sobre estender a mão às pessoas que reconheciam a luta que muitos enfrentam no dia a dia. Isso tocou muitas pessoas. De certa forma, acho que isso superou qualquer coisa que dissesse: "Você é uma mulher em posição de liderança, portanto não pode ser simpática".

A líder com maior experiência vivida de nossa hipótese é Hillary. Para se conformar com o resultado eleitoral de 2016, ela estudou e refletiu sobre o assunto. Como nós, conhece a pesquisa psicológica. E diz:

Cada um tem uma personalidade, um temperamento, uma persona pública diferente. Portanto, você pode gostar ou não das pessoas por qualquer motivo. Mas é muito mais provável que as mulheres sejam julgadas como desagradáveis se forem assertivas, fortes, se estiverem dispostas a se levantar e falar abertamente. Eu vi isso inúmeras vezes em minha campanha. As pessoas diziam: "Há algo nela de que não gosto". E então, quando pressionadas a dizer o que era, não conseguiam fornecer mais detalhes. Diziam: "Não sei. É alguma coisa, não sei".

Hillary vê duas dimensões para essa reação. Acredita que foi uma resposta genuína das pessoas, que não se recusaram a dar mais detalhes, simplesmente não conseguiam:

Muito do que elas sentiam estava profundamente enraizado, tanto que poderiam passar no teste de um detector de mentiras.

Mas ela também acredita que essa preocupação da comunidade foi explorada e acelerada.

Fui acusada de todos os crimes que você possa imaginar. Houve uma campanha negativa usada para me prejudicar. Cheguei à eleição presidencial com números muito altos de boa disposição, simpatia e aceitabilidade em nosso sistema político. Houve um esforço para me derrubar inventando coisas e fazendo acusações, até que mesmo as pessoas que me apoiavam, não puderam evitar se encontrar na situação de "Gosto dela, mas muitas pessoas não"; "Por que não?"; "Bem, eu vi na internet". A coisa foi feita com muita engenhosidade e eficácia para me prejudicar.

Há três camadas descritas aqui, e é importante separá-las. Primeiro, existe uma predisposição baseada no gênero a pensar que as mulheres que buscam ou detêm o poder não são simpáticas, chegando até mesmo a ser megeras. Isso se encontraria nas percepções gerais acerca de Hillary. Segundo, isso teria alimentado e exacerbado especificamente qualquer mal-estar subjacente em relação a ela com base em outros fatores que não seu gênero. Terceiro, houve, então, um esforço deliberado para ampliar e explorar essas dúvidas sobre Hillary, a primeira mulher a ter uma chance real de ser presidente dos Estados Unidos.

Sobre tudo isso, ela generosamente resume:

Não podemos esperar que 100% das pessoas gostem de nós; esse não é o objetivo. Mas gostaríamos de ser julgadas de maneira justa e em pé de igualdade com nossos colegas homens.

No momento de nossa entrevista, Hillary já havia visto aquela palavra desagradável sendo usada contra as candidatas às primárias democratas de 2020.

Mas nossa hipótese não parece de forma alguma ser verdadeira para Jacinda, cuja imagem se baseia em ser compassiva e gentil. Nas pesquisas de opinião, ela é mais popular que o partido político que lidera, o que é um lembrete — dado que governos ganham ou perdem dependendo do número de votos no partido — de que ser vista como simpática é melhor que a alternativa, mas não garante contínuo sucesso eleitoral.[8] Questionada sobre a usual correlação entre antipatia e liderança para as mulheres, Jacinda é rápida ao apontar que seu contexto é diferente, no sentido de que sua nação é muito menor e tem uma cultura política mais gentil que a dos Estados Unidos. Ela também é a terceira mulher a ser primeira-ministra de seu país. Referindo-se à experiência de Julia na Austrália, ela diz:

Eu vi o que você passou, foi simplesmente brutal. Às vezes me pergunto: se nosso ambiente fosse igual ao da Austrália, será que eu teria aguentado tanto tempo?

Sem dúvida, Jacinda se refere a coisas como pessoas em comícios dizendo que Julia era uma bruxa ou uma megera. Ou à vulgaridade de um cardápio em um evento para arrecadação de fundos de um partido conservador que dizia "Codorna frita Julia Gillard — peito pequeno, coxas enormes e uma grande caixa vermelha". Um radialista humorista popularizou o apelido JU-LIAR [JU-MENTIROSA], em referência a uma alegação de desonestidade. A mesma personalidade do rádio também disse que o pai dela morrera pela vergonha que sentia da filha.

Em contraste, ao descrever o ambiente da Nova Zelândia, Jacinda diz:

Não é perfeito, mas as coisas de que me lembro parecerão insignificantes em comparação a isso. É isso que sinto também quando analiso a eleição de Hillary.

Não me lembro de muitos destaques durante minha eleição que tenham tido a ver particularmente com o gênero. Houve momentos que poderiam ser interpretados como um ataque à minha visível inexperiência e à minha idade, e talvez ao gênero em combinação com isso.

O primeiro-ministro da época me chamou de "poeira estelar". Alguns políticos me chamaram de "floco de neve". O líder de um partido disse que eu era um hambúrguer sem carne. E houve coisas como uma foto muito difundida de uma placa de um protesto me chamando de "comunistazinha bonita". Coisas assim, mas em termos relativos, considero que foram bem menores.

Ellen aceitou nossa hipótese, mas desafiou suas implicações. Ela sem dúvida vê uma dinâmica de gênero na liderança e diz:

Como uma mulher líder, e particularmente como presidente, você se sente sozinha muitas vezes. Não tem muita vida social. Tudo que você diz, faz, veste, fala está sempre sendo observado. Você tem que ser muito cuidadosa. Sejam seus colegas presidentes lá fora ou outros líderes, seja seu grupo de pares em seu país, as pessoas estão sempre procurando algo para falar que você errou e usam isso para dizer que as mulheres não devem se meter na política.

Também acredita, no entanto, que as mulheres têm um atributo especial quando se trata de liderança, que é o fato de serem menos motivadas pela popularidade. Ela observa:

Mas a força da mulher está em enfrentar certas decisões. Há momentos em que as pessoas não recuam por medo de se tornarem impopulares ou de o povo gostar menos delas.

Sim, espera-se que as mulheres sejam mais compassivas, e são, mas, por serem mulheres, não se espera que tomem as decisões fortes que as farão ser questionadas. No entanto, são os homens, na verdade, que não tomam essas decisões e encontram uma maneira de contornar a situação. São as mulheres que tomam essas decisões como as veem e, ao tomá-las, não se preocupam com o que isso significa para sua própria imagem.

Ellen relata sua experiência na luta contra o surto de ebola na África Ocidental, em 2014, como exemplo de fazer o que é certo e não se importar com a imagem. Ela comenta:

A Organização Mundial da Saúde divulgou a previsão de que 200 mil pessoas morreriam por dia, e milhões morreriam ao todo. Após a declaração da OMS, *fui ao ar e disse a nosso povo: "Não vamos morrer, vamos cuidar disso e salvar a nós e nosso sustento. Líderes comunitários, assumam o comando! Nós lhes daremos o suporte de que precisarem".*

E então peguei a estrada. Fui a lugares onde havia pacientes com ebola em tratamento e falei com profissionais de saúde, e isso também acalmou as pessoas. Mas eu precisava fazer algo a respeito dos enterros. Os mortos por ebola também podem espalhar a doença, de modo que só havia uma solução: tínhamos que cremar. E, claro, todo mundo disse: "Não, você não pode fazer isso. As pessoas têm o direito de enterrar seus mortos". Mas fiquei firme e anunciei a cremação.

Essa é uma doença horrível que requer decisões corajosas. Mas, nesse caso, existe uma dinâmica de gênero em jogo ou será que um homem presidente em seu segundo mandato e inelegível à reeleição teria agido da mesma forma? É impossível saber, mas Ellen está convencida de que o fato de as líderes mulheres não serem vistas como simpáticas é um benefício, não um fardo. Isso significa que é mais provável que façam o que é certo em vez de se preocuparem em polir a própria imagem.

Também é impossível saber, pelo relato de Ellen, como ela foi percebida pela população durante a preparação para tomar essa difícil decisão. Acaso foi julgada com maior severidade por ser mulher?

Aonde isso nos leva com esta hipótese?

Sem dúvida, com base nas pesquisas, podemos comprovar nossa hipótese. A experiência vivida por nossas mulheres líderes está longe de ser conclusiva. Todas as nossas mulheres líderes concordam que há um problema em geral, mas as opiniões variam sobre se, e como, isso se aplicou a elas. Hillary viu a hipótese ganhar vida em sua campanha eleitoral. Christine achava que o trabalho árduo era uma espécie de antídoto. Ellen teve uma visão única sobre como a hipótese se relacionava com a coragem na liderança. Joyce apontou sua luta contra uma ostentação ainda mais desagradável de machismo. Erna, Jacinda, Michelle e Theresa não sentiram a força da hipótese na própria vida.

A esses pontos de vista, podemos acrescentar as experiências de Julia. Ela entende o que é sair na mídia e interagir com o público enquanto as pesquisas de opinião registram índices de aprovação baixos e comentários maldosos por toda parte. Seria impossível sair pela porta e fazer seu trabalho se o pensamento dominante na cabeça dela fosse: *"Todo mundo me odeia"*. Afastar esse tipo de pensamento é mais fácil, porque há uma dissonância entre essa negatividade e suas interações do dia a dia. Ao se encontrar cara a cara com um presidente ou primeiro-ministro, a maioria das pessoas está programada para ser respeitosa e simpática. Na verdade, Julia pode contar em uma mão quantas vezes, ao longo de seus 15 anos de carreira política, alguém do público cuspiu insultos na cara dela. Seja o que for que passe pela cabeça das pessoas, elas preferem interações descontraídas a confrontos.

Pesando as palavras de nossas líderes e as experiências de Julia, a variação entre as pesquisas e sua percepção pode ser explicada, em parte, pelo fato de que, no mundo real, não existe um ciclo de feedback confiável sobre o que as pessoas pensam. Mesmo os pesquisadores podem achar difícil cavar fundo o suficiente para descobrir se as pessoas pensam que "ela é uma megera". As classificações favoráveis comumente feitas podem capturar medidas de simpatia, mas muitos elementos estariam na cabeça das pessoas ao participar dessas pesquisas, não só o gênero.

Em segundo lugar, e mais importante, as pesquisas científicas são genéricas no sentido de que as pessoas devem julgar a simpatia de uma líder com base no envolvimento que os pesquisadores apresentam, ao passo que na vida normal as pessoas têm muito mais experiências para julgar seus líderes.

Nossa melhor conclusão é de que há uma força nas pesquisas, e isso nos leva a uma verdade importante que seria difícil extrair de observações da percepção da comunidade sobre mulheres líderes políticas. Existe a predisposição de que as pessoas vejam uma mulher no poder como algo desagradável, meio chato. No entanto, com base nas experiências de nossas líderes, acreditamos que essa suposição negativa pode ser derrubada dependendo do contexto e da conduta da líder — e o contexto supera a conduta. Com isso, queremos dizer que uma mulher em um ambiente político difícil não seria capaz de superar a caracterização de megera. A experiência de Hillary é uma prova disso e mostra que, uma vez que uma ideia sobre a falta de simpatia é levantada e se torna uma visão abrangente sobre uma mulher líder, torna-se impossível impedir essa percepção, especialmente porque os oponentes podem usá-la como arma contra ela.

A notícia mais feliz é que as mulheres podem se destacar. Como Jacinda, Erna obteve uma taxa de favorabilidade mais alta que a de seu partido político.[9] Ambas são líderes em sociedades com maior igualdade de gênero que já tiveram antes mulheres no topo. Nesses ambientes, elas parecem ter tido a oportunidade de superar a predisposição a achar que mulheres líderes não são simpáticas. Algo interessante para refletir é se o fato de serem mães e líderes ao mesmo tempo as ajudou a reforçar a percepção de serem boas. Erna apontou que sua franqueza sobre a vida familiar é uma das chaves para a visão que o público tem dela. O outro lado da moeda seria que é mais difícil que mulheres que nunca tiveram filhos sejam vistas como simpáticas? Voltaremos a essas considerações no próximo capítulo.

O que pode ser feito para interromper o ciclo de percepção de mulheres líderes como desagradáveis? Falar sobre isso é muito importante. Ao dizermos isso, estamos fazendo a otimista suposição de que, na vida cotidiana, o estereótipo "ela é meio megera" é mais descritivo que prescritivo, o que significa que pode ser superado pela razão e pela experiência mais frequente de mulheres líderes. Que venha o dia em que, em um *talk show* político, se alguém disser que o problema com uma candidata é que "ela não é muito simpática", os outros responderão: "Espere aí, isso é verdade ou é viés de gênero?". Se a questão puder ser levantada rotineiramente, em última análise, pode se tornar comum para o público votante pensar duas vezes em vez de reagir instintivamente, alimentado por preconceitos inconscientes.

Vamos terminar com dois retratos: um de um possível futuro e outro de onde estamos agora. Jacinda diz:

Comecei o seguinte exercício com as pessoas, principalmente quando vou às escolas. Nas salas de aula, peço que as crianças fechem os olhos e pensem em um político e me digam o que veem, que descrevam os traços físicos e de caráter. E o resultado é exatamente o que era de esperar. Elas dizem que pensaram em um homem de uma determinada idade, confiante, agressivo, e às vezes dizem que é egoísta. Às vezes usam a palavra "mentiroso". Ou seja, nunca é especialmente lisonjeiro.

Ela teme que, se for essa a imagem, as pessoas que querem entrar na política sintam necessidade de se adequar a esse estereótipo. Jacinda acha que esses aspirantes a políticos podem concluir que *"mesmo que eu não goste muito de nenhuma dessas coisas, isso é necessário para ser bem-sucedido".*

No início da carreira, Jacinda pensou sobre isso e decidiu:

Na verdade, estou disposta a entregar minha carreira política ao destino. Minha escolha definitiva seria adotar essas características e ser vista como uma política mais bem-sucedida ou simplesmente ser eu mesma. Tomei essa decisão depois de pensar bem. Até me lembro de momentos em que isso foi testado e pensei: "Não, não vou mudar quem sou".

Isso a deixou ansiosa para que as discussões sobre liderança fossem mais sintonizadas com as características individuais do que com os estereótipos. Por exemplo, se uma mulher tivesse um estilo político agressivo, Jacinda acredita que não deveria sentir a necessidade de mudar para evitar aumentar a crítica que a considera antipática. Ela diz:

Devemos ser quem somos, independentemente de nos considerarem simpáticas ou não. Temos que começar a tentar demonstrar traços diferentes, traços de liderança, e mostrar que podem ser aceitos como norma. Temos que estar dispostas a quebrar o molde e mostrar que podemos sobreviver sendo nós mesmas.

O político profissional Nick Merrill trabalha para Hillary há muito tempo. Questionado sobre o tratamento diferenciado das mulheres líderes hoje, ele diz:

Eu poderia falar durante dias, mas minha história favorita é a seguinte: quando a campanha começou, tínhamos o pessoal de Obama nos apoiando, e todos estavam muito felizes por isso. Mas, no início, todos duvidavam quando dizíamos: "Esperem para ver o que a imprensa fará com esta mulher". Eles diziam: "Agora é uma campanha, sabemos como lidar com isso". E, dois meses depois, foi como um coro de pessoas; todos que nunca haviam experimentado isso, que estavam nos níveis mais altos, pois haviam trabalhado com John Edwards [ex-senador dos Estados Unidos] em todos os seus escândalos, e trabalharam para Obama durante oito anos, diziam: "Meu Deus, achei que estavam exagerando quando disseram que ela seria tratada de modo diferente, mas é verdade". Eram veteranos políticos experientes que haviam trabalhado em campanhas presidenciais de homens. A razão é que a mulher não tem o benefício da dúvida; não tem nenhuma pressuposição de confiança.

As palavras de Nick reforçam quanto precisamos mudar para chegar a um mundo no qual cada indivíduo consiga ser ele mesmo e não encontre nenhum preconceito como barreira para suas capacidades de liderança. Assustador, sim, mas estamos prontas para o desafio.

8
Hipótese cinco: Quem está cuidando das crianças?

Acho que podemos ser empáticos e fortes, podemos ser líderes e também ser gentis. Sempre achei que a ideia de "mãe da nação" também tinha essa mesma implicação.

Essas são as palavras da primeira-ministra Jacinda Ardern ao comentar o fato de alguns neozelandeses usarem a expressão "mãe da nação" para se referir a ela.

Mas o fascínio mundial pela maternidade e por Jacinda não surgiu por causa dessa metáfora. É o resultado de ela efetivamente ter se tornado mãe durante o mandato — a segunda mulher a fazer isso. A primeira foi Benazir Bhutto, primeira-ministra do Paquistão, em 1990.

As circunstâncias das duas gestações não poderiam ser mais diferentes. A primeira-ministra Bhutto escondeu a gravidez de seus colegas e da nação. No momento em que estava tendo o filho, estava no centro de uma tempestade política, resultando em uma moção de censura e sua eventual demissão do governo pelo presidente.

Na era de hoje, em que uma mulher em idade fértil com barriguinha logo é vista como possivelmente grávida, o sigilo nunca foi uma opção para Jacinda. Em 19 de janeiro de 2018, menos de três meses depois de tomar posse como primeira-ministra, Jacinda anunciou que estava grávida de seu parceiro, Clarke Gayford. Neve nasceu em 21 de junho. Jacinda se tornou a primeira primeira-ministra a tirar licença-maternidade.

É uma história extraordinária e comum ao mesmo tempo.

Um casal de trinta e poucos anos se apaixona. Quer ter filhos, mas tem dificuldade para engravidar. A mulher consegue uma promoção incrível no trabalho e, não muito depois, fica grávida. Essa pode muito bem ser a história de sua irmã, sua vizinha ou de uma colega de trabalho.

O extraordinário é que Jacinda viveu isso sob os holofotes globais, o que colocou em foco todas as questões práticas e percebidas de harmonizar maternidade e liderança.

É provável que se considere que os homens líderes que são pais de crianças pequenas estão em contato com a vida cotidiana. Especificamente, um pai pode usar seu status para demonstrar que entende as pressões sobre os eleitores enquanto eles lutam para dar uma vida boa a seus filhos.

Para mulheres líderes, a percepção da família é mais confusa. Conforme discutido no capítulo anterior, uma mulher com filhos pequenos pode ser vista como acessível e atenciosa. No entanto, há o risco de os eleitores se preocuparem com sua capacidade de isentar-se dos rigores da vida política devido a suas responsabilidades com os cuidados de outro alguém. Para os homens, essas questões tendem a não ser levantadas, porque se presume que as esposas desempenhem o papel principal no cuidado das crianças.

Julia viveu isso pessoalmente em sua carreira política. Ela serviu com mulheres e homens que equilibravam a família e o parlamento. Apenas suas colegas mulheres relataram ter sido questionadas em reuniões sobre quem estaria cuidando das crianças.

Nossa quinta hipótese baseia-se nessas experiências e se divide em duas partes. Em primeiro lugar, que *ter filhos e ser líder é diferente para mulheres e homens*. Acreditamos que uma evidência para essa hipótese é que, até o momento, as mulheres que chegaram aos escalões superiores da liderança política desproporcionalmente não tinham filhos, ou seus filhos eram adultos na época de sua carreira política.

A segunda linha de nossa hipótese é que, *embora não ter filhos signifique que uma mulher líder não tenha que enfrentar os desafios de conciliar trabalho e vida familiar, há outros problemas*. Exploramos isso por meio das experiências de Theresa e Julia.

Para coletar informações de nossas líderes para essa hipótese, perguntamos como elas avaliavam e faziam suas escolhas sobre casar-se ou não, quando se casar, ter filhos ou não, e quando. Também indagamos se elas enfrentavam questionamentos da comunidade ou da mídia sobre sua vida familiar, inclusive sobre seu parceiro de vida e os cuidados dos filhos, que não eram questionamentos rotineiros feitos a políticos homens. Nós as convidamos a contar sobre a realidade prática de administrar seus múltiplos papéis de cônjuge e mãe com a carreira política. Nossa pergunta final foi como a família se sentia acerca do impacto da política na vida delas.

Para ouvir as respostas, vamos primeiro às mulheres líderes que combinaram diretamente liderança e criação de filhos, Jacinda e Erna.

Como Jacinda vê tudo isso?

Primeiro, ela ficou ansiosa para anunciar sua gravidez, e suas preocupações eram reforçadas pelo passado, que começou em agosto de 2016, quando Jacinda era membro do parlamento sob o então líder trabalhista Andrew Little. Em uma matéria do *New Zealand Herald*, ela havia sido questionada sobre suas ambições de liderança e apoiara Andrew lealmente.

Sua resposta sobre o que aconteceria se Andrew não fosse mais o líder foi relatada da seguinte forma: "O próximo líder não será ela. Ela não quer trabalhar uma quantidade de horas absurdas, não quer os holofotes nem o escrutínio da mídia e, tendo ido morar recentemente com seu parceiro — a personalidade da mídia de Auckland, Clarke Gayford —, quer ter filhos. Ela pode ter tudo isso como parlamentar, mas não como líder de um partido. E claro que não como primeira-ministra. É uma resposta muito humana".[1]

Como a história agora registra, Andrew Little deixou a liderança trabalhista em agosto de 2017, e o partido se voltou para Jacinda. Sete horas depois de ser eleita líder, Jacinda foi entrevistada na televisão sobre seus planos em relação a ter filhos. Ela respondeu que enfrentava o mesmo dilema que outras mulheres sobre maternidade e carreira.

No dia seguinte, em uma entrevista de rádio, ela se irritou quando um entrevistador afirmou que os empregadores tinham direito a saber se uma mulher estava pensando em engravidar, de modo que os eleitores deveriam estar cientes de seus planos. Não apenas em seu nome, mas no das mulheres em geral, Jacinda enfatizou que era ilegal e considerado inaceitável questionar uma possível funcionária sobre a possibilidade de uma licença-maternidade, e isso já havia acontecido. Compreensivelmente, Jacinda também apontou que tais perguntas não eram feitas a homens.

Sobre o anúncio de sua gravidez, ela conta:

Eu estava preocupada com a reação do país todo. Pensei: "E se eles acharem que não levei meu papel a sério?". Mas não queria ter que contar toda a história do momento da gravidez para ajudar as pessoas a entenderem, porque era algo muito privado.

Seus temores eram naturais, mas a reação do povo da Nova Zelândia parece ter sido positiva, até mesmo de alegria, com a notícia. Ngozi contou sua própria história sobre como a reação ao anúncio de uma gravidez afeta a cabeça das mulheres, dizendo:

Quando comecei a trabalhar no Banco Mundial, foi exatamente a mesma coisa. Na semana seguinte ao meu início como jovem profissional, descobri que estava grávida. Não foi planejado, e na verdade fiquei apavorada. Conversei com algumas pessoas, que disseram: "Meu Deus, você acabou com sua carreira. Aqui ninguém engravida". Eu não sabia o que fazer. Hesitei muito em contar a qualquer pessoa de autoridade, e quando finalmente o fiz, a reação foi muito positiva.

O impacto do exemplo de sua experiência é comovente para Jacinda. Ela se lembra de ter recebido uma bela e longa carta de uma mulher:

Ela engravidou pouco depois de mim e estava com muito medo de contar ao chefe. Achava que isso acabaria com sua carreira e estava muito preocupada com perder o emprego. Disse que, quando contou a ele, soube que o fato de eu estar grávida fez diferença na maneira como ele respondeu. Foi adorável, e penso: "Meu Deus, se tudo isso fez diferença para poucas pessoas, já é importante".

Dado o contexto do nascimento de Neve, Jacinda achou difícil responder quando questionada publicamente sobre as escolhas que ela fez na vida. Ela disse:

Há um uso muito vago da palavra "escolha". Muito pelo que passei nem sinto que tenha sido por escolha. Não me arrependo. Acho que, na verdade, eu precisava que essas opções fossem removidas porque, do contrário, não teria assumido as oportunidades de trabalho e família. A vida é assim mesmo.

Outra palavra que Jacinda acha complicada é "equilíbrio"; quando questionada sobre conciliar trabalho e maternidade, ela diz:

Particularmente, não acho que eu equilibre nada. Só faço funcionar. Sou muito rigorosa em relação a isso, não acho que as mulheres devam sentir que têm que fazer tudo e de um jeito que pareça fácil — porque não é fácil —, e não deveríamos ter que tentar fazer tudo. Eu não tento. Não devemos fingir que somos sobre-humanas, porque isso cria uma falsa expectativa e deixa a impressão de que não precisamos de apoio.

Sobre como faz funcionar, Jacinda descreve:

Clarke tem um programa de televisão sobre pesca, de modo que cerca de dez semanas do ano ele está fora filmando. Quando isso acontece, meus pais ajudam. Mas, caso contrário, Clarke é nosso principal cuidador. Ele faz todas as refeições, administra a logística de morar em dois lugares — nossa casa em Auckland e a residência oficial em Wellington. Sou muito aberta sobre isso, porque não quero que as mulheres pensem que têm que fazer absolutamente tudo.

Esse exemplo também muda a visão sobre quem deve fazer o que em uma família. Jacinda conta:

Quando anunciamos que Clarke seria o principal cuidador, muitas mulheres entraram em contato para explicar que seus maridos ou parceiros haviam feito a mesma coisa. Não falamos com frequência suficiente sobre essa inversão dos papéis esperados. Por que não? Porque esses papéis são para os homens também. Não deve haver estigma associado ao fato de um homem ser o principal cuidador.

Mas, mesmo com tudo isso, Jacinda deixa claro que não é emocionalmente fácil. Ela diz:

Não acho que exista equilíbrio, porque as mulheres sempre se sentem culpadas. Mesmo quando fazemos meio a meio, dividimos nosso tempo e nossa vida, damos a mesma quantidade de tempo para a família e o trabalho, somos criaturas com muita culpa. Nós nos sentimos culpadas, independentemente de qualquer coisa. Por isso, acho que nunca existe essa coisa chamada equilíbrio, porque sempre sentiremos que devemos dar mais de nós mesmas a tudo. É só uma questão de fazer funcionar.

Questionada sobre se os homens também sentem essa culpa, Jacinda pondera:

Acho que não posso falar em nome deles. Só vejo que nós, mulheres, carregamos isso, seja a culpa em relação ao tempo que passamos sem nossos filhos ou irmãos, ou cuidando de nossos pais, ou estando presentes. Sentimos essa culpa de forma bastante aguda.

Em um mundo aparentemente cheio de postagens no Instagram e no Facebook que misturam inveja sobre a rapidez com que algumas mulheres recuperam o corpo pré-gravidez e uma rejeição ao conceito de que uma pessoa deveria se sentir pressionada a isso, perguntamos a Jacinda o que ela pensava sobre sua forma física e sua saúde. Ela diz que não sentia nenhuma pressão pública a esse respeito, mas se impunha ela mesma um pouco. Recorda:

Eu saí do hospital e engordei depois de ter o bebê, provavelmente porque minha mãe estava por perto e ficava me dando biscoitos de lactação, que na verdade eram biscoitos normais. Então, eu sentia que precisava recuperar minha energia.

Olhando para trás, para aqueles primeiros quatro meses, acho que eu devia estar ignorando como foram difíceis. Continuei amamentando e cuidando da logística da vida — foi muito difícil. Eu estava tão focada em fazer tudo funcionar, em ser vista fazendo tudo da melhor maneira possível, que não tinha tempo nem para perceber qualquer pressão de outra pessoa. Foi tudo autoimposto.

Eu precisava estar no controle de tudo. Precisava ser rápida em todos os sentidos, sentir-me ágil, ter meu pensamento rápido de volta, sentir-me fisicamente bem. Por muito tempo não me senti assim. Eu precisava esconder isso, pois não queria passar a impressão de que havia deixado a peteca cair por ter me tornado mãe.

É muita pressão, e veio combinada com um fardo adicional referente às prerrogativas do cargo. Analisando como os líderes viajam, inclusive para o exterior, não há precedentes para uma mãe que amamenta e os arranjos necessários para isso. Jacinda relata:

Eu tinha plena ciência de que jamais desejaria criar qualquer tipo de situação em que as pessoas achassem que eu ter um filho custaria caro para o povo. Não queria que isso fosse um debate, porque não queria criar um ambiente difícil para qualquer outra mulher no parlamento. Então, eu sentia ter o verdadeiro dever de garantir que isso nunca acontecesse.

Conforme observado em outra parte deste livro, a Nova Zelândia é uma grande conquistadora, no *ranking* internacional, de igualdade de gênero. Também parece ter a mente aberta quanto aos arranjos familiares, sem nenhum comentário negativo sobre o fato de Jacinda e Clarke não serem casados quando Neve nasceu. Jacinda conta que *"as pessoas perguntavam por curiosidade se íamos nos casar, mas nunca por julgamento"*.

No momento de nossa entrevista, ela começou a brincar dizendo que os comentários mais incessantes sobre o assunto provinham de sua família, e, dada a quantidade de comemorações no Twitter sobre a ausência de discriminação na Nova Zelândia contra uma primeira-ministra que é mãe solteira, ela achava que decepcionaria as pessoas caso se casasse. No entanto, Jacinda deve ter decidido que o *Twitterverso* entenderia, porque Clarke a pediu em casamento e ela aceitou.

Ellen, que se casou aos 17 anos e é mãe de quatro filhos, conta uma situação muito mais difícil. Ao relatá-la a nós, ela usou efetivamente as palavras de nossa hipótese. Contou que a reação geral aos excelentes discursos que fez durante sua carreira foi positiva, mas acrescentou:

As conversas de bar eram: "Por que essa mulher não cuida dos filhos, em vez de se intrometer em coisas que não são da conta dela?".

No contexto da história de Ellen e dos obstáculos que ela enfrentou, essas palavras são bem cáusticas, porque suas realizações cobraram um preço terrível de sua família. Ela explica:

Quando meu marido, que já tinha um diploma universitário pela Universidade de Wisconsin, recebeu uma bolsa de estudos para voltar aos Estados Unidos e fazer um mestrado, vi uma oportunidade para mim. Fomos juntos para lá, e eu cursei o Madison Business College.

De acordo com nosso sistema, deixamos as crianças na Libéria. Dois com uma avó e dois com outra. Nós enfrentamos certas decisões na vida que podem fazer uma grande diferença no que acontece conosco. Quando partimos, meu filho mais novo tinha apenas 1 ano de idade. Um aninho. E a decisão foi: "Posso fazer isso?". Havia chegado a oportunidade de estudar, e ela não voltaria. No entanto, meu filho tinha apenas 1 ano de idade. Essa foi uma das coisas mais difíceis de fazer. Mas fiz porque, no final... bem, até hoje minha consciência pesa por causa disso.

Aos ouvidos das pessoas de partes do mundo mais ricas e cheias de oportunidades, isso pode parecer um sacrifício inconcebível. No entanto, para muitos milhões de mulheres, essas decisões dolorosas são inevitáveis. Ngozi também tem uma história de família, e a compartilha:

Sabe, meus pais me deixaram com minha avó na aldeia quando eu tinha 1 ano e foram para a Alemanha estudar com uma bolsa de estudos. Isso ainda incomoda minha mãe. Por isso, eu entendo.

Ellen responde:

Mas, sabe, o ruim disso é que eu parti antes de ele ser batizado; e, no batismo, nossos amigos são os padrinhos da criança. Então, ele não tem padrinhos. Bem, mais tarde as pessoas vieram, mas...

A voz dela some.

Este não é o único sacrifício familiar que a vida de Ellen lhe exigiu. Conforme descrito no Capítulo 3, abandonar o marido violento significava que três de seus quatro filhos não morariam mais com ela.

Em sua autobiografia, *This Child Will Be Great* [Esta criança será incrível], Ellen reconhece que a separação familiar tem consequências, mas escreve também sobre perdão e sucesso:

Teria sido fácil para qualquer um dos meus filhos ter caído na bebida ou nas drogas, ou se degenerado de alguma outra maneira. Mas todos se tornaram bons profissionais e homens maravilhosos na vida pessoal, e hoje somos, todos nós, muito, muito próximos. Até Adamah, que durante muitos anos — creio — achou que eu não deveria tê-lo deixado quando ele tinha só 1 ano de idade. Acho que até Adamah já me perdoou.[2]

Comparada com Ellen, Erna, da Noruega, seria a primeira a reconhecer que trilhou um caminho muito mais fácil. Ela foi muito clara sobre a importância que dá à família:

Se eu tivesse que escolher entre ter uma família e estar na política, teria deixado a política.

Claro, ela nunca enfrentou a escolha de Ellen de ficar com seus filhos à custa de perder a chance de estudar e sair da pobreza e da dependência de um homem violento. Mesmo afirmando claramente sua maior prioridade, Erna comemora que na Noruega existam sistemas de apoio que visam evitar que as pessoas sejam forçadas a escolher:

A maioria das mulheres norueguesas quer ter os dois; queremos ser mães e ter nossa carreira, e isso é dado como certo. Todos os noruegueses têm acesso a creches a preços acessíveis e longas licenças-maternidade.

A vida política é bastante flexível quando se está no parlamento. Existe muita compreensão. Se você tiver que sair de uma reunião porque precisa buscar seus filhos no jardim de infância, tudo bem. Recentemente, houve um pequeno debate sobre se isso estava certo. Algumas pessoas disseram: "E quanto aos que têm que ficar ali e fazer as coisas?". Mas essa visão foi rejeitada.

Para Erna, isso significou beneficiar-se de um intervalo das 15 às 18 horas no dia parlamentar. Nesse período, os parlamentares podiam cumprir tarefas fora da Câmara. Erna considerava esse sistema uma dádiva de Deus. E descreve:

Como mãe, esse intervalo tornou tudo mais fácil. Eu podia ir buscar meus filhos no jardim de infância, ir para casa, fazer o jantar e voltar ao trabalho às 18 horas, quando meu marido assumiria a responsabilidade.

À medida que ela foi avançando na política e sua carga profissional foi ficando mais pesada, administrar o trabalho e a vida familiar se tornou mais difícil. Erna reflete sobre esse período nos seguintes termos:

Quando me tornei ministra, muito mais quantidade do trabalho da família ficou com meu marido. Como ministra, eu tinha uma ampla gama de responsabilidades e era chamada a ir ao rádio ou à televisão quase todos os dias.

Era muito difícil planejar as coisas, de modo que meu marido disse que assumiria a responsabilidade pelo planejamento de nossos filhos e me avisaria se eu precisasse estar presente. Ele tinha um sistema que funcionava; se houvesse algo sério no trabalho dele, eu estaria em casa para cuidar da família. Mas não tínhamos que negociar todas as semanas. Tive a liberdade de me inscrever nos eventos mais importantes, e ele assumiu a responsabilidade de organizar tudo.

Erna valoriza muito a maneira como o marido dividia e, às vezes, assumia desproporcionalmente as responsabilidades familiares. Mas ela sorri ironicamente ao dizer que, mesmo na Noruega, *"há mais expectativas para as mulheres que para os homens. Meu marido recebeu prêmios como 'Homem do Ano' por apoiar tanto sua esposa, e ouvi algumas esposas dizerem: 'E o que ele faz que nós não fizemos?'. Isso é uma grande verdade. Mas a maneira como meu marido se comportou foi mais especial e surpreendente porque não é o que aconteceria em todas as famílias".*

Erna tem lembranças maravilhosas das maneiras que encontrou para estar ao lado dos filhos e prosperar na política. Ela descreve a Noruega como um país *bandy*, e com isso quer dizer que é uma nação louca pelo esporte *bandy* — uma espécie de hóquei no gelo jogado com uma bola em vez de um disco e com mais jogadores em uma área maior. Por definição, os jogos são disputados ao ar livre, no frio, com muitos equipamentos, incluindo patins. Erna recorda:

Eu estava sentada no carro enquanto meu filho treinava bandy a -10 °C. Eu estava ao telefone participando de um debate de rádio. Olhei em volta e vi que a pessoa com quem eu estava falando também estava em um carro no mesmo estacionamento. Era o pai do colega de equipe de meu filho e ministro dos Assuntos Sociais na época.

Embora Erna e o marido tenham encontrado uma maneira de fazer tudo funcionar, ela deixa claro que as mulheres precisam pensar com cuidado e discutir francamente com seus parceiros como administrarão a vida familiar. Ela observa:

Você tem que discutir e entender que, às vezes, surge uma prioridade na carreira de um parceiro. É muito difícil ter uma carreira dupla em que ambos os pais são igualmente ocupados.

Ngozi enfatiza a necessidade de uma conversa honesta. Na opinião dela, uma parte importante do enfrentamento é conversar seriamente com seu cônjuge ou parceiro, antes de ter filhos, sobre como dividirão o fardo para que a carreira dos dois seja respeitada e apoiada. Fazer isso após a chegada da criança gera estresse.

Há um provérbio africano que diz: "É preciso uma aldeia para criar uma criança". Hillary popularizou essa expressão internacionalmente ao usá-la como título de seu primeiro livro, publicado em 1996. À sua maneira, Erna descobriu a sabedoria dessas palavras:

É maravilhoso ter avós muito bons. Nossos pais moram em cidades diferentes. Para os filhos de minha irmã, minha mãe tem sido uma pessoa extremamente importante, porque eles vão para a casa dela depois da escola, e tal. Mas meu marido e eu estávamos em outro lugar, por isso tivemos que contar com vizinhos e amigos. Conhecíamos todas as possíveis babás da vizinhança e pagávamos bem para garantir que voltassem.

Curiosamente, como a Noruega dá às famílias mais opções que muitos outros países, Erna diz que há menos simpatia por aqueles que reclamam que o trabalho atrapalha a vida familiar. Ela recorda:

Eu fui ao teatro uma vez. Fui convidada a fazer o papel oficial de primeira-ministra e disse não porque só queria me divertir. O líder da oposição disse sim ao papel oficial e, ao se pronunciar, disse algo como: "Ah, claro que eu adoraria passar mais tempo com meus filhos". E alguém da plateia respondeu imediatamente: "A escolha é sua!". Acho que essa é a cultura norueguesa.

Assim como Erna, Christine também dá alguns conselhos às mulheres sobre como combinar trabalho e vida familiar:

Tive sorte porque estava na França e porque tinha dinheiro para pagar uma babá. E, quando eles eram pequenos, das 8 da manhã até eu voltar para casa, a babá ficava. Gastava mais de metade do meu salário com a babá, mas, sabe, ela era uma amiga e passou dez anos comigo.

Embora isso fizesse a logística da vida funcionar, Christine se preocupava com o que representaria para o vínculo com seus filhos. Ela compartilha esses sentimentos usando as seguintes palavras:

Meu medo era que a babá se tornasse uma mãe substituta, mas isso não se concretizou. É um mistério para mim como tudo funciona, mas sei que há um vínculo duradouro entre mim e meus filhos. Portanto, as novas mães devem reconhecer e compreender isso.

Tenho visto algumas amigas escolherem babás pouco instruídas ou pouco qualificadas por causa desse tipo de medo. Querem garantir que o relacionamento com os filhos tenha valor maior ou que a babá não supra o apego. Minha dica é escolher a melhor babá que puder, porque assim você se sentirá segura e confiará nessa pessoa, e saberá que seus filhos ficarão bem. E nunca presuma que essa pessoa vai roubar seus filhos de você.

A outra dica de Christine é mais difícil de ouvir. Ela diz que sua vida tem funcionado porque: *"Durmo pouco! Isso é importante"*.

Ciente da exposição pública e do impacto disso sobre seus filhos, ela comenta:

Consultei meus filhos antes de aceitar cargos de destaque. Eles sempre me apoiaram e têm orgulho de mim, embora tenham sofrido com isso. Um deles teve que deixar a França e terminar os estudos e a universidade nos Estados Unidos, onde era mais anônimo. E um deles ainda não quer que eu vá ao restaurante dele durante o horário de funcionamento.

Tanto Michelle quanto Joyce também estão cientes do impacto de suas escolhas sobre os filhos, confirmando que havia muitos aspectos da atenção do público que era difícil de tolerar, mesmo que seus filhos não fossem jovens quando cada uma estava no ápice de sua liderança política, servindo como presidente. Michelle concorda com Christine, que diz que, apesar de tudo, o amor familiar e a conexão sobrevivem:

Eu tentei equilibrar, e é claro que não é um equilíbrio, porque meus filhos acham que eu os deixei sozinhos demais por causa de minhas escolhas. Mas temos um bom relacionamento.

Hillary também não combinou os dias de sua liderança política como senadora, secretária de Estado e candidata à presidência com a criação dos filhos. Chelsea, sua filha, já era adulta na época em que exerceu essas funções. Mas ela se lembra de algo que resume lindamente nossa hipótese:

Quando eu era uma jovem advogada e Chelsea tinha 1 ou 2 anos, li uma coluna de conselhos muito conhecida no jornal local. A pergunta feita a esse homem que dava conselhos sobre a vida profissional era: "Recebi uma promoção. Terei minha própria sala pela primeira vez. Como devo decorá-la?". E a resposta do homem foi: "Você assinou com iniciais, de modo que não sei dizer se você é homem ou mulher. Se for homem e tiver família, encha sua sala de fotos dela, porque as pessoas vão achar que você é confiável e é um bom homem de família e, portanto, um bom funcionário. Se for mulher, não ponha fotos de sua família, porque as pessoas vão pensar que você não consegue se concentrar no trabalho". Nunca me esquecerei de ter lido isso e pensado: "Nossa, que fardo terrível de impor a uma jovem mulher que trabalha o máximo que pode e tem que ouvir que não pode ser vista como mãe e boa profissional ao mesmo tempo!".

Obviamente, essa é uma lembrança de décadas atrás, mas Hillary também compartilha uma experiência bem atual:

Outra noite, fui apoiar um novo grupo que está arrecadando dinheiro para ajudar mulheres com filhos a concorrerem a cargos políticos. Foi criado por uma mulher que tinha dois filhos pequenos e concorreu a um cargo desses. Ela viu como era difícil, e que realmente existe um preconceito contra mulheres com filhos. Sempre há a pergunta: "Por que você não está em casa com seus filhos? Por que está fazendo isso? Por que está se sujeitando a isso?".

Se houvesse uma fórmula única de gestão do trabalho e família, nós a promoveríamos para todos. Mas depende muito da situação financeira da mulher, da atitude do parceiro, de ter ou não ajuda confiável. Há muitas variáveis na maneira como as mulheres administram ter filhos e trabalhar. Mas não há dúvida de que mulheres com filhos são penalizadas, e muito disso é um viés implícito e tácito.

Tony Blair e David Cameron "deram uma de Jacinda" e acolheram um novo membro da família enquanto ocupavam o cargo de primeiro--ministro do Reino Unido. O atual primeiro-ministro, Boris Johnson, juntou-se a esse clube de pais em 29 de abril de 2020. As lembranças de Blair e as reportagens na época do nascimento da filha de Cameron registram o interesse público, inclusive a empolgação com um novo bebê na Downing Street nº 10, residência oficial do primeiro-ministro.[3] A cobertura da mídia sobre o mais novo bebê da Downing Street focou principalmente os tumultuados preparativos para o nascimento, quando Boris estava gravemente doente, com Covid-19, e sua noiva,

Carrie Symonds, também sofrera o ataque do vírus, mas de uma maneira muito mais branda.[4] Nenhum desses primeiros-ministros homens, entretanto, teve que ouvir a sugestão de que se tornar pai de novo impediria o desempenho de seus deveres oficiais. Simplesmente não existe a pressão experimentada por nossas líderes.

Esse comparativo, bem como as palavras de nossas entrevistadas, justifica nossa hipótese de que a realidade pessoal e as percepções políticas sobre o cuidado dos filhos são ainda mais tensas para as mães que lideram.

Mas e as mulheres sem filhos? Conforme detalhado no Capítulo 3, Theresa e seu marido, Philip, queriam filhos, mas não puderam tê-los. May foi publicamente franca sobre esse assunto. Por exemplo, durante a campanha de 2016 para ser selecionada pelo partido Conservador como primeira-ministra para substituir David Cameron, ela disse:

Claro, nós dois fomos afetados por isso. Você vê amigos que agora têm filhos adultos, mas aceita o que a vida lhe dá. Às vezes, as coisas que você gostaria que acontecessem não acontecem. Existem outros casais em situação semelhante.[5]

Poucos dias depois de Theresa dizer essas palavras, sua oponente remanescente para o cargo de primeira-ministra, Andrea Leadsom, que tem três filhos, foi citada em uma entrevista ao *Times*: "Eu tenho filhos que terão filhos que farão parte do que virá". E acrescentou: "Genuinamente, acho que ser mãe significa que você participa de verdade do futuro do país; é uma participação tangível".

Quando lhe foi pedido para detalhar as diferenças entre ela e Theresa, Andrea disse: "Eu me vejo como uma pessoa otimista, como membro de uma grande família, e isso é importante para mim. Meus filhos são uma grande parte de minha vida".[6]

A reação a essa entrevista foi avassaladoramente negativa; a declaração foi vista como se a falta de filhos de Theresa estivesse sendo usada contra ela e insinuasse que ela seria uma líder menos eficaz por causa disso. Andrea inicialmente descreveu o artigo como "sensacionalista", mas depois que o *Times* divulgou o áudio e as transcrições da entrevista, ela se desculpou com Theresa.[7] Enquanto o diretor de campanha dela descrevia isso como "o establishment tentando pegar Andrea" e perguntava retoricamente: "Desde quando é crime ter orgulho de seus filhos?", líderes conservadores descreviam os comentários como "vis" e indicativos de que Andrea não tinha cacife para ser primeira-ministra. A reação nas mídias sociais foi condenatória.

Dois dias após a publicação da entrevista, Andrea desistiu de concorrer pela liderança. Ao fazer isso, deu uma declaração dizendo que isso não tinha nada a ver com a entrevista ou a reação a ela. Falou sobre a necessidade de unidade. No entanto, não pode haver dúvida de que a entrevista foi profundamente prejudicial para sua campanha.

Como Theresa vê tudo isso? Ela diz:

De vez em quando, me perguntavam sobre não ter filhos, mas na verdade, em geral, os jornalistas daqui evitaram esse assunto.

Ela comenta, com discrição, que houve *"uma espécie de reação"* aos comentários de Leadsom. Theresa fala com admiração de várias colegas que conseguiram estar na política enquanto tinham filhos pequenos, como Caroline Spelman, que foi rejeitada por 27 constituintes para a pré-eleição antes que um partido conservador local decidisse lhe dar a oportunidade de concorrer à eleição como mãe trabalhadora com três filhos pequenos.

Julia fica intrigada por Theresa achar que, no geral, foi tratada com respeito pela imprensa por não ter filhos. Na Austrália, a experiência de Julia foi diferente. Como vice-líder da oposição em 2007, ela foi repreendida por um senador conservador sênior por ser "deliberadamente estéril", e depois teve que tolerar a leitura de outras matérias como a intitulada "Comportamento estéril" no jornal *The Australian*:

"No matadouro de Junee, o gerente Heath Newton sabe o que acontece no mato com uma vaca estéril. "Quando são inférteis, são levadas ao veterinário para ser examinadas e mortas para virar hambúrguer", diz ele. Na região de Kimberley, perto de Broome, onde o senador conservador se desculpou publicamente por seus comentários, as vacas estéreis têm até um nome: de abate. É o destino de um animal que não consegue procriar."[8]

Ela também se lembra do colapso que ocorreu quando foi fotografada na cozinha de sua casa no dia em que voltou de uma viagem ao exterior. O fato de a cozinha estar limpa e não haver frutas na tigela que havia em cima da mesa foi discutido nacionalmente como um símbolo da ausência de filhos e do afastamento dela da vida cotidiana. Nenhum argumento sobre a tigela ser decorativa, cuja estampa só era visível se estivesse vazia, fez qualquer diferença.

Claro, houve vozes de protesto e reclamação sobre esses momentos. Uma das lembranças favoritas de Julia é de estar em uma rua perto de sua casa quando uma mulher com os filhos no banco de trás do carro parou e gritou pela janela, brincando: "Se precisa de filhos, pode ficar com os meus". Ela não foi o único membro da comunidade que ficou horrorizado com a situação. Por fim, o senador conservador se desculpou depois que a indignação pública foi expressa em todo o país. Embora alguns comentaristas da mídia tenham declarado publicamente que acharam o furor das frutas ridículo, ele ainda foi citado na lista de explicações para a queda de Julia como primeira-ministra em um dos principais sites de notícias da Austrália. O fato de a foto ter sido tirada mais de oito anos antes de ela terminar seu mandato de primeira-ministra não permitiu atrapalhar uma história boba.[9]

Sem dúvida, parece que a reação à falta de filhos de Julia foi mais amarga que a que Theresa enfrentou. Isso seria uma diferença cultural entre o Reino Unido e a Austrália? É possível. Mas outra explicação provável pode ser que uma mulher que quer filhos, mas não pode tê-los provoque uma reação respeitosa, mas uma que simplesmente escolheu não ter filhos, não. Por ser visto como ofensivo aos estereótipos femininos, haveria algo maior que o fato de não ser mãe por escolha?

Como o mundo veria um líder homem que optou por não ter filhos? Talvez com interesse, mas certamente não parece ser uma característica dominante na cobertura jornalística de líderes como o presidente Emmanuel Macron, da França, ou o primeiro-ministro Mark Rutte, da Holanda, ou o primeiro-ministro Stefan Löfven, da Suécia, ou o ex-primeiro-ministro Paolo Gentiloni, da Itália.

Neste estágio, no estudo de caso de uma mulher, Julia, não estamos preparadas para dizer que esta parte da hipótese tenha sido comprovada ou refutada. Mas, dado o aumento na proporção de mulheres que não têm filhos por opção, essa discussão deve e vai continuar.

9
Hipótese seis:
Um lugar especial no inferno – mulheres apoiam mesmo outras mulheres?

Está pensando em fazer ponto-cruz? Se sim, escolha bordar, no centro, as palavras "Há um lugar especial no inferno para mulheres que não apoiam outras mulheres". Julia, conhecida por tricotar, é fã da subversão feminista do artesanato tradicional e aplaudirá seus esforços.

Esse aforismo de fogo e enxofre é mais frequentemente atribuído à primeira mulher secretária de Estado dos Estados Unidos, Madeleine Albright. Além de ser bordado em ponto-cruz, apareceu em xícaras de café da Starbucks, camisetas e adesivos para carros.

Neste capítulo, perguntamos a nós mesmas, caso Madeleine esteja certa, se esse lugar especial no inferno é muito lotado. As mulheres realmente apoiam outras mulheres ou existe a tendência a competir em vez de unificar?

Se você está sacudindo a cabeça neste momento dizendo que não vai dar, porque uma hipótese tem que ser uma afirmação definitiva, não uma escolha entre uma e outra, por favor, deixe este livro de lado por um momento e faça uma reverência. Quando começamos a discutir o que queríamos examinar neste capítulo, nosso objetivo era afirmar com ousadia a proposição de que as mulheres apoiam as mulheres, porém nos encontramos dando exemplos de ocasiões em que isso não acontecia. Daí o equívoco. Mas, abaixo, detalhamos uma firme hipótese de duas partes para testar.

Em nossa defesa, reconhecendo que a solidariedade feminina tem complexidades, sentimo-nos em boa companhia, dado que a própria maravilhosa e icônica Madeleine passou por dificuldades. Em fevereiro de

2016, ela citou o ditado em um discurso pedindo apoio a Hillary Clinton contra Bernie Sanders, e foi brevemente submetida à reação de pessoas que achavam que ela estava preparada para condenar as mulheres, a menos que sempre votassem nas mulheres só por questão de gênero. Em um artigo de opinião alguns dias depois, Madeleine se desculpou por gerar esse mal-entendido, dizendo que havia usado inadvertidamente uma de suas frases favoritas na hora errada e no contexto errado.[1]

Ninguém está dizendo que, sejam quais forem as circunstâncias, as mulheres sempre têm que votar em outras mulheres, trabalhar com elas ou lhes oferecer fidelidade acrítica. Haverá eleições em que o partido político que melhor representa seus valores não é aquele liderado por uma mulher. Ou em que o melhor candidato para o cargo é um homem. Ou ocasiões em que uma mulher líder cometeu um erro que precisa ser apontado e corrigido. No entanto, existe uma forma de solidariedade entre as mulheres que é importante.

Para explicar esse fenômeno, fomos atraídas pelas sábias palavras da incrível atleta de elite norte-americana Abby Wambach, que ganhou duas vezes a medalha de ouro nos Jogos Olímpicos e é a jogadora de futebol profissional com maior pontuação — tanto no futebol masculino quanto no feminino — de todos os tempos. Em um discurso de formatura muito comentado que ela fez para alunas do Barnard College, uma universidade exclusivamente feminina em Nova York, Abby disse: "Em cada jogo existem alguns momentos mágicos em que a bola atinge o fundo da rede e um gol é marcado. O que acontece a seguir no campo é o que transforma um grupo de mulheres individuais em um time. Companheiras de time do campo todo correm em direção à artilheira. Parece que a estamos celebrando, mas o que realmente celebramos é cada jogadora, cada treinadora, cada treino, cada corrida, cada dúvida e cada falha que esse único gol representa.

Você nem sempre será a artilheira. E, quando não for, é melhor que esteja correndo em direção a ela.

As mulheres devem defender umas às outras. Isso pode ser difícil para nós. Fomos colocadas umas contra as outras desde o início dos tempos por pensarmos que havia um único lugar à mesa. A escassez foi plantada dentro de nós e entre nós. Essa escassez não é nossa culpa, mas é problema nosso."[2]

Contemplar essas poderosas palavras nos fez perguntar quantas vezes sucumbimos, ainda que fugazmente, a uma inveja mesquinha quando uma mulher rompe uma barreira ou é celebrada. Embora defendamos a causa de todas as mulheres, quanto à conquista de uma mulher em particular, às vezes temos a sensação de que ela, como indivíduo, não a merece. Nas palavras de Abby, embora possamos tê-la celebrado e aplaudido, no fundo do coração, não estávamos "correndo em direção a ela" de verdade.

Esse monólogo interno invejoso tem mesmo importância? Muitos diriam que o que conta não são nossos sentimentos, e sim nossas ações e o impacto coletivo; que as medidas das conquistas feministas podem ser encontradas no mundo real e em números concretos: mais meninas frequentando a escola, queda nas taxas de mortalidade materna, mulheres podendo escolher se e quando ter filhos, queda nas taxas de violência sexual, mais mulheres liderando comunidades, negócios e nações, e assim por diante.

Ngozi e Julia são pessoas práticas e passam muito tempo estudando esses tipos de estatística e tentando descobrir maneiras mais rápidas e eficazes de alcançar o desenvolvimento sustentável e a igualdade para as mulheres. Ainda assim, descobrimos que, neste caso, o velho slogan feminista "O lado pessoal é político" ainda é instrutivo.

Uma vertente da segunda onda de feminismo, que passou por grande parte do mundo nas décadas de 1960 e 1970, foi de mulheres se reunindo em grupos de conscientização para analisar o sentido de que temos que competir contra outras mulheres para ser a mais bonita, a mais bem-vestida ou a que mais atrai a atenção masculina. Essa guerra ainda não foi vencida, e novos campos de competição se abriram. Cotas, metas e pressão da comunidade criaram uma onda de mudanças positivas em torno da obtenção de cadeiras para mulheres em conselhos de administração, vagas em bancadas judiciais e cargos ministeriais no governo.

Claro, toda essa campanha visa à igualdade de representação. Mas a mecânica das cotas formais costuma ser o estabelecimento de uma meta de menos de 50% para depois atingi-la colocando mulheres contra mulheres nos locais designados. Pense em quantos partidos políticos progressistas adotaram cotas como um terço ou 40% das cadeiras parlamentares e, a seguir, usaram esquemas como listas restritas de mulheres para selecionar candidatas e oferecer o número "certo" de mulheres.

Mesmo quando nenhuma meta formal é definida, as pesquisas nos dizem que uma referência informal se torna persuasiva. O termo "two-kenismo" foi criado em um estudo para explicar o significativo apoio a haver duas mulheres nos conselhos de empresas do índice de mercado S&P 1500.[3] Basicamente, havia uma norma aceita que dizia que, se um conselho tivesse apenas uma mulher, corria o risco de ser ridicularizado publicamente por *tokenismo**. A estratégia segura aceita foi, portanto, nomear duas mulheres. O estudo passou a mostrar que há uma clara predisposição, ao fazer novas nomeações, a não selecionar outra mulher se o número da norma social já houver sido atingido. Isso significa que, efetivamente, há uma pista masculina e uma pista feminina — mais estreita — na corrida para a nomeação, e as mulheres realmente competem entre si.

Agora, nada disso significa que o ativismo, incluindo a defesa de cotas para colocar mais mulheres em cargos de poder, seja mal interpretado. Sem essa pressão, veríamos ainda menos mudanças. Mas essas evidências reforçam a necessidade de que nossa defesa se concentre em alcançar nada menos que a metade, e de uma competição genuinamente justa entre mulheres e homens.

Isso também destaca como é certa a análise de Abby sobre a política de escassez. Lutar contra outras mulheres por um número limitado de cadeiras à mesa afeta nossa solidariedade e desvia nossa atenção da tarefa mais profunda de mudar completamente as regras do jogo fraudulento que atualmente garante que os homens tenham uma participação desproporcional.

Até a maneira como falamos sobre o que tentamos alcançar importa. Um estudo da Universidade de Newcastle, Austrália, avaliou quão dispostos mulheres e homens estavam a realizar ações coletivas depois de ouvir duas mensagens bem diferentes.[4] A primeira mensagem afirmava: "Embora a desigualdade de gênero continue sendo uma questão social e econômica significativa, as mulheres que ocupam cargos na alta administração mostram que é possível subir na escada da liderança trabalhando duro, 'apoiando-se' e fazendo sacrifícios. Essas mulheres demonstram

---

* Tokenismo é a prática de contratar ou inserir em um ambiente uma pessoa de alguma minoria social apenas de forma simbólica e superficial para fazer parecer que há inclusão. (N.E.)

que todos os indivíduos podem ter sucesso no local de trabalho, independentemente de seu gênero, desde que estejam preparados para investir o tempo, a energia e o esforço significativos necessários para esse avanço. De fato, no mundo dos negócios, aqueles que se dedicam e fazem sacrifícios ao longo do caminho colhem as recompensas, porque os negócios, e a sociedade em geral, sempre recompensaram o trabalho árduo."

A outra mensagem declarava:

"Embora a desigualdade de gênero continue sendo uma questão social e econômica significativa, agora importa tanto para homens quanto para mulheres. No entanto, nosso relatório mostra que o progresso rumo a esse objetivo comum estagnou, por isso é importante que ambas as partes estejam engajadas e comprometidas em lidar com essa questão juntas. Reconhecidamente, embora não haja uma solução mágica, sabemos que homens e rapazes trabalhando com mulheres e garotas para promover a igualdade de gênero contribuem para alcançar uma série de resultados na saúde e no desenvolvimento, não só dentro do mundo dos negócios."

Os resultados mostraram que, embora a estrutura da mensagem não tenha feito diferença para os homens, fez uma diferença significativa para as mulheres, que estavam mais propensas a querer trabalhar com outras pessoas para criar mudanças depois de ouvir o discurso mais inclusivo e menos individualista.

Essa pesquisa enfatiza que todo esforço para aproximar as mulheres importa. As palavras erradas corroem nossa capacidade de ação coletiva. Cada descoberta é mais que uma conquista individual e deve ser vista como tal. Não celebrar sinceramente as vitórias de outras mulheres também afeta nossa sensação compartilhada de vitória e entusiasmo para fazer o próximo avanço. E, convenhamos, nada dá mais ânimo àqueles que querem bloquear o progresso de gênero que o espectro de mulheres brigando entre si.

O que as pesquisas dizem sobre se as mulheres apoiam as mulheres? Aqui as descobertas podem surpreender, dado o estereótipo comum de que a mulher que se destaca se revela tanto em sua condição de única realizadora que não ajuda a outras. Essa imagem está conosco desde 1973, quando o termo "abelha-rainha" foi usado para descrever uma mulher em uma posição de autoridade em um ambiente dominado por homens — por exemplo, sendo a única executiva em uma empresa — que trata mal as outras mulheres e não quer que nenhuma delas atinja seu nível.[5] As abelhas-rainhas são um fato ou apenas outra manifestação do estereótipo "ela é meio megera" que discutimos no Capítulo 7?

O estudo australiano que citamos acima examinou diretamente essa questão e mostra que são as normas do grupo que impedem as mulheres, não o comportamento das que chegaram ao topo. Outras evidências sobre essa questão vêm de um estudo da alta administração da S&P 1500 sobre oposição às nomeações para o conselho.[6] Esse estudo descobriu que, quando uma mulher chegava à alta administração, era 51% menos provável que uma segunda mulher também chegasse. A esta altura, você pode muito bem estar pensando que essa evidência apoia a teoria da abelha-rainha — que as mulheres que alcançaram o sucesso na carreira não gostam de estar cercadas por concorrentes do sexo feminino. Mas o estudo também descobriu que o bloqueio no caminho da segunda mulher não era a conduta da primeira, e sim a aceitação geral da visão de que ter uma mulher já era suficiente. A defesa da diversidade de gênero e outras formas de diversidade na alta administração agora é comum, mas em geral, essa campanha começou depois dos esforços de colocar mulheres nos conselhos. Isso pode ajudar a explicar o número-alvo mais baixo, que nem chega a atingir o "twokenismo".

De maneira encorajadora, o estudo mostra que, quando uma mulher é nomeada CEO, as chances de outras mulheres atingirem patamares altos aumentam. Pesquisas posteriores mostraram que o aumento do número de mulheres nos conselhos de empresas leva as companhias a nomearem mais mulheres como gestoras.[7]

Existem também algumas evidências políticas de que as mulheres líderes têm um efeito positivo no estabelecimento de um melhor equilíbrio de gênero nos ministérios. Um estudo de 2013 sobre o impacto das presidentes na América Latina descobriu que elas nomearam um número maior de mulheres como ministras em comparação com governos anteriores liderados por homens, mas só nas sociedades que em geral tivessem melhores atitudes em relação à igualdade de gênero. Ou, em outras palavras, se uma nação tinha em seu histórico raramente ter mulheres ministras, o avanço de eleger uma mulher como presidente não fez diferença.[8]

Um estudo europeu posterior em países onde mulheres serviram como primeiras-ministras ou lideraram o maior partido em uma coalizão governamental mostrou que a liderança feminina significava que o número de mulheres ministras retrocedia.[9] Mas mais luz foi dada por uma pesquisa lançada em 2019, que analisou os dados em âmbito partidário, visto que um líder em um governo de coalizão tem a influência mais direta na nomeação de ministros de seu próprio grupo político.[10] A conclusão dessa análise foi que as mulheres líderes fazem uma diferença positiva no número de mulheres nomeadas como ministras.

Isso significa que podemos nos congratular coletivamente, mas seria ir longe demais concluir que superamos, em nosso coração e nossa mente, as emoções e os comportamentos que surgem quando as mulheres são forçadas a competir por posições limitadas.

Obviamente, o nível de liderança que estamos examinando neste livro diz respeito a posições únicas. Existe apenas um presidente ou um primeiro-ministro por vez, e a política é uma arena competitiva. Inevitavelmente, em época de eleição, haverá vencedores e perdedores. Isso significa que, ao desenvolver nossa hipótese específica para este capítulo, tivemos que pegar o conceito de mulheres apoiando mulheres e ver como isso funciona para uma posição única.

A primeira vertente de nossa hipótese é que, *no caminho para o poder, nossas líderes em geral se sentiram apoiadas por mulheres, mas quanto mais alto subiam, mais viam a animosidade que a política de escassez pode gerar.*

A segunda vertente trata de modelos, mentores ou padrinhos. Em muitas discussões, esses termos seriam usados alternadamente, mas aqui queremos dizer coisas diferentes com eles. Um modelo pode ser qualquer pessoa admirada, cujos traços de caráter e realizações sejam admirados, incluindo figuras históricas ou gente do cenário mundial. Bilhões de pessoas de todos os gêneros e raças citariam Nelson Mandela como um exemplo cuja história de vida lhes ensinou lições sobre força e perdão. No entanto, os modelos também são encontrados mais perto de casa, e muitas pessoas tendem a procurar alguém em seu círculo de contatos que provavelmente tenha enfrentado desafios semelhantes aos delas.

Mentoria é uma relação pessoal entre alguém mais experiente, geralmente mais velho, e alguém menos experiente, geralmente mais jovem. O exemplo-padrão seria um gestor sênior orientando um funcionário mais jovem considerado talentoso e um potencial líder no futuro. As conversas entre um mentor e seu pupilo tendem a incluir conselhos, encorajamento e apoio pessoal.

Esse relacionamento não é uma via de mão única. Muitos mentores falam sobre quanto ganham com a exposição a novas ideias e perspectivas, bem como sobre o prazer de ajudar alguém. De fato, em algumas empresas, agora é cada vez mais comum estabelecer acordos de "mentoria reversa", em que um gestor sênior é o pupilo de um funcionário júnior a fim de ter uma ideia de como é ver o mundo através dos olhos deste.

Curiosamente, a literatura sobre o impacto da mentoria mostra que, embora as mulheres geralmente sintam que conseguem algo com esse tipo de relacionamento, ele não faz diferença nos resultados da carreira da pupila.[11]

A relação de apadrinhamento é diferente. Pode ou não incluir todos os elementos associados à mentoria, mas ser um padrinho exige preparação para utilizar suas redes de poder e reputação a serviço de outra pessoa. Em momentos críticos, isso significa ir à batalha por essa pessoa e lutar muito para que ela obtenha uma oportunidade ou promoção. O risco para o padrinho é que refletirá em sua imagem se ele emprestar sua "marca" a um indivíduo que não tenha um bom desempenho. Ninguém agradecerá se você recomendar uma pessoa para um emprego e ela não tiver bom desempenho. Mas, de acordo com a regra geral da vida que diz que quanto maior o risco, maior a recompensa, a literatura mostra que o apadrinhamento é mais eficaz para mudar resultados de carreira.[12]

Na política, o exemplo, a mentoria e o apadrinhamento são importantes. Toda mulher líder ouve muitas histórias sobre garotas e mulheres jovens que acompanharam sua carreira e isso despertou nelas interesse, engajamento e aspirações políticas. Muitos políticos jovens ou potenciais procuram orientação formal ou informal de alguém mais velho. Além disso, no mundo competitivo da política, ter pessoas preparadas colocando-se na linha de frente para dar suporte é uma parte fundamental do sistema.

Para nossas líderes, e de maneira mais geral considerando que a liderança política ainda é predominantemente reservada aos homens, é inevitável que homens estejam entre os modelos, mentores e padrinhos. Mas, na segunda etapa de nossa hipótese, queríamos testar a proposição de que *o modelo, a mentoria e o apadrinhamento femininos tinham cada vez menos relevância à medida que nossas mulheres subiam na hierarquia.* Pensamos que isso devia ser verdade porque, considerando o pequeno número de mulheres que vieram antes, é menos provável que houvesse disponível uma mentora ou madrinha com experiência direta ou grande influência política.

Ao testar nossa hipótese, primeiro procuramos descobrir como nossas líderes experienciaram ou não ter modelos, mentorias ou apadrinhamentos durante suas carreiras. Tendo investigado as primeiras influências no Capítulo 4, não detalharemos aqui os modelos da família ou da escola. Também perguntamos diretamente se nossas líderes poderiam refletir sobre o papel comparativo que homens e mulheres desempenhavam no apoio a elas. Cada uma foi convidada a descrever se as mulheres eram geralmente mais favoráveis e se as redes de empoderamento das mulheres existiam e ajudavam.

Theresa explica que ela nunca teve um modelo ou um mentor. Ela diz: *Não é assim que eu trabalho. Houve pessoas que, de vez em quando, me ajudaram um pouco, mas não um mentor. Não houve alguém que eu admirava e pensava: "Quero conversar com essa pessoa e descobrir como ela fez isso".*

Christine descreve claramente como mentora a mulher que dirigia a filial de Paris do escritório de advocacia onde ela começou sua carreira. Ela também elogia muito as pessoas que trabalharam para ela, incluindo muitas mulheres, e o apoio que deram. Mas, além dessa líder da área do direito, mentoria e apadrinhamento não tiveram lugar em sua carreira.

Erna é um tanto cética quanto à maneira como muitos modelos e mentorias são apresentados às mulheres. Ela conta: *Acho que deveríamos aprender com pessoas diferentes. Não acho que haja uma única pessoa que devemos seguir como exemplo, ou que podemos aprender só com a sabedoria de uma pessoa. Podemos aprender um pouco aqui e um pouco ali. Podemos admirar as habilidades de alguém em uma área, mas não em todas. E podemos aprender com isso.*

É claro que é bom encontrar alguém que conheça nosso negócio, conheça a política e possa tentar nos orientar. Mas não devemos usá-lo como mentor, e sim tomar seus conselhos como uma contribuição.

No entanto, conforme descrito no Capítulo 3, ela se beneficiou enormemente com o apadrinhamento de uma mulher, especificamente aquela que pressionou para que ela fosse selecionada para uma cadeira parlamentar por seu partido político. Além disso, ver uma jovem mulher conservadora na televisão quando Erna era adolescente, a ajudou a imaginar uma vida na política.

Jacinda também se beneficiou do apoio pré-eleitoral — no caso dela, de um homem, Grant Robertson, que se retirou da disputa para permitir que ela fosse selecionada para uma cadeira e ingressasse no parlamento. Antes, sua tia facilitou um contato que deu início à campanha de Jacinda, o que lhe permitiu ser notada pelo Partido Trabalhista da Nova Zelândia.

Ao contrário de Erna, para Jacinda, mentoria foi algo que ela valorizou e buscou desde o início da carreira. Ela se lembra de quando estava tomando a decisão de se candidatar ou não ao parlamento:

Peguei um trem para me encontrar com uma pessoa chamada Marian Hobbs. Ela era ex-parlamentar e ministra, e a pessoa que eu procurava para pedir conselhos.

Jacinda disse que ela e Marian agora riem do conselho da mentora: *"Não entre no parlamento solteira, senão vai continuar solteira".*

Obviamente, esse conselho foi dado por amor e preocupação, mas felizmente não foi ouvido por Jacinda.

Michelle tinha padrinhos, pois os poderosos de seu partido político, os "Barões", ofereceram apoio para que ela se tornasse candidata a presidente. Ela também aponta a importância dos modelos políticos homens em sua vida, dizendo:

Decidi entrar para o movimento da Juventude Socialista porque ouvi seus representantes falarem, em uma assembleia na universidade, sobre diferentes questões. Pensei comigo mesma: "Gosto como esses caras articulam suas ideias e gosto de suas propostas".

Então, fui até dois deles e disse: "Meu nome é Michelle Bachelet e quero pertencer à sua organização juvenil". E eles olharam para mim e perguntaram: "Tem certeza?". Foi muito difícil fazê-los acreditar em mim, mas consegui entrar.

Hillary descreve como se beneficiou da mentoria de homens e mulheres nas seguintes palavras:

Meu mentor mais importante na faculdade foi um professor que foi extremamente útil. Mas, na época da faculdade de direito, foi uma mulher quem me impressionou muito. Foi Marian Wright Edelman, que me deu um emprego de verão no Children's Defense Fund [Fundo de Defesa às Crianças], e se tornou um modelo para mim. Foi uma mistura, e posso ver os indivíduos em diferentes momentos de minha vida e pensar no papel que cada um desempenhou.

Ellen não aponta nenhum modelo fora de sua família, mas fala de modo comovente sobre o impacto do apoio das mulheres a ela em momentos cruciais. Na história de sua vida, destacaram-se repetidamente os riscos que sua irmã, Jennie, e sua amiga, Clave, correram para apoiá-la. Como a vida de Ellen foi um mosaico de períodos de exílio e prisão, as mulheres que escolheram ficar ao lado dela correram o risco de compartilhar esse destino.

Mais amplamente, ela explica que as mulheres da Libéria fizeram campanha para que ela fosse libertada quando enfrentava dez anos de trabalhos forçados. Mais de 10 mil mulheres assinaram uma petição especificando que estavam preparadas para uma manifestação para garantir a libertação dela. Ela também descreve o papel especial que as mulheres desempenharam quando concorreu à presidência:

Todas as mulheres se reuniram em torno de mim e disseram: "Desta vez, podemos vencer, e podemos vencer com Ellen".

Ela conta que, como presidente, retribuiu essa confiança priorizando a educação feminina e melhores condições para as mulheres rurais. Fala com orgulho do Sirleaf Market Women's Fund [Fundo Sirleaf de Investimento em Mulheres], que foi estabelecido pelas mulheres cujas barracas mantinham o fluxo de alimentos e suprimentos, apesar das enormes dificuldades durante a guerra civil. O governo de Ellen orgulhosamente fez parceria com essa organização, que existe até hoje.

Mas Ellen expressa decepção por encontrar, no mundo real, um número limitado de mulheres consideradas suficientemente boas para servir como modelo. Ela diz:

Indiquei mulheres para cargos estratégicos em meu governo e ajudei a aumentar a liderança feminina local; mais mulheres servindo como prefeitas e chefes supremas. Mas é preciso desistir de algumas batalhas, e uma delas, para mim, foi contra os homens acerca do número de mulheres no parlamento. A posição deles era: "Você é presidente, tem todo o poder como presidente. Isso tem que ser suficiente para vocês, mulheres".

Joyce também obteve o apoio popular de mulheres, pois a comunidade se reunia em torno dela. Ao descrever seu caminho para o poder, ela explica que tanto homens quanto mulheres usavam camisetas com as palavras "Amigos de Joyce Banda" para demonstrar seu apoio quando ela foi pressionada a renunciar ao cargo de vice-presidente. Além disso, enfatiza que, durante o período de 72 horas em que não estava claro se ela se tornaria presidente, *"homens e mulheres comuns vieram de todos os lugares do Malaui para exigir que eu prestasse o juramento".*

Assim como Ellen, como presidente, Joyce nomeou mulheres para funções importantes. Sua crença é que:

Essas mulheres, como eu, queriam provar que podiam fazer melhor. Uma verdade é que as mulheres se empenham mais porque não querem decepcionar outras mulheres e tampouco querem parecer fracas.

Mas ela conta com tristeza que também foi prejudicada por mulheres:

Fiquei chocada porque descobri que os homens não têm problema com trabalhar comigo e me respeitar. Não me lembro de um cenário em que achasse que um homem estava me prejudicando, mas isso acontecia com as mulheres. Um exemplo típico é quando eu fiz meu discurso mais famoso, no funeral de Nelson Mandela, que todos dizem que foi o meu melhor discurso de todos os tempos.

Na sexta-feira, um dia antes do casamento de minha filha, os sul-africanos ligaram e disseram: "Você tem que vir falar". Fiquei honrada, mas expliquei que não poderia perder esse importante evento familiar.

Ficou combinado que mandariam um avião para mim na noite do casamento de minha filha para que eu chegasse à África do Sul na manhã seguinte. No avião, rascunhei o discurso. Todo mundo elogiou esse discurso, exceto duas mulheres no Malaui, que escreveram nos jornais que foi um discurso terrível.

Acho que, com as mulheres, às vezes há uma sensação de: "Por que você e não eu?". Nunca consegui entender se isso é motivado por inveja ou despeito. Ainda não entendo, mas é algo que me dói muito.

Ngozi se identificou com isso. Ela notou o apoio ativo de muitas mulheres ao longo de sua carreira, com destaque para três que a ajudaram em períodos críticos. Mas ficou igualmente surpresa com o enfraquecimento e os ataques diretos de outras mulheres, especialmente algumas cuja carreira ela ajudara. Ela diz: *"Pessoas me falaram em algum momento que essas mulheres pensavam 'Por que ela está lá e eu não? O que há de tão especial nela?'. Então, elas me atacavam".* Na verdade, os homens foram mais importantes na carreira dela do que as mulheres. Em alguns momentos, quando ela concorria a cargos importantes, os homens pareciam mais à vontade para falar bem dela do que as mulheres, mesmo as que tinham cargos importantes.

Para Joyce, essa falta de apoio de mulheres profissionais continuou em sua vida política pós-presidencial. Ela relata:

São meus amigos homens que me ligam e perguntam como estou. Algumas mulheres também, mas se eu for contar, talvez sejam três mulheres para sete homens. Mesmo quando o atual presidente me ameaçou de prisão se eu voltasse ao Malaui, fui mais apoiada por homens locais que por mulheres. Globalmente, as mulheres se mobilizaram para me apoiar e dizer basta. Elas queriam que dez mulheres malauianas assinassem a petição delas. Mas conseguiram dez homens. Por fim, encontraram as mulheres, mas eram jovens que me viam como um exemplo. Minhas colegas, a quem eu realmente ajudei e promovi, recusaram-se a se envolver. Em minha jornada também aprendi que, às vezes, são homens contra mulheres por meio de outras mulheres.

Acho que o medo tem participação em tudo isso; se elas arriscassem o pescoço por mim, achavam que perderiam o emprego. Estou falando de mulheres profissionais que coloquei em seus cargos. As mulheres comuns me apoiaram imensamente e, mesmo durante esses tempos difíceis, reuniram-se para me esperar em minha volta para casa. Fui recebida como uma heroína. Milhares de homens e mulheres comuns me receberam no aeroporto.

As experiências de falta de apoio de mulheres detalhadas por nossas outras líderes não são nem de longe tão dramáticas.

Tanto Michelle quanto Theresa falaram de mulheres jornalistas que as tratavam de maneira diferente em comparação com líderes homens.

Theresa conta:

Sempre ouvi jornalistas mulheres dizerem: "Precisamos de mais mulheres na política". Mas elas quase precisam provar seu valor quando estão falando sobre mulheres, e são mais duras com elas do que com os homens. É bem interessante. Seria de esperar que houvesse uma espécie de irmandade "queremos promover as mulheres na política", mas não há nada disso.

Sobre sua primeira candidatura à presidência, Michelle recorda:

Uma jornalista me perguntou como eu daria conta de tudo sem um marido. Em resposta, perguntei a ela: "Você teria feito uma pergunta como essa a um candidato do gênero masculino?". Então, ela imediatamente percebeu o que havia feito. Mas foi muito estranho que, sendo mulher, ela pensasse, de uma maneira tão machista, que eu não aguentaria ser presidente se não tivesse um ombro para chorar em casa.

Mas Michelle também se lembra de mulheres se apoiando mutuamente:

Quando eu era ministra, éramos cinco mulheres e íamos jantar juntas. Quando uma de nós estava passando por um momento ruim, ligávamos e dizíamos: "Como posso ajudá-la?". Havia muita solidariedade e conexão entre as mulheres.

Também acho que todas eram profissionais muito boas. Elas fizeram seu trabalho o melhor que puderam e, é claro, muitas incluíram a perspectiva de gênero em todas as suas políticas. Foi igual durante minha época de presidente.

Com essas palavras, Michelle relembra a relação que existia entre mulheres do mesmo lado da política servindo na mesma administração. Já Hillary reflete sobre como o partidarismo político pode mudar as coisas:

Não tive problemas com outras mulheres até que virei política. Quando eu defendia melhorias na educação, mais acesso a assistência médica e todas as outras questões em que trabalhei antes de entrar na vida pública, estava praticamente cercada por pessoas que pensavam da mesma forma. Mas quando cheguei mais perto do topo, ou mesmo antes, quando Bill era presidente e eu primeira-dama, comecei a gerar oposição e hostilidade de mulheres amplamente divididas em linhas partidárias. Sabe, é algo muito complicado, porque nunca soube se elas se opunham a mim simplesmente porque sou mulher, ou porque sou franca e não me encaixo na definição delas do que uma mulher deve ser e como deve se comportar, ou porque sou do Partido Democrata.

Christine segue um caminho intermediário para decidir se as mulheres a ajudaram ou a bloquearam. Diz:

Acho que não tive obstáculos ou barreiras de outras mulheres, mas também não recebi um apoio especial. Com certeza, não foram muitas as mulheres que me apoiaram, mas não as culpo, porque também tinham muito a provar profissionalmente, além de criar os filhos, ter vida conjugal e cuidar de muitas outras pessoas que geralmente dependem das mulheres. Isso é muito pesado. Quando chega a hora, muitas delas nem têm tempo para apoiar seus amigos. Então, não diria que me senti bloqueada, mas atrasada, às vezes, por falta de apoio feminino.

Christine entende muito bem essas pressões e conta que também tem restrições de tempo:

Sabe, frequentemente recebo longas cartas de mulheres perguntando se posso ser mentora delas. E tenho que dizer a elas que sinto muitíssimo, mas não posso. Fico feliz por lhes dar meia hora de meu tempo, e sugiro que o melhor momento para isso é quando estiverem em uma situação crítica e precisarem mesmo de ajuda. Mas eu não teria tempo para acompanhá-las e orientá-las como mentora. Tento aceitar palestras em que posso falar para um grande grupo, contudo, para essas relações individuais, sinto muito, mas não tenho tempo agora. Farei isso quando me aposentar.

Com essas palavras, Christine aponta um problema que muitas mulheres importantes vivem. Julia se lembra das dezenas e dezenas de vezes em que jovens correram até ela em um evento público e lhe pediram para ser sua mentora. Ngozi pode dizer o mesmo, e no caso dela é ainda mais incisivo, porque as mulheres negras têm ainda mais dificuldade para encontrar modelos e mentoras. Julia e Ngozi, assim como Christine, não têm tempo e se sentem culpadas por dizer *não* a uma mentoria completa, mas compartilham o máximo que podem. Na verdade, este livro é um esforço para dividir percepções com o maior número possível de mulheres e homens solidários.

O trabalho de Julia no Global Institute for Women's Leadership é desmantelar as grandes barreiras, mas também permite que ela alcance milhares de mulheres ao falar em eventos e analisar as histórias pessoais de grandes exemplos femininos em seu podcast, *A Podcast of One's Own.* Por meio da Global Partnership for Education e da Campaign for Female Education (CAMFED), Julia tenta contribuir para melhorar a educação e as chances de vida de algumas das meninas mais pobres do mundo. Em seu trabalho em conselhos de empresas privadas, sempre tenta introduzir análise de gênero e pressionar por mudanças. Mas nada disso alivia o desconforto de ter que dizer *não* aos pedidos de mentoria.

Ngozi tem uma história semelhante. Em praticamente todo trabalho que realiza, tenta descobrir como incluir meninas e mulheres, especialmente encontrando maneiras práticas de melhorar a vida delas. Ela é muito ativa em questões de gênero e pressionou pela inclusão de meninas e mulheres em programas e análises do Banco Mundial durante sua permanência lá. Ela fechou parcerias com organizações como a Fundação Nike e seu programa Girl Effect, e trabalhou no Conselho Consultivo de Gênero do Banco Mundial durante anos. Quando havia muito poucas mulheres africanas no Banco Mundial, na década de 1980, fundou um grupo de apoio de pares com mais quatro mulheres africanas. O grupo ainda existe, 36 anos depois, com mais de 200 membros em 2020.

Como ministra das Finanças na Nigéria, Ngozi introduziu o orçamento baseado em gênero para fortalecer o empoderamento econômico e os serviços agrícolas, de saúde e tecnologia para meninas e mulheres. Com sua equipe, iniciou o programa Youth Enterprise With Innovation (YOUWIN; a sigla forma a frase *"you win"*, ou seja, "você ganha"), que apoiou milhares de mulheres empresárias na Nigéria. Em seu trabalho atual na Gavi, Ngozi põe muito foco em garantir acesso igual às meninas a vacinas que salvam vidas. A principal delas é a vacina contra o HPV, que previne o câncer cervical, uma das principais causas de morte entre as mulheres. Ngozi dá mentoria a até dez jovens, mulheres e homens, de uma vez, mas ainda vê seus esforços como inadequados em vista da enorme demanda. Como tudo o mais que as mulheres enfrentam, esse continua sendo um ato de equilíbrio.

Christine nos transmite uma experiência sobre modelos e o que ela aprendeu com isso. Recorda:

Eu estava sendo entrevistada, quando era uma jovem advogada, para trabalhar em um escritório de advocacia, e a única sócia mulher lá me disse: "Você só virará sócia se passar pelo inferno que eu passei". E pensei comigo mesma: "Ah, ótimo; vou cair fora daqui!".

Às vezes, as jovens são infelizes onde trabalham e tentam como loucas superar a penúria e perseverar, e às vezes digo a elas: "Pegue suas coisas, não fique aí! Não se sinta infeliz, terrível e abatida. Saia e experimente outra coisa em outra empresa, ou na vida. Existem algumas portas que não merecem seu esforço de empurrá-las! É inútil".

O que podemos extrair de nossa hipótese com base em todas essas experiências?

Nenhuma primeira-ministra ou presidente falou em ter um mentor durante o mandato.

É interessante que a mais jovem de nossas líderes, Jacinda, seja a única a falar sobre buscar deliberadamente mentoria política em seu caminho rumo ao poder. Intuitivamente, isso leva à conclusão de que sua geração está mais aberta aos benefícios de tais arranjos que as que a antecederam. Mas mesmo Jacinda não falou sobre alguém que tenha atuado como mentor para ela enquanto era primeira-ministra.

Em nossa hipótese, identificamos como provável restrição à mentoria ou ao apadrinhamento feminino de nossas líderes, conforme se aproximavam ou alcançavam o topo, a simples falta de mulheres com experiência de liderança para poder ser uma mentora útil, ou de interesse político para ser mentora. Tendo ouvido nossas líderes, acrescentaríamos dois outros fatores. Em primeiro lugar, a maioria de nossas líderes não achava que, depois de atingir determinado nível, a mentoria ou o apadrinhamento fosse relevante. Em segundo lugar, para fazer a engenharia reversa dos comentários de Christine, a pressão das restrições de tempo é mesmo uma barreira. Como líderes, encontrar tempo para receber ou dar mentoria parece quase impossível.

É muito grande esse problema de falta de tempo, espaço e disponibilidade? Julia recorda como foi revigorante, em uma reunião com Laura Liswood, secretária-geral do Council of Women World Leaders, ter uma perspectiva de fora sobre como ser mulher impactava sua atuação como primeira-ministra. Esse conselho, formado em 1996, é uma rede global de atuais e ex-primeiras-ministras e presidentes. A principal mensagem de Laura foi que Julia não estava sozinha. Alguns aspectos da maneira como ela estava sendo noticiada na mídia e dos ataques usados contra ela eram comuns a mulheres líderes. O que estava em jogo era um estereótipo machista. Em seu sobrecarregado diário, Julia recorda essa conversa como uma discussão analítica que foi tão reveladora, que valeu uma hora de seu tempo. Ela também se lembra de como lhe foi consolador traçar uma linha de visão de suas próprias experiências com as das outras. Embora o impacto da reunião tenha sido poderoso, Julia ainda acha difícil imaginar-se capaz de reservar horários regulares para sessões de mentoria verdadeiramente significativa.

Cada mulher líder fará escolhas diferentes, mas nosso conselho é encontrar, no mínimo, tempo suficiente para sair da rotina e obter uma nova visão sobre gênero. Pode ser difícil ver o machismo e os estereótipos quando uma líder está no meio deles. Novos olhares podem fazer diferença em apenas uma hora a cada seis meses.

Para ajudar a administrar as demandas feitas às líderes para atuar como mentoras, uma tarefa que poderia entrar em nossa lista coletiva seria ter maneiras claras de encaminhar interessados em mentoria a outras mulheres que tenham experiência em liderança e mais tempo para ajudar.

Na outra ponta de nossa hipótese, sobre a política de escassez que leva as mulheres a se olharem com desconfiança entre si, não encontramos evidências suficientes para responder com um *sim* ou um *não* definitivo. Algumas de nossas líderes têm certeza de que receberam o apoio de mulheres no início, mas que deixaram de recebê-lo quando estavam no topo.

Nossas líderes falam das mulheres como sendo suas críticas mais rigorosas, de jornalistas mulheres sendo mais duras do que seriam com um líder homem, de mulheres que sucumbiram mais que os homens ao medo de represálias ou partidarismo. No entanto, os fatores causais de tudo isso são evasivos demais para serem captados e expostos.

Estas autoras estão longe de ter certeza suficiente para pôr alguém em um lugar especial no inferno. Achamos que a melhor abordagem é todas nós pensarmos sobre a política de escassez e nossa própria conduta, passada e futura. Para cada uma de nós, vale a pena fazer a pergunta: "Houve um tempo em que mereci um lugar nas profundezas do fogo do inferno?". Se a resposta for *sim*, reforça que somos todos humanos e que podemos fazer melhor no futuro.

Vemos três maneiras de melhorar. Primeiro, as mulheres devem ter discussões mais profundas sobre o fato de que, como diz Abby Wambach, "a escassez não é nossa culpa, mas é problema nosso". Como mulheres, como resolveremos esse problema? Como todos os problemas complexos, falar abertamente sobre ele é o primeiro passo para a resolução.

Essas discussões devem ser francas e reconhecer que as mulheres nem sempre vão se gostar ou concordar entre si. É ingênuo esperar que nenhuma concorrência ou animosidade surgiria entre mulheres de lados opostos, e o fato de isso acontecer não é o problema. O problema é deixar que isso mine a capacidade de agirmos juntas nos planos feministas de mudança.

Em segundo lugar, e parece meio bobo ter que dizer isso, temos que lembrar que cada mulher no mundo é uma mistura de pontos fortes e fracos. A vacuidade da marca do feminismo que diz que "todas as mulheres são super-heroínas", propagada por algumas celebridades, influenciadores de mídia social e conferências femininas alardeadoras não nos ajuda em nenhum momento. Isso reforça a sensação de que o apoio de outras mulheres deve ser reservado para meninas de ouro perfeitas. Como os unicórnios, essas mulheres são míticas, não reais. Nosso desafio é apoiar umas às outras de maneira que abra espaço para as inevitáveis imperfeições.

Terceiro, mesmo que você não tenha a capacidade de ajudar outra mulher por causa de complexidades e tensões de sua própria vida, tenha a certeza de nunca bloquear o progresso dela. E, se puder ajudar, vá em frente.

10
Hipótese sete:
A Salem moderna

As bruxas estão por toda parte. Ou assim muitos acreditavam durante o que ficou conhecido como a febre das bruxas, dos séculos XVI e XVII.

Ao longo do tempo e das culturas, sempre houve muitas suspeitas de que alguns indivíduos tivessem conexão com o diabo, mas esse fenômeno atingiu um ápice febril na Europa por cerca de um século, quando comunidades inteiras eram atormentadas por suspeitas, julgamentos, tortura e morte. Estima-se que nas regiões da Alemanha moderna, o epicentro da febre das bruxas, 25 mil supostas bruxas foram executadas. A França matou 5 mil, a Suíça, 4 mil, os estados que hoje formam a Itália, 2.500 e a Grã-Bretanha, 1.500. Embora alguns homens fossem acusados de ser bruxos, os alvos eram desproporcionalmente mulheres. De fato, as mulheres representavam cerca de 80% dos condenados à morte.

A febre foi exportada para o Novo Mundo, como as Américas eram então conhecidas, especificamente para a cidade de Salem, em Massachusetts, que foi agitada por acusações.

Agora, os historiadores podem olhar desapaixonadamente para trás, para essa era de histeria em massa contra as bruxas, e tentar compreender as causas subjacentes, incluindo as tensões sociais decorrentes da Reforma Protestante e o que isso representou para a Igreja Católica. No entanto, analisar esse período deixa uma sensação persistente de profundo mal-estar em relação à aparente capacidade dos seres humanos de suspender a razão, praticar crueldade, usar o pânico da comunidade para acertar contas antigas e demonstrar covardia ao seguir o fluxo, em vez de correr o risco de se manifestar contra algo.

A esta altura, você deve estar se perguntando que diabos isso tem a ver com uma análise contemporânea das mulheres e da liderança. Uma resposta rápida e simplista seria que as mulheres líderes costumam ser chamadas de bruxas. Durante o primeiro mandato de Julia como primeira-ministra, houve pessoas em manifestações segurando cartazes que a descreviam como uma bruxa. Quando uma personalidade bombástica da rádio australiana pediu que ela fosse "colocada em um saco e jogada no mar", Julia disse, brincando, mas séria, que ele claramente não conseguia entender que não é possível afogar uma bruxa. Era uma referência ao "calvário da água", um teste considerado apto a identificar as bruxas durante sua caçada. Amarrada e mergulhada em um rio ou lago, uma mulher era supostamente bruxa se conseguisse flutuar. Dizia-se que as que afundavam na água eram inocentes, mas isso não serviria de nada se não fossem retiradas antes de se afogar.

Uma abordagem mais profunda da questão seria perguntar se, todos esses anos após a febre das bruxas, ainda vemos certas transgressões através do prisma do gênero, e o que isso significaria quando aplicado a mulheres líderes.

Todo líder cometerá erros. Inevitavelmente, em algum momento de sua carreira, um líder político será acusado de quebrar promessas a seus eleitores, de usar indevidamente benefícios ou direitos, de encobrir informações que os eleitores deveriam ter ou outra contravenção qualquer. Às vezes, os argumentos sobre conduta política se transformam, ou quase, em procedimentos judiciais, como audiências de impeachment ou julgamentos por corrupção.

Na verdade, não só acusações serão feitas; às vezes, os líderes em questão podem muito bem ter feito algo errado que precisa ser exposto e criticado. E isso se aplica a líderes homens e mulheres. Ninguém é perfeito, e os políticos raramente são santos.

Mas alguma dessas coisas seria exacerbada pelo viés de gênero? As mulheres pagam um preço maior quando cometem um pecado político?

Para explorar essas questões, decidimos testar uma hipótese de três partes. Primeiro, que os *líderes homens recebem mais indulgência e perdão em caso de transgressão, ao passo que as mulheres são punidas com maior severidade.* Em segundo lugar, *em tempos de problemas políticos, a linguagem e as imagens em torno de uma líder em apuros tornam-se mais machistas.* Terceiro, que as *mulheres líderes têm uma probabilidade desproporcional de se envolver em processos judiciais, em vez de terem seus escândalos relegados ao mundo da política.*

Para desvendar essas questões, recorremos a duas fontes principais: as pesquisas existentes na área e a análise de especialistas sobre o impeachment da presidente Dilma Rousseff, a primeira mulher a liderar o Brasil. Ao contrário do teste de nossas outras sete hipóteses, por causa de sua experiência recente, diretamente relevante e dramática, examinamos aqui a história de vida de uma líder que não pudemos entrevistar.

Vamos falar, primeiro, de um experimento muito inteligente, conduzido nos Estados Unidos, que analisou como uma amostra aleatória de pessoas via homens e mulheres líderes e seus erros. Diferentes cenários foram considerados para as ações do presidente de uma faculdade feminina e de um chefe de polícia. Ambos precisavam decidir quantos policiais deveriam supervisionar um protesto no campus ou na comunidade. No primeiro cenário, cada um deles acertou o julgamento, e os protestos prosseguiram sem causar problemas. No segundo cenário, eles erraram e mobilizaram poucos oficiais, e os protestos fugiram do controle.[1]

É claro que seria de esperar que quem estivesse julgando esses cenários classificasse o presidente da faculdade ou chefe de polícia de forma mais negativa em competência se cometesse o erro de reagir mal. O objetivo desse experimento não foi demonstrar essa conclusão óbvia, mas descobrir se o presidente/chefe de polícia foi mais desaprovado pelo erro quando o gênero da pessoa que exercia essas funções não era o que se esperaria em termos de estereótipo. Em geral, as pessoas esperariam que o presidente da faculdade para mulheres fosse uma mulher e que o chefe de polícia fosse um homem. E se isso fosse alterado?

O resultado dessa experiência foi claro. O gênero importava, ou, mais precisamente, a incongruência de gênero importava; ou seja, se um cargo fosse ocupado por alguém do gênero oposto ao esperado, era mais desaprovado pelo mesmo erro. Uma chefe de polícia teve uma pontuação pior no cenário de erro que um homem, e um presidente de uma faculdade feminina teve uma pontuação pior que uma presidente.

Para ter certeza, os pesquisadores repetiram o exercício com cenários tendo uma mulher CEO de uma empresa de engenharia aeroespacial e uma juíza do mais alto escalão.

De certa forma, é uma má notícia para homens e mulheres, pois mostra que uma penalidade maior é paga por uma pessoa que foge a seus papéis socialmente definidos. Mas é especialmente ruim para mulheres líderes porque, como exploramos em outra parte deste livro, o paradigma "pense em gestor, pense em um homem" ainda prevalece. Ao se tornarem líderes, as mulheres quase sempre saem de seus papéis socialmente definidos e ocupam posições consideradas domínio dos homens.

O experimento de gênero citado acima cai em um turbilhão mais amplo de pesquisas que mostram conclusões semelhantes quando a variável é raça. Por exemplo, estudos têm mostrado que, quando um negro tem um cargo que historicamente foi ocupado por um branco, se for absolutamente fantástico no trabalho, receberá avaliações muito altas; mas, uma vez que cometa erros, pagará um preço maior.[2]

Analisar a vida e a época de Dilma Rousseff nos permite estudar, através das lentes do mundo real, se um preço mais alto é pago por mulheres líderes. Ao trabalhar com esse exemplo, estamos plenamente conscientes de que pessoas razoáveis, sem ser motivadas por qualquer forma de preconceito, podem chegar a diferentes conclusões sobre questões políticas substanciais, como impeachments. Bill Clinton deveria ter sofrido impeachment por mentir sobre sua conduta inadequada com Monica Lewinsky? Donald Trump deveria ter sido afastado do cargo devido a sua abordagem à Ucrânia?

Pessoas em todo o mundo argumentaram ambos os lados dessas questões e continuarão a fazê-lo. Sem surpresa, o mesmo vale para o impeachment de Dilma. As opiniões diferem nitidamente. O povo brasileiro ainda está processando essa experiência, inclusive por meio do trabalho de artistas e criativos, como o documentário de Petra Costa, *Democracia em vertigem*, que foi indicado ao Oscar em 2020.

Não estamos tentando dizer o que pensar sobre o impeachment, mas sim tentando puxar os fios do novelo de gênero que se manifestaram no final da presidência de Dilma Rousseff. Ao fazer isso, é importante perceber que Dilma foi diferente dos que ocuparam o cargo antes em outros aspectos, além de ser a primeira mulher.

Dilma se tornou presidente sem nunca ter concorrido a um cargo eletivo. Isso quebrou o padrão por si só. Seu caminho para o poder começou como chefe de gabinete do presidente Luiz Inácio Lula da Silva.

Ex-dirigente sindical e um dos fundadores do Partido dos Trabalhadores, Lula cumpriu dois mandatos como presidente. Em 2009, o presidente Barack Obama notoriamente se referiu a ele em uma cúpula do G20 como "o político mais popular do planeta".[3] No final de seu mandato, Lula tinha índices de aprovação acima de 80% e presidia um país no qual a economia estava crescendo fortemente e os pobres compartilhavam dessa nova prosperidade, inclusive tendo condições de mandar seus filhos à universidade.

Diante de tudo isso, é muito provável que Lula viesse a ser reeleito facilmente se fosse elegível para as eleições de 2010. No entanto, o Brasil tem um limite que impede um presidente de concorrer ao terceiro mandato consecutivo. Como resultado, ele usou sua autoridade política para indicar e fazer campanha para seu sucessor escolhido. Foi uma grande surpresa quando a pessoa que ele escolheu foi Dilma.

Até então, Dilma era vista nos bastidores como uma pessoa altamente capacitada. Era tida como forte, por ter feito parte de um movimento que lutou contra a ditadura militar que governou o Brasil de 1964 a 1985. Presa e torturada em 1970, aos 22 anos, Dilma é reconhecida como uma pessoa que não cedeu. Falando sobre esse período, ela disse: "Todos nós temos medo de sentir dor. E é uma coisa terrível, que faz as pessoas perderem a dignidade. Esse é o componente da dor psicológica. Eles querem que você perca sua dignidade, que traia suas convicções, que abra mão do que pensa. Esse processo de destruir alguém transforma as pessoas em mortas-vivas. O que uma pessoa fará depois de trair o que pensa, trair a si mesma? [...] Acho que só podemos suportar a tortura se nos enganarmos. Você pensa que pode aguentar cinco, dois minutos. Agora posso aguentar mais três minutos. Porque não consegue imaginar suportar um dia inteiro, seria uma eternidade. Então você se engana. Isso é o que você faz".[4]

Com o apoio de Lula, Dilma garantiu a indicação do Partido dos Trabalhadores e triunfou na eleição com 56% dos votos. Ela convidou outras mulheres que haviam sido torturadas durante a ditadura para participar de sua posse, em 1º de janeiro de 2011.

Durante seu primeiro mandato como presidente, a economia do Brasil desacelerou consideravelmente, causando dificuldades para muitas pessoas. Os preços globais superaltos das principais exportações brasileiras possibilitaram o boom econômico vivido sob a presidência de Lula. Assim que Dilma assumiu o cargo, em 2011, esses preços começaram a cair, derrubando o crescimento econômico do Brasil abruptamente para 1,9% em 2012. O capital estrangeiro fugiu em 2013, depois que o Sistema de Reserva Federal dos Estados Unidos anunciou que pararia de comprar títulos do governo brasileiro. Os bons anos haviam acabado.

Em junho de 2013, eclodiram em todo o país grandes manifestações de rua, provocadas inicialmente pelo aumento das passagens de ônibus. Uma população frustrada mostrava sua forte insatisfação com os serviços inadequados disponíveis para a comunidade e a diminuição das oportunidades econômicas. Muitos dos protestantes eram jovens que haviam escapado da pobreza e conseguido uma educação universitária, e se encontravam de novo desempregados ou subempregados. Seus sonhos de um futuro melhor haviam se transformado em raiva amarga.

Com uma eleição marcada para outubro de 2014, qualquer presidente que enfrentasse essas circunstâncias correria o risco de encontrar um eleitorado exausto que o atacasse politicamente. Para Dilma, a situação ficou ainda mais complicada. Muitos presumiram que sua presidência era substitutiva e que Lula ressurgiria como o candidato do Partido dos Trabalhadores. Isso teria sido possível naquele momento, porque a lei só é contra a disputa por três mandatos consecutivos. Como resultado, houve certa decepção quando ficou claro que Dilma pretendia concorrer de novo.

O Brasil sediou a Copa do Mundo de futebol em meados de 2014 e se preparava para sediar as Olimpíadas em 2016. Em tempos de economia mais dinâmica, ambos poderiam ter sido uma fonte de orgulho nacional. No entanto, naquele ambiente, cresceu o ressentimento pelos grandes gastos com os locais e a infraestrutura necessários. Esse sentimento se agravou quando a seleção brasileira da Copa do Mundo teve um desempenho abaixo das expectativas e não chegou à final. Somando humilhação à decepção, a derrota por nocaute do time por 7 x 1 para a Alemanha foi a pior de um país anfitrião da Copa do Mundo.

No final das contas, Dilma venceu a eleição por pouco, mas a campanha foi divisora, imprevisível e muito disputada. A oposição efetivamente se recusou a admitir a derrota e questionou publicamente o resultado.

Além disso, na preparação para as eleições, um grande inquérito sobre corrupção foi iniciado, e havia rumores por toda parte sobre quem estaria implicado. Quase imediatamente após a reeleição de Dilma, começaram a ser feitas as prisões em decorrência da investigação, cada vez mais difundida. Inicialmente, o foco eram propinas da Petrobras, a companhia nacional de petróleo, para figuras políticas. Antes de se tornar chefe de gabinete de Lula, Dilma atuara como presidente do conselho de administração da Petrobras. Embora ela tivesse sido inocentada de se beneficiar diretamente, foi criticada alegando-se que ela deveria saber o que estava acontecendo.

Nessa mistura volátil, Dilma implementou cortes no orçamento, tendo evitado argumentar contra as medidas de austeridade antes das eleições. A comunidade ficou indignada. Além disso, ela foi acusada de várias manipulações às vésperas da eleição para fazer o orçamento do governo parecer melhor do que realmente era. Todas essas coisas aumentaram a sensação de ilegitimidade em torno de sua presidência. A economia também continuou cambaleando.

As prisões, inclusive de políticos e assessores de Dilma, continuaram ao longo de 2015. A mídia sempre era informada para estar presente e obter as imagens das prisões. Seguiu-se o opróbrio comunitário, e os apelos para que Dilma sofresse impeachment aumentaram.

Na primeira semana de março de 2016, o próprio Lula foi levado a interrogatório após ser apreendido em sua casa no início da manhã. Cada momento foi capturado por câmeras de televisão, causando sensacionalismo. Isso também representou uma crise para Dilma, visto quão fortemente ligada a Lula ela estava na mente do público.

No entanto, as coisas ainda pioraram, à medida que Dilma deixou de ser implicada em corrupção por associação e passou a ser implicada por suas ações. Foi divulgada a transcrição de um telefonema grampeado entre Lula e Dilma no qual discutiam a nomeação de Lula como chefe da Casa Civil de Dilma. No Brasil, o cargo de chefe da Casa Civil tem status ministerial, o que confere imunidade contra processos judiciais. O público ficou enojado. O Supremo Tribunal Federal anulou a nomeação.

O QUE ELAS TÊM A DIZER

Estava armado, portanto, o cenário para o processo de impeachment bem-sucedido que havia começado em dezembro de 2015. Em abril de 2016, a Câmara dos Deputados votou pelo impeachment. No final de agosto, o processo foi finalizado quando o Senado votou a favor. Como resultado, o vice-presidente Michel Temer assumiu a presidência.

Os motivos para o impeachment eram limitados. Foi constatado que Dilma atrasou o reembolso do orçamento do governo aos bancos estatais sem autorização parlamentar, com o objetivo de melhorar a aparência do orçamento antes das eleições.

O fato de ela sofrer o impeachment agradou o eleitorado. Em determinado momento, 3,6 milhões de pessoas foram às ruas pedindo a remoção de Dilma.

É uma história dramática. Mas que papel — se é que houve algum — o gênero desempenhou? Para tentar chegar ao fundo dessa complexa questão, recorremos a Malu A. C. Gatto, professora assistente de política latino-americana da University College London (UCL), que nasceu no Brasil, mas agora vive e trabalha em Londres. Sua área de atuação é gênero e política.

Malu conheceu Dilma, e rapidamente desmascara alguns dos estereótipos que circulavam na mídia sobre ela. Ela conta:

"Houve uma revista que publicou uma foto da Dilma vendo o Brasil jogar na Copa do Mundo. Ela estava em pé, gritando, como os fãs fazem. Mas fizeram a foto parecer que ela estava em um ambiente cotidiano, e não no futebol. A manchete falava de sua 'raiva'.

Esse é apenas um exemplo, mas, ao longo de sua presidência, falou-se muito sobre como a personalidade de Dilma era, por si, inadequada para o cargo de presidente. Desde o momento em que ela se tornou candidata até deixar o cargo, a mídia constantemente a criticava e dava a entender que ela não era inteligente nem eloquente. Faziam perguntas sobre livros e depois parodiavam suas respostas. Durante muitos discursos dela, a mídia cortava para o público dizendo: 'Ela não é eloquente, não consegue explicar o que está dizendo'.

No entanto, quando você a conhece, vê que não é assim. Se perguntar a ela sobre um programa do governo, mesmo pequeno demais para se esperar que o presidente realmente conheça os detalhes, ela fará gráficos no ar para explicar os gastos do orçamento do governo com esse programa e como ele evoluiu ao longo do tempo. Eu a ouvi falar sobre os

204

filósofos franceses e citá-los em francês. Ela é, claramente, muito culta. E é engraçada; inventa piadas na hora. Às vezes, quando coisas acontecem, ela responde espontaneamente de um jeito muito engraçado."

Tudo isso é perturbadoramente familiar. Como já vimos, muitas mulheres líderes são retratadas como raivosas, estridentes ou robóticas. O que Malu diz a seguir remete às experiências de outras mulheres em torno do tema da autenticidade:

"Quando Lula concorreu pela primeira vez à presidência, um assessor político muito famoso foi contratado e o candidato mudou completamente sua imagem, inclusive dentes e cabelo. Ele se vestia e falava de maneira diferente. E a mesma coisa aconteceu com Dilma. Eles mudaram completamente sua imagem, a maneira de se vestir, seu corte de cabelo. Não sei como era cada vez que ela ia falar como presidente — eu não estava lá e não sei o que as pessoas lhe diziam para fazer. Mas acho que ela estava tentando se encaixar em uma forma e atuar de uma maneira que não lhe era natural, e isso parecia meio estranho."

Embora Malu deixe claro que a consultoria de imagem não foi feita apenas para Dilma, é interessante especular quanto foi mais restritiva para ela, uma vez que quem a assessorou nunca havia trabalhado com uma presidente e tivera modelos masculinos como guia. Como vimos ao longo deste livro, o dilema do estilo e o problema de "ela é meio megera" se destacam na elaboração de formas de apresentar mulheres líderes para que sejam percebidas como autoritárias e envolventes.

No mundo todo, a arte da política envolve atrair as pessoas, fazer que trabalhem com você para cumprir seus objetivos. A política no Brasil parece ter uma visão própria e especial sobre por que e como um presidente faz isso. Existem cerca de 35 partidos políticos no Brasil, e muitos deles conseguem obter pelo menos um representante eleito para o parlamento nacional. Como resultado, na história política do Brasil pós-ditadura, no máximo um quarto dos representantes do Congresso esteve no mesmo partido político do presidente.[5] Isso significa que, para aprovar leis, um presidente precisa formar uma coalizão significativa. Fazer isso tende a exigir uma combinação de força de personalidade e preparo para fazer negócios, incluindo aqueles que recompensam os indivíduos com cargos e benefícios eleitorais.

Anthony Pereira, diretor do Instituto Brasil do King's College em Londres, compara da seguinte forma como Lula e Dilma atuaram nesse ambiente:

"Lula adorava o contato físico com as pessoas. Ele subia ao plenário da Câmara dos Deputados e abraçava todos, e todos tinham seu número de telefone. Antes de ser presidente, ele dizia que quando chegasse ao palácio presidencial faria churrascos, jogaria futebol, beberia, faria todas essas coisas que o brasileiro comum gosta de fazer. O público abraçou esse estilo, que ajudou a levar políticos a Lula e formar uma coalizão que ele pudesse fazer funcionar.

Dilma não fez nada disso. Ela não fazia churrascos, poucas pessoas tinham seu número de telefone e não gostava de dar tapinhas nas costas. Na verdade, Lula disse que Dilma nunca teria sofrido impeachment se o recebesse todos os finais de semana e convidasse gente do Congresso."

Resta saber se, mesmo que Dilma fosse extrovertida, poderia ter replicado esse estilo político. Apenas cerca de 10% do Congresso era de mulheres. Será que ela poderia mesmo comprar boa vontade política bebendo e festejando com os rapazes? Ou esse tipo de conduta seria visto de forma pejorativa se praticado por uma mulher?

Na opinião de Anthony, as dificuldades de Dilma iam além da falta de boa vontade geral dos representantes eleitos, chegando à rejeição específica de acordos que poderiam tê-la salvado. Ele diz:

"Michel Temer foi escolhido por Lula em 2010 para ser o vice-presidente de Dilma e concorreu de novo com ela em 2014. Ele era de outro partido político, que precisava ser levado em conta para uma coalizão. Temer estava no parlamento havia 30 anos, conhecia todo mundo no Congresso, e muitos desses políticos estavam em dívida com ele.

Relatou-se que Dilma teria lhe dito, com a aproximação do impeachment: 'Seja meu representante, meu elo com o Congresso'. E a história diz que ele foi, fez acordos e, quando voltou, ela disse: 'Como ousa fazer isso? Não aceito isso, vá embora'.

Quer se aceite essa versão ou não, é claro que, em última análise, Temer trabalhou ativamente e apoiou aqueles que buscavam o impeachment. O resto é conjectura, mas não acho que ele teria se comportado assim se ela fosse homem. Teria havido mais senso de obrigação, de lealdade."

É fato público que Dilma também rejeitou um acordo — que Lula a pressionou a aceitar — que poderia tê-la salvado do impeachment.[6] Eduardo Cunha, presidente da Câmara, enfrentava denúncias de corrupção e se ofereceu para impedir qualquer votação de impeachment decisiva se Dilma o protegesse de qualquer acusação criminal. Ela recusou.

Em maio de 2016, outra conversa telefônica gravada foi entregue à mídia. Dessa vez, o foco não era a investigação de corrupção, mas o destinatário da chamada. Na conversa, o então ministro do Planejamento, Orçamento e Gestão, Romero Jucá, que era aliado próximo de Temer, parecia dizer que o impeachment "estancaria tudo" e "estancaria o sangramento".[7] Nessa fase, os tentáculos do inquérito sobre corrupção pareciam estar prestes a envolver centenas de ex e atuais políticos. Com base nesse apelo e na rejeição de Dilma ao acordo oferecido por Cunha, alguns brasileiros afirmam que ela se tornou o cordeiro sacrificial cujo sangue político foi derramado e usado para saciar e impedir novas ações da mídia e do povo furioso.

O que quer que se faça com isso, ninguém poderia argumentar logicamente que todo parlamentar que votou pelo impeachment o fez com base em uma avaliação imparcial das evidências, nem que todos os envolvidos estavam de mãos limpas. Eduardo Cunha, que supervisionou o processo de impeachment na Câmara dos Deputados, foi condenado a mais de 15 anos de prisão por corrupção, em março de 2017.[8] Michel Temer entrou e saiu da prisão, pois enfrentou acusações de corrupção e lavagem de dinheiro envolvendo centenas de milhões de dólares.

Lula ficou 580 dias atrás das grades em decorrência de uma acusação relativa a uma suposta compra de um apartamento à beira-mar. Ele foi originalmente sentenciado a 12 anos de prisão, mas, junto com milhares de outros prisioneiros, beneficiou-se de uma decisão do Supremo Tribunal Federal que dizia que todos os recursos deveriam ser esgotados antes que uma pessoa pudesse ser presa. Ele foi libertado em novembro de 2019, mas enfrentará novos processos.[9]*

Essa saga contém muitas voltas e reviravoltas, mas, para nós, a questão crítica permanece: se as circunstâncias fossem exatamente as

---

* Em março de 2021, posteriormente à escrita deste livro, as condenações de Lula relacionadas à Lava Jato foram anuladas e o ex-presidente voltou a ser elegível. (N.E.)

mesmas, mas em vez de Dilma, o presidente fosse um homem, ele também teria sofrido um impeachment?

Malu responde:

"Acho que um homem nas mesmas condições de Dilma também teria sofrido impeachment. Mas acho que o processo teria sido diferente, a retórica em torno disso teria sido diferente, a maneira como Dilma foi caracterizada pela mídia, o nível de incompetência que foi atribuído a ela individualmente e os tipos de palavras que foram usadas para descrevê-la. Diziam que ela estava histérica, portanto não era capaz de se comunicar com outras pessoas na política, que não era capaz de manter a calma."

Anthony tem uma visão um pouco diferente. Ele aponta especificamente um limite de raiva que um homem não teria enfrentado. Diz:

"Acho que uma analogia com o tratamento a Hillary Clinton é útil no sentido de que, se um candidato homem com as políticas de Clinton houvesse se apresentado naquela eleição contra Trump, não consigo imaginar pessoas gritando 'Prendam-no'."

Se, para Dilma, essa força a mais por trás da raiva foi a diferença entre sofrer impeachment ou não, ele não pode dizer com segurança, mas acha que pode ter sido.

Porém, Malu e Anthony estão de acordo sobre a natureza enviesada pelo gênero do discurso em torno do impeachment de Dilma. Enquanto votavam pelo impeachment, os legisladores ergueram cartazes que diziam "Tchau, querida", de uma forma desdenhosa e insensível, como se houvessem terminado com uma namorada. Anthony diz:

"Definitivamente, há um tom pejorativo e desagradável nisso. Uma combinação de 'Saia daqui, caia fora, sua tola'."

Malu tenta capturar o sabor das palavras da seguinte maneira:

"Esse 'Tchau, querida' não tem um tom gentil; é desrespeitoso e desdenhoso. Nunca seria dito a um homem."

Ambos falam também sobre adesivos que circularam amplamente pelo Brasil. Esses adesivos, que mostram Dilma com as pernas abertas, foram criados para ser colados na tampa dos tanques de combustível dos carros. Ao abastecer o carro, o bico da bomba pareceria estar penetrando a imagem de Dilma. Um lembrete vívido de que, para mulheres líderes, o recurso é prontamente veicular imagens e fazer ameaças de estupro.

Voltando à nossa hipótese, é óbvio que está comprovada a segunda parte relacionada às imagens de gênero em torno das mulheres líderes que cometeram erros. Esse adesivo de Dilma é um exemplo revoltante.

E quanto à primeira parte: as mulheres líderes pagam um preço maior pelos erros que os homens? As pesquisas dizem que sim. Simplesmente porque as líderes estão em papéis incongruentes em relação ao gênero, em posições historicamente ocupadas por homens, uma reação maior as aguarda quando cometem um erro.

Desvendar o exemplo de Dilma implica complicações e camadas para chegar à imagem clara que emerge das pesquisas. A primeira se refere ao apoio. Muitos líderes, homens e mulheres, chegam à posição de liderança por causa do apoio de um líder anterior e ainda poderoso. Inerentemente, devido à distorção de gênero de quem ocupou posições de liderança no passado, o defensor tem grande probabilidade de ser um homem. É mais difícil para as mulheres crescerem como líderes, livres da sombra projetada por um defensor? Aceitamos mais facilmente o fato de que um homem apadrinhado se torna líder por seus próprios méritos, ao passo que vemos uma mulher como ainda sendo a parceira subordinada nessa relação, mesmo quando ela ocupa o cargo mais alto?

Essas questões certamente cercaram Dilma. Claro, surgiram não só da dinâmica de gênero. É verdade que Dilma nunca teria se tornado presidente sem Lula. Afinal, ela nem era política eleita antes de ser escolhida a dedo por ele. Mas ficou mais acorrentada a ele na cabeça de eleitores e colegas políticos do que um homem ficaria? É difícil dizer, mas parece que sim.

Então, já que os rituais e os ritos de união da política foram criados pelos homens ao longo de gerações, deveríamos concluir que é mais difícil que as mulheres desenvolvam a profunda teia de conexões com colegas, que propiciam imensa lealdade quando os tempos ficam difíceis?

A cultura de construção de coalizões do Brasil é um exemplo extremo. Mas, em um contexto diferente, o presidente Obama foi rotineiramente criticado por não socializar o suficiente com os parlamentares para construir o relacionamento necessário para assegurar seus planos legislativos. Os críticos insistem que ele deveria convidar figuras-chave para jogar golfe — uma atividade bem diferente de um churrasco regado a álcool, mas também um ritual de união inerentemente masculino.

Intelectualmente, Julia acha que há mérito nesse argumento, embora as circunstâncias variem. Em sua própria carreira política, ela obteve um imenso apoio de um grupo de aliados até mesmo nos piores momentos. A conclusão mais segura parece ser que, até atingirmos um estágio em que todos os ritmos e rituais da política sejam criados para se adequar a uma gama diversificada de parlamentares, não apenas ao estereótipo masculino, há mais riscos de que o apoio às mulheres líderes não se enraíze.

E quanto ao terceiro braço de nossa hipótese: para mulheres líderes, quais disputas políticas deveriam se tornar jurídicas? O caso de Dilma não é diretamente probatório dessa proposição, visto que o mecanismo de impeachment é intrinsecamente político, embora se deva julgar se ocorreu irregularidade suficientemente grave para justificar a destituição do cargo.

Tampouco a experiência de Hillary com a investigação do Comitê Selecionado da Câmara dos Representantes sobre a tragédia de 2012 em Bengasi, na Líbia, quando um posto diplomático foi atacado por terroristas. Quatro estadunidenses morreram, incluindo o embaixador J. Christopher Stevens. Seria de esperar que uma investigação sobre um assunto como esse deixasse a política de lado. Sem dúvida isso não ocorreu nesse caso, e em geral, as investigações parlamentares são políticas, embora no formato imitem aspectos de procedimentos judiciais, incluindo a obtenção de provas e a emissão de conclusões. Em uma audiência pública, Hillary foi interrogada por onze horas sobre sua conduta como secretária de Estado no momento do incidente. Sobre essa experiência, ela comenta:

Ainda existe uma expectativa de que as mulheres têm que ser melhores, mais honestas, mais abertas ao público. O que os propagandistas — especialmente, mas não exclusivamente, de direita — sabem é que um fluxo constante de ataques a uma candidata tem um impacto negativo muito maior do que a um candidato. Lembro que, nas audiências de Bengasi, que foram um ataque político total, perguntaram a um homem, o republicano de segundo escalão da Câmara: "Por que vocês mantêm essas audiências? Todos concluíram, tanto republicanos quanto democratas, que foi uma tragédia terrível, mas nada aconteceu que se possa atribuir a alguém, e ela não fez nada de errado". E em resposta, ele efetivamente disse: "Basta ver os números dela. Estamos diminuindo os números dela. Portanto, quanto mais a atacarmos, mais as pessoas pensarão que deve haver algo errado, mesmo que não saibam o quê". Ao passo que com muitos homens isso é só algo como um ruído ambiente. "Quer saber, não sou perfeito. Cometo erros, mas é assim. É assim que funciona", e, assim, não há o dano duradouro. Acho que ataques em um contexto político e público têm muito mais sucesso contra mulheres que contra homens, e não é preciso tanto para impactá-las.

Depois de 33 audiências e um custo estimado de 7 milhões de dólares, o comitê finalmente divulgou um relatório de 800 páginas em junho de 2016, quando a campanha para a eleição de novembro estava bem encaminhada. Não houve nenhuma descoberta que colocasse a culpa diretamente em Hillary.[10]

Os gritos de "Prendam-na" dirigidos a Hillary durante a campanha eleitoral de 2016 e desde então parecem mostrar que seus mais ardentes opositores nunca ficarão satisfeitos só com uma derrota eleitoral. Eles querem vê-la presa, acusada, processada e atrás das grades.

As experiências de Dilma e Hillary não se estendem a processos judiciais. Julia tem experiência para compartilhar sobre isso. Ela é a única primeira-ministra australiana forçada a enfrentar uma comissão régia, que é uma forma de investigação politicamente iniciada, com poderes legais especiais, sobre sua conduta pessoal. O inquérito foi realizado depois que ela deixou a política, e não teve nada a ver com suas ações no cargo. Estava relacionado a assuntos que ocorreram anos antes de ela ser eleita para o parlamento. O fato de ter sido exonerada de qualquer irregularidade legal não impediu que seus opositores mais ferozes dissessem que ela também deveria ser trancafiada.

Christine também enfrentou um processo legal incomum depois que deixou o cargo. Foi em relação a um pagamento do governo feito durante sua época de ministra das Finanças na França. Nunca houve qualquer alegação de apropriação indébita ou benefícios pessoais adquiridos por ela em relação a esse pagamento. Mesmo assim, ela foi levada a um tribunal especial, que só se reuniu em quatro outras ocasiões e envolve juízes e representantes políticos. Embora a tenham declarado culpada de negligência, nenhuma condenação foi registrada, e nenhuma punição foi ordenada. Até o procurador-chefe francês do julgamento, Jean-Claude Marin, descreveu as provas contra ela como "muito fracas".[11]

Ao longo de todo esse período politicamente carregado na França, Christine exerceu assiduamente suas funções no Fundo Monetário

Internacional. Ela teve o respeito e o apoio de seus pares na comunidade internacional, que admiravam sua maneira elegante de lidar com a difícil situação em que se encontrava.

Esses dois exemplos provavelmente não são um corpus de evidências grande o suficiente para provar a terceira parte de nossa hipótese. Mas parece certo dizer que as mulheres líderes deviam estar atentas a oponentes que buscam maneiras de causar mais danos, além das maquinações usuais da política. A teoria de Hillary de que as mulheres seguem um padrão mais elevado e, portanto, são mais facilmente maculadas encaixa-se bem com o que descobrimos examinando o dilema do estilo.

Olhando nossa hipótese como um todo, nossa conclusão é que talvez não vivamos na Salem dos dias modernos, mas é cedo demais para esquecer essa história.

E, caso você esteja se perguntando o que aconteceu depois no Brasil, em 2018, Jair Bolsonaro, ex-militar da extrema direita política, foi eleito presidente. Antes de sua eleição, ele havia sido membro do parlamento. Ao votar a favor do impeachment de Dilma, dedicou seu ato a Carlos Brilhante Ustra, coronel do Exército que, na época da ditadura e da própria prisão de Dilma, chefiou uma unidade de tortura.[12]

11
Hipótese oito:
O enigma de ser exemplo

Ao escrevermos este livro, tínhamos na cabeça a ideia simples e, esperávamos, poderosa de que ler sobre a vida real de nossas líderes inspiraria as mulheres a trilhar seus próprios caminhos rumo ao poder. Em consonância com a abordagem do livro, pensamos que nossa crença compartilhada deveria estar sujeita a escrutínio e testes. Esta é a hipótese final que apresentamos, e pode ser resumida pela crença de que "não se pode ser o que não se vê", isto é, a *exposição de mulheres em funções de liderança permite que outras mulheres e meninas vejam que a porta está aberta e as incentiva a passar por ela*. Existem dois aspectos diferentes, mas igualmente importantes, dessa hipótese: que os exemplos tanto aumentam a ambição quanto mudam o comportamento.

Talvez, neste momento, devêssemos escrever "alerta de *spoiler*" porque, felizmente, essa hipótese, que é tão fundamental para este livro, foi comprovada, especialmente com mulheres jovens. Tendo digerido esse fato, por favor, agora imagine as autoras batendo as mãos em um *high five* e dizendo "ufa!".

Mas, visto que estamos falando sobre gênero, que é tão complexo e matizado, quanto mais pensamos e trabalhamos, mais percebemos que o resultado de ser e ter exemplos não é simples e linear. Não é tão previsível quanto dizer que, se uma mulher ou uma menina vê um exemplo, sente uma ambição crescente ou age de maneira diferente.

Neste capítulo, mergulhamos em alguns dos fatores que dão poder aos exemplos e alguns que diminuem seu potencial impacto. Isso expõe

O QUE ELAS TÊM A DIZER

aquilo que vemos como um enigma sobre como ser o melhor exemplo, que tentamos resolver.

Antes de mergulhar nas partes complicadas, vamos provar a hipótese. Começamos com um estudo único sobre o efeito exemplar das mulheres que lideram vilarejos na Índia.[1] Mencionamos brevemente essa pesquisa no Capítulo 2, mas é tão importante que agora queremos analisar seus detalhes.

Como observamos em outra parte deste livro, uma das frustrações das pesquisas sobre viés de gênero é que é quase impossível fazer um teste comparativo. Ao analisarem novos produtos farmacêuticos, os cientistas realizam testes aleatórios nos quais alguns pacientes recebem o novo medicamento e outros, um placebo sem ingredientes ativos. Esse processo permite tirar conclusões com certa precisão sobre a eficácia do novo produto. Se os pacientes que o tomam experimentam melhora na saúde e os que tomam o placebo não, é seguro concluir que o medicamento funciona.

A vida não nos fornece esse tipo de condições de laboratório. Sempre ficamos imaginando se as coisas teriam acontecido da mesma forma se um homem estivesse nas mesmas circunstâncias que uma líder mulher. Felizmente, uma decisão de 1993 do governo indiano criou um teste de controle do mundo real. Foi promulgada uma lei que significava que em cada ciclo eleitoral, em um grupo de aldeias selecionadas aleatoriamente, somente as mulheres poderiam se candidatar para líder local. Como resultado, as aldeias que nunca tiveram uma mulher no comando poderiam ser comparadas àquelas nas quais uma mulher já havia servido como líder uma vez. Ambos os grupos poderiam, então, ser comparados a aldeias que tiveram que atender à exigência de eleger uma líder mulher em duas eleições. Isso permitiu tirar conclusões sobre o efeito da "dose", ou seja, ter uma mulher como líder mais de uma vez fazia mais diferença. Ao pesquisar as atitudes de pais e filhos, esse trabalho mostrou que, nas aldeias que tinham uma mulher líder, as aspirações das meninas e as dos pais por suas filhas aumentaram. Curiosamente, houve um salto significativo no número de pais que pensavam que suas filhas poderiam se tornar líderes após passarem pela experiência de viver em uma aldeia liderada por uma mulher.

Vendo a liderança feminina e estando sujeitas a ela, as adolescentes mudaram suas perspectivas e seu comportamento. A mudança de perspectiva sobre suas aspirações de vida incluiu uma maior predisposição a dizer que queriam estudar e escolher seu trabalho, em vez de ser donas de casa ou permitir que seus futuros sogros escolhessem uma ocupação para elas — o que era uma característica frequente da vida comunitária. Além disso, seria mais provável que as meninas dissessem que não queriam se casar antes dos 18 anos.

A ambição crescente estava ligada a mudanças de comportamento. Como resultado da visão de um futuro melhor para si mesmas, o valor que as meninas atribuíam aos estudos mudou. Nas aldeias que tiveram duas mulheres líderes, a diferença por gênero nos resultados da sala de aula entre meninos e meninas foi apagada ou revertida. O efeito da dose foi muito claro aqui. Foi necessária mais de uma mulher líder para mudar os resultados na educação.

Além de ter o padrão aleatório de um experimento controlado, outra característica notável dessa pesquisa foi quão direto e próximo o exemplo era para as meninas. A mulher líder era como elas, próxima a elas, porque provinha da mesma aldeia.

O que acontece se ampliarmos a imagem e observarmos os exemplos que não estão tão intimamente conectados? Felizmente, há muitas pesquisas sobre o poder do exemplo feminino na política para nos ajudar a responder essa pergunta.

O contexto de grande parte das pesquisas é a falta de interesse das mulheres em política em comparação aos homens. Por exemplo, estudos mostraram que as mulheres pontuam mais baixo em questionários de conhecimento político que os homens, estão menos interessadas em campanhas e são menos propensas a discutir política com família e amigos.[2]

É compreensível que isso tenha levado acadêmicos e outras pessoas a perguntar: ter mais exemplos femininos na política aumenta os níveis de engajamento das mulheres? A resposta foi *sim*. Por exemplo, um estudo transnacional em 23 países, incluindo nações europeias, Estados Unidos e Austrália, concluiu que "mulheres de todas as idades são mais propensas a discutir política, e mulheres mais jovens tornam-se politicamente mais ativas quando há mais mulheres no parlamento".[3]

Resultados semelhantes foram mostrados na África Subsaariana e na América Latina.[4, 5]

Precisamos estar cientes dos elos da cadeia que estão sendo revelados por esses estudos. O primeiro elo é o interesse pela política. Obviamente, isso é importante, porque ninguém vai dizer a si mesmo "Puxa, quero ser presidente ou primeiro(a)-ministro(a)" se, até aquele momento da vida, tiver pouco interesse em política.

O segundo elo é a tomada de atitude. Se os homens desproporcionalmente derem esse passo e as mulheres não, essa distorção provavelmente afetará todos os outros elos da cadeia: quem se apresenta como candidato, quem é eleito e quem chega no topo.

A pesquisa nos diz que o aumento da presença de exemplos impacta o elo inicial da cadeia para as mulheres em geral, e os dois primeiros elos — interesse e atitude — para as mulheres mais jovens.

Tudo isso talvez esteja perfeitamente de acordo com sua intuição. A experiência de vida comum demonstra que, muitas vezes, é mais fácil para as mulheres se imaginarem fazendo algo e depois o fazerem se tiverem o benefício de ver um exemplo feminino.

Inclusive as crianças pequenas respondem aos sinais de exemplos relacionados ao gênero. Um estudo bem bonitinho que ilustra isso é o clássico experimento em ciências sociais de fazer as crianças desenharem cientistas. Com mais mulheres na ciência e material de aprendizagem mais atento a não reforçar os estereótipos de gênero, mais desenhos retratam mulheres cientistas; e as meninas são mais propensas a desenhar mulheres.[6]

Com base em toda essa pesquisa e análise, estamos preparadas para declarar nossa hipótese comprovada, mas com a nuance de que o efeito do exemplo nos comportamentos é maior para as mulheres mais jovens. Isso não significa que as mais velhas não possam mudar de vida e abraçar o ativismo, a política e a liderança pela primeira vez. No entanto, faz sentido que uma mulher mais velha, sem histórico anterior de envolvimento e uma vida cheia de obrigações preexistentes, tenha menos probabilidade de optar por fazê-lo.

Se, como as autoras, você já tem várias décadas de experiência de vida nas costas, não se desanime com essas palavras. Enquanto escrevíamos este livro, Nancy Pelosi, porta-voz da Câmara dos Representantes dos Estados Unidos, era frequentemente uma figura proeminente nos noticiários globais, aos 80 anos. Ela começou seu mandato inicial como porta-voz em janeiro de 2007, quando tinha 66 anos, e foi eleita para o Congresso pela primeira vez aos quarenta e tantos.

A presença formidável de Nancy parece uma repreensão a qualquer ideia de que aspirar a ser ou se tornar um líder seja só para os jovens. Seu exemplo mostra que as mulheres podem encarar a política em qualquer idade.

A esta altura, você deve estar pensando que toda essa coisa de exemplificação de papéis é fácil. Nos últimos anos, temos visto alguma melhora na diversidade de gênero na política; assim sendo, não seria de se esperar que, com mais mulheres entrando no parlamento, mais passarão a se tornar figuras políticas importantes? E, assim, meninas e mulheres jovens verão mais exemplos femininos, ficarão mais interessadas em política e se tornarão ativistas, o que significa que terão maior probabilidade de se autogovernar, e então haverá ainda mais mulheres na política. Bastam algumas voltas desse ciclo virtuoso e pronto, certo?

Para isso, temos duas ressalvas envolvendo possibilidades. Em primeiro lugar, como mostramos ao longo deste livro, as mulheres que se interessam, se envolvem e depois escolhem uma carreira na política podem enfrentar barreiras que as impedem de começar ou de subir na hierarquia uma vez lá. Quer se trate de dilemas de trabalho ou de vida familiar, quer de ser vista como "meio megera" ou de ficar presa no enigma do estilo, existe um labirinto de vidro entre ser aspirante à política e chegar ao topo. Em segundo lugar, embora odiemos ter que dizer isso, a exemplificação de papéis não é tão simples. Existe uma pegadinha no centro de tudo e, infelizmente, não é do tipo que provoca risos. Neste capítulo, revelamos esse problema sem graça passando pelas diversas limitações da exemplificação de papéis.

Vamos começar discutindo a primeira ressalva sobre o poder da exemplificação de papéis, que é baseada no tempo. Como vimos, a presença de mais mulheres no cenário político é importante. O que é verdade para o aumento do número de mulheres legisladoras também é verdade para mulheres ainda mais conhecidas, como presidentes e primeiras-ministras. Mas o que acontece quando uma protagonista vai embora? Infelizmente, parece que esse interesse maior morre.

Ian McAllister, pesquisador da Universidade Nacional da Austrália, produziu um estudo fascinante precisamente sobre esse ponto.[7] Ele tinha à sua disposição um conjunto de dados claros para comparação, uma vez que o conhecimento político dos eleitores, homens e mulheres, foi testado em muitas eleições nacionais na Austrália. Isso significa que Ian foi capaz de apontar a diferença que o mandato de primeira-ministra de Julia fez para o conhecimento político das eleitoras.

Seu estudo analisa as eleições nacionais de 2007, 2013 e 2016, nas quais tanto o primeiro-ministro quanto o principal candidato ao posto máximo, o líder da oposição, eram homens. O conhecimento político de mulheres e homens na época dessas eleições foi comparado com o das eleições de 2010, nas quais Julia, como primeira-ministra, confrontou um líder da oposição. O estudo de Ian descobriu que a lacuna de conhecimento entre homens e mulheres foi reduzida a uma "insignificância estatística" nas eleições de 2010, enquanto em todas as outras eleições os homens superaram as mulheres nessa medida.

Além disso, 2010 foi o único momento em que mulheres e homens expressaram a mesma percepção: que estavam dando "muita" atenção às eleições. Em todas as outras eleições, foram os homens que disseram, desproporcionalmente, que estavam acompanhando de perto a campanha.

O que é diferente nesse estudo é a capacidade de obter uma progressão cronológica clara analisando o período antes de uma mulher estar no centro do palco e depois de ela ter saído. Os resultados mostram que ver uma mulher quebrar o teto de vidro é importante para o primeiro elo da cadeia — o interesse das mulheres na política —, mas os ganhos não serão sustentados se o sistema voltar a parecer um negócio liderado por homens, como de costume.

Para ver mudanças sustentadas, a política deve dar cada vez mais destaque às mulheres ao longo do tempo, ou pelo menos não reduzir sua presença. Essa observação não é feita para defender que todo líder deve ser mulher para que não haja risco de retrocesso no interesse das mulheres pela política. Isso é oferecido como evidência do grau de mudança que deve ser visto como suficiente para fazer a diferença. Se houver apenas uma mulher, ou uma eventual líder mulher, não é de surpreender que isso não mude a alienação causada pela percepção de que a liderança política é basicamente domínio dos homens.

Da mesma forma, se o número de mulheres no parlamento aumentar, mas ficar estagnado em um quarto ou um terço, seria indiferente assumir níveis cada vez maiores de interesse por política por parte de mulheres jovens. Muito mais provavelmente, seria atingido um platô com níveis de interesse ainda mais baixos que os dos homens, embora houvesse um aumento em relação à linha de base anterior, quando havia menos mulheres na política.

Uma segunda restrição surge do fato de que observar um exemplo significa ver toda a experiência do modelo, não só as partes boas. Infelizmente, o que acontece com as mulheres na política nem sempre é uma boa propaganda. Quando uma líder política é vista como maltratada por motivos de gênero, essa mensagem é ouvida em alto e bom som.

Para dar um exemplo, na cidade natal de Julia, Adelaide, a Universidade de Adelaide e a Young Women's Christian Association (YWCA) [Associação Cristã Feminina], que em sua versão moderna trata de questões feministas, realizou uma pesquisa on-line sobre as aspirações políticas das jovens. Os resultados foram divulgados no início de 2014 e mostraram que o tratamento com viés de gênero dado a Julia como primeira-ministra foi tão decepcionante que dois terços das que anteriormente expressaram interesse em entrar na política agora afirmam ser menos propensas a querer fazer isso.[8]

Sem dúvida, as respostas desse pequeno grupo de pesquisa não eram uma amostra representativa de toda a comunidade. Essas jovens já estavam interessadas no feminismo e tinham políticas pessoais progressistas. Mas isso não torna o resultado menos desanimador, dado que se esperava que fosse exatamente esse tipo de jovem que se sentiria mais inspirada ao testemunhar a ação de uma líder mulher do partido de centro-esquerda da Austrália. Infelizmente, as entrevistadas consideraram o tratamento a Julia pela mídia injusto e humilhante, e isso as afastou.

Com essas duas restrições, podemos aprender duas lições. Parece que, para que a exemplificação de papéis realmente funcione, não pode apenas ser sustentada ao longo do tempo; tampouco pode a experiência dos exemplos ser negativa em relação a um gênero. Nossas líderes estão cientes disso, e Theresa especificamente nega que sua remoção da liderança de seu partido político tenha sido um ato machista. Ela diz:

Fico feliz que haja mulheres jovens que vejam de forma positiva uma mulher como primeira-ministra, e que digam que isso as estimula em tudo que estão fazendo. Mas estou decepcionada com o que viram no final, e sei que há quem diga que foi coisa de homem e tal. Só que a questão não foi o gênero. Em termos gerais, espero que em um grupo de garotas haja a sensação de que não existem limites para o que elas podem fazer.

Jacinda passa uma mensagem semelhante:

Meu objetivo é que as jovens, no futuro, possam olhar para trás, ver meu período na política e ver que podemos ser nós mesmas e sobreviver, à vontade com o que somos.

Claro, Jacinda sabe que as regras da democracia representativa significam que ela deixará de ser primeira-ministra em algum momento, e ela expressa a esperança de que, quando seu mandato chegar ao fim, seja visto como *"normal para a política"*, sem o gênero como um fator.

Outra restrição é que o resultado da exemplificação de papéis parece, em parte, depender da capacidade da mulher líder de provocar identificação. Um campo de estudo denominado "teoria da identidade social" tenta entender o que faz uma pessoa colocar alguém na mesma categoria que a sua própria, se relacionar com o outro e se inspirar a imitar suas realizações, em vez de vê-lo como diferente.

No que diz respeito à política, ser do mesmo gênero é uma característica que ajuda as mulheres a se relacionarem com um líder, mas não é a única. Existem classes, raças e outras dinâmicas. Uma garota de origem desfavorecida pode não sentir nenhuma conexão com uma mulher líder que provém de uma família rica de classe alta. Se as mulheres na política forem todas de uma mesma raça, ou todas heterossexuais, ou todas fisicamente saudáveis, uma garota com características diferentes dessas pode não se identificar com elas. Na verdade, o que pode muito bem acontecer é não uma exemplificação positiva, e sim uma alienação. A mensagem que pode ser entendida é que "garotas como você não dão conta".

Uma pesquisa atípica sobre as pessoas-exemplo citadas acima concentra-se no Leste e no Sudeste Asiático.[9] Ela mostra uma relação inversa entre o interesse feminino e o masculino pela política, e um maior número de mulheres ingressando no parlamento. Sem mais estudos, é impossível dizer se esse resultado aponta diferenças culturais ou se varia porque, ao contrário de muitos outros estudos, inclui sistemas de governo que não são democracias.

Também pode ser que as imagens de liderança feminina na região não sejam vistas como capazes de gerar identificação, uma vez que a maioria das mulheres líderes proeminentes que serviram até agora tinha ligações familiares com um homem importante. Por exemplo, ambas as ex-presidentes Megawati Sukarnoputri, da Indonésia, e Park Geun-hye, da Coreia do Sul, são filhas de ex-presidentes. A ex-presidente Corazón Aquino, das Filipinas, tornou-se líder da oposição após o assassinato de seu marido, o senador Benigno Aquino Jr. A ex-primeira-ministra Yingluck Shinawatra, da Tailândia, assumiu o cargo depois que seu irmão, que também serviu como primeiro-ministro, foi deposto por um golpe militar e exilado. Talvez isso tenha passado a mensagem de que a política é privilégio de um tipo específico de pessoa, não da população em geral.

No entanto, características pessoais compartilhadas não são os únicos fatores que contribuem para a identificação. Existe uma divisão entre ver uma pessoa de grandes realizações e acreditar que podemos imitá-la, e concluir que ela é tão extraordinária que é impossível que possamos fazer o que fez. De certa forma, essa proposição é apenas senso comum, e é possível ver isso acontecer em nossa própria vida. Por exemplo, podemos ter grande admiração por uma atleta ganhadora de medalha de ouro, mas a maioria de nós não vai tentar competir nos próximos Jogos Olímpicos.

No entanto, essa divisão se manifesta mesmo quando as grandes realizadoras estão no mesmo campo de atuação e não há razões objetivas para que outros não possam fazer o que elas fazem. As evidências de vários estudos mostram que, mesmo nessas circunstâncias, os exemplos comportamentais podem acabar não sendo inspiradores se as mulheres concluírem que as realizações dos modelos são inatingíveis. Isso acontecerá caso a percepção seja de que a realizadora tem características fora da norma, como ser superinteligente ou hiperenergética.[10]

Sempre se discute de que lado dessa divisão estaria uma pessoa-exemplo em potencial. Na política, toda mulher líder provavelmente já ouviu tanto "Quero fazer o que você fez" quanto "Eu nunca poderia ser como você".

As mulheres líderes deste livro estão, sem dúvida, cientes dessa divisão, e por meio de sua liderança, desejaram incluir e inspirar, em vez de alienar ao se pintarem como extraordinárias. Cada uma se esforçou para ser o mais encorajadora possível para a geração seguinte, sem atribuir seu sucesso a algo exclusivo delas, e sim o apresentando como um futuro que pode ser concretizado por outras mulheres. Em parte, isso decorre do preparo delas para ser francas sobre altos e baixos, tensões, dúvidas e triunfos.

Ainda assim, ironicamente, esse é o cerne dos problemas com pessoas-exemplo. Se uma líder faz parecer que foi fácil para ela, as mulheres que analisam suas realizações muito provavelmente concluirão que ela é um tipo especial de ser humano. Isso é excludente, não inspirador, porque as mulheres não se verão como ela. Mas a pesquisa também mostra que conversas francas sobre a dificuldade que tudo isso implica podem afastar as mulheres.

Por exemplo, um experimento de campo na Suíça identificou o resultado de discussões abertas entre mulheres membros do parlamento e jovens estudantes universitárias interessadas sobre como é o trabalho de verdade.[11] Os tópicos incluíram coisas como as dificuldades de equilibrar trabalho e vida familiar, e uma mulher detalhou os problemas que enfrentou quando foi eleita pela primeira vez. Na época, ela era a única mulher na legislatura, morava longe da capital e tinha filhos pequenos.

O resultado de toda essa honestidade foi que as jovens desistiram de pensar em uma carreira política. Os pesquisadores apontam que há características especiais no sistema suíço, incluindo o fato de que, em geral, trabalhar no parlamento não exige tempo integral. Os representantes eleitos têm empregos e cumprem suas obrigações políticas fora do horário normal de trabalho. Obviamente, para uma mãe que trabalha, isso exacerba as dificuldades, como o acesso a creches.

Por outro lado, seria muito desdenhoso dizer que essa pesquisa não tem relevância fora do país em que foi conduzida. Como o próprio estudo diz, "a questão do equilíbrio entre vida pessoal e profissional não é específica do caso suíço. As carreiras políticas são extremamente exigentes para a vida privada dos representantes".

Embora precise de mais pesquisas, o artigo sobre esse experimento de comportamento exemplar conclui:

"Uma hipótese que surge deste estudo é que a pessoa-exemplo pode não motivar as mulheres a seguir uma carreira política se discutir sua experiência sem rodeios, em vez de seguir um roteiro motivacional."

Onde isso nos deixa? Aparentemente, a supermulher é um exemplo alienante, assim como a mulher super honesta que fala francamente sobre os problemas que encontrou. Esse é o enigma da atitude de uma pessoa-exemplo.

Com base nisso, as mulheres líderes devem dourar a pílula ou, como sugerido acima, seguir um "roteiro motivacional"? Como seria isso? Algo como:

"Sou humana, assim como você, e alguns dias são mais difíceis que outros. Mas a política é uma profissão fantástica por meio da qual você pode mudar o mundo, e qualquer questão sobre ser mulher na política pode ser resolvida. Eu sei que pode, porque já fiz isso, e você também pode fazer."

São belas palavras, e as apoiamos totalmente. Mas acaso são muito simplistas? Será que vão resistir quando as mulheres pedirem a seus exemplos mais detalhes sobre os desafios enfrentados? Vão parecer vazias no mundo real?

Um claro exemplo moderno do tipo de problema que não pode ser oculto dourando a pílula é a natureza tóxica para as mulheres de grande parte do ambiente digital. Esse é o assunto de reportagens contínuas, mas ganhou ênfase especial no final de 2019, na corrida das eleições gerais no Reino Unido. Várias mulheres proeminentes do Partido Conservador anunciaram que não se candidatariam à reeleição e citaram o abuso digital como um fator na decisão.

Estourou um debate colateral sobre se o número de mulheres se retirando era incomum ou não. As estatísticas disseram que 19 dos 59 membros do parlamento que se afastaram eram mulheres, o que equivale a 32%. Disseram que esse resultado era esperado, dado que 32% de todos os representantes eleitos eram mulheres.

No entanto, ao analisar de novo, ficou claro que, particularmente no Partido Conservador governante, as renúncias provinham desproporcionalmente de mulheres cuja carreira se considerava em ascensão, e não em decadência. Esse foi um padrão diferente em comparação com os homens que estavam saindo. O *Guardian* publicou um artigo dizendo

O QUE ELAS TÊM A DIZER

que as mulheres eram, em média, dez anos mais novas e haviam passado uma década a menos no parlamento.[12]

A lista das que saíram incluía ministras de gabinete bem conhecidas e mulheres com reconhecido potencial de liderança. Várias delas fizeram referência direta ao abuso, inclusive nas redes sociais, em sua lista de motivos para sair da política. Caroline Spelman, que saiu no final de uma longa carreira, resume isso em nome de outras, dizendo:

"Retórica sexualmente carregada tem prevalecido no abuso digital de mulheres parlamentares, com ameaças de nos estuprar e comentários referindo-se a nós por nossos órgãos genitais. Eu, minha família e minha equipe suportamos um enorme impacto de abusos, e, francamente, acho que não dá mais."[13]

Essa eleição estava acontecendo três anos após o referendo do Brexit. Durante a campanha do referendo, uma mulher membro do parlamento do Partido Trabalhista, Jo Cox, foi assassinada enquanto estava em comício eleitoral. Esse ato hediondo de violência mostrou que a feiura não se limita ao mundo virtual. Caroline Spelman falou sobre usar um alarme de pânico em volta do pescoço.[14]

Explorando os motivos da renúncia de tantas mulheres promissoras antes da eleição, a repórter Beth Rigby, da *Sky News*, escreve:

"Disseram-me que uma mulher do parlamento está se afastando a pedido de seu filho, que está angustiado por ver a mãe ser prejudicada no trabalho. Outra deputada, que disse que ia desistir devido a níveis intoleráveis de abuso, foi perseguida por um homem, posteriormente preso por assédio."[15]

Diane Abbott, do Partido Trabalhista, que foi a primeira mulher negra eleita para o Parlamento do Reino Unido, concorreu de novo em 2019 e continua servindo como política. Ela enfrenta o duplo golpe de abuso digital machista e racista. Um relatório da Anistia Internacional sobre a eleição de 2017 no Reino Unido mostrou que o abuso no Twitter foi desproporcionalmente dirigido às mulheres; os cinco membros do parlamento que mais sofreram abusos eram mulheres. Surpreendentemente, isso mostrou que Diane "era o alvo de quase um terço (31,61%) de todos os tuítes abusivos que analisamos. Ela sofreu ainda mais abusos nas seis semanas que antecederam as eleições gerais de 2017, quando 45,14% dos tuítes abusivos foram direcionados a ela. Isso equivale a uma média de 51 tuítes abusivos por dia durante os 158 dias do estudo. O tipo de abuso que ela sofre, em geral, foca seu gênero e raça, e inclui ameaças de violência sexual".[16]

Diane se despediu no final da campanha e falou de sua experiência nos seguintes termos:

"É o volume de ofensas que torna isso tão debilitante, tão corrosivo e tão perturbador. É o volume absoluto. E o nível absoluto de ódio que as pessoas estão demonstrando. [...] É altamente focado em raça e gênero, porque as pessoas falam sobre estupro e sobre minha aparência física de uma forma que não falariam sobre um homem. Sofro abusos como política mulher e como política negra."[17]

Antes da campanha eleitoral de 2019, ela descreveu sua estratégia de resistência como "colocar um pé na frente do outro".[18]

As palavras de Diane são um lembrete para todos nós sobre a importância de reconhecer a interseccionalidade, que é uma palavra longa e complicada para o conceito simples de que a discriminação pode ser acumulada. O machismo não é a única forma de preconceito. O racismo e preconceitos com base em sexualidade, identidade de gênero, deficiência e estado de saúde, especialmente problemas de saúde mental, são todos muito reais. Isso significa que, para milhões e milhões de mulheres, viver a vida todos os dias implica enfrentar mais de uma forma de discriminação.

Entre nossas líderes, nenhuma delas alcançou o topo em um país onde a maioria da população não tinha a mesma cor de pele. Não existe uma versão feminina de Barack Obama, uma mulher que enfrentou o machismo e o racismo em seu país. Estamos conscientes de que isso significa que nosso livro não explora completamente a interseccionalidade.

Ellen, Joyce e Ngozi são mulheres negras, mas sua liderança política se deu em suas nações africanas de origem. Em seu livro *Americanah*, Chimamanda Ngozi Adichie fala lindamente da diferença entre ser negra na África e ser negra em uma sociedade que se identifica como branca:

"Vim de um país onde a raça não era um problema. Eu não me via como negra; só me tornei negra quando vim para a América."[19]

Michelle, nos vários períodos em que morou nos Estados Unidos, foi rotulada de hispânica, mas em seu próprio país não enfrentou racismo.

O QUE ELAS TÊM A DIZER

Isso não significa que nossas líderes nunca tenham sofrido combinação de machismo e racismo durante o tempo em que viveram e trabalharam fora de suas próprias nações.

Por exemplo, Ellen recorda:

No PDNU, eu fui a primeira mulher africana a liderar [como secretária-geral adjunta, supervisionando o Departamento Regional Africano do Programa das Nações Unidas para o Desenvolvimento], e alguns membros da organização se rebelaram contra isso. Pensava-se: "Como ela pode comandar isso? Ela é uma mulher de algum país pobre da África onde era ministra das Finanças, isso não é nada de mais". Dá pra ver esse tipo de coisa nos olhos das pessoas.

Ngozi também se lembra do início de sua carreira no Banco Mundial, quando era líder da equipe de um projeto na Tailândia. Nessa função, ela liderou uma missão de supervisão de três semanas naquele país. Todos os membros de sua equipe eram engenheiros, agricultores e outros especialistas mais velhos. Cada vez que o grupo se reunia com funcionários do governo ou anciãos da aldeia, os comentários eram dirigidos ao homem mais velho da equipe, mesmo depois de Ngozi ter sido apresentada como líder da equipe. Ela relata:

Eu podia ver a dúvida e a pergunta nos olhos deles: como uma jovem negra pode ser a líder dessa equipe importante? Não é possível.

Apesar do ataque violento de abusos nas redes sociais e suas inter-relações com gênero e raça, de uma maneira curiosa e encorajadora, em 2019, mais mulheres do que nunca foram eleitas para a Câmara dos Comuns no Reino Unido; o número chega agora a 34%.[20] Esse total inclui um número recorde de mulheres com origens BAME, que é um termo usado no Reino Unido para se referir a pessoas de grupos étnicos negros, asiáticos ou minoritários.[21] É um progresso, mas está longe da igualdade.

Pode ser que, com os olhos bem abertos, as mulheres tenham optado por participar de qualquer maneira. Também pode ser que, pelo fato de as renúncias parlamentares que geraram essa discussão terem ocorrido tão perto da eleição, fosse tarde demais para mudar a decisão das mulheres de se apresentar como candidatas. Certamente, achamos que mais tempo precisa passar antes que possamos analisar como o panorama de abuso contra as mulheres nas redes sociais acaba influenciando a disposição delas de pensar em uma carreira política.

Theresa concorreu de novo na eleição de 2019 como membro do parlamento, e está claramente preocupada com a natureza mutante da política, incluindo as redes sociais. Ela diz:

Nas últimas décadas, passamos por questões políticas difíceis, mas no contexto de um ambiente político relativamente benigno, incluindo uma expectativa sobre como a política será conduzida. Em geral, mas nem sempre, houve respeito e disposição para argumentar. Agora, entramos em um cenário bem diferente, e a consequência natural é que as mulheres são mais propensas a se assustar com isso.

Com essas palavras, Theresa aponta a existência de um problema maior sobre o temperamento político dos dias atuais, do qual o abuso nas redes sociais é um sintoma.

Contra a exploração de um problema de gênero urgente e visível do mundo real, voltamos a analisar nosso enigma de pessoas em papel de exemplo. Em nossa opinião, a realidade significa que não há como mulheres líderes amenizarem a experiência quando falam sobre a vida na política. Nenhum roteiro motivacional poderia ser suficiente para ocultar completamente das possíveis aspirantes políticas os fatos e os desafios que têm diante dos olhos.

Mesmo que isso fosse possível, haveria uma profunda falta de honestidade e autenticidade no centro dessa ação. As mulheres líderes provavelmente se sentiriam hipócritas ao fazerem qualquer coisa diferente de dizer a verdade sobre tudo. Além disso, encobrir as questões de gênero tentando ignorá-las ou diminuí-las não é uma estratégia para mudanças de longo prazo. Nosso mundo só poderá erradicar o preconceito de gênero na política e na liderança em geral quando ele for identificado, discutido, estudado e desafiado, e quando forem implementadas estratégias de mudança baseadas em evidências. Uma abordagem do tipo "tudo bem, não há nada para ver aqui" é um anátema para trabalhar nesse processo.

Quando conversamos com Hillary, ela sugeriu que chamássemos este livro de *Enigmas*, e essa ideia nos atraiu bastante; mas, no fim, escolhemos outro título. A palavra de Hillary, porém, se aplica a este contexto. Pensar em dar um exemplo honesto, inspirador e inclusivo para mulheres e meninas exige enfrentar enigmas, tentar resolver os vexatórios problemas que expusemos e exploramos.

Não existe uma resposta simples. Mas, para nós, uma mensagem-chave é que as líderes que são convidadas a falar como exemplos sempre precisam começar explicando por que é maravilhoso ser líder. Afinal, que melhor uso da vida de alguém pode haver que o de guiar e moldar o futuro?

Ser líder traz momentos de grande alegria que nunca devem ser subestimados. Ao falar com mulheres e meninas, talvez seja fácil presumir que elas já têm o desejo de liderar e, portanto, acabar não mencionando os diversos aspectos surpreendentes nem dando dicas para enfrentar os desafios de gênero. Como resultado, as líderes às vezes mergulham direto na discussão das partes difíceis. Definitivamente, acreditamos que as pessoas-exemplo devem ser francas acerca das questões que examinamos neste livro. Mas o enquadramento dessa conversa é importante. Deixar de explorar o lado maravilhoso e valioso de ser líder corre o risco de afastar as mulheres, em vez de atraí-las.

Joan Kirner, a primeira mulher a liderar o governo do estado de Victoria como primeira-ministra, foi uma grande mentora de Julia. Joan foi vítima de terríveis abusos machistas enquanto ocupava o cargo, e, afetada por isso, dedicou grande parte de seu tempo pós-política a criar um mundo político melhor para as mulheres. Ela foi líder da campanha interna do Partido Trabalhista australiano pela meta de ação afirmativa e foi fundamental para a criação da Emily's List, um órgão que financia e apoia candidatas mulheres. Teria sido fácil para Joan insistir em experiências negativas; afinal, ela tinha as próprias cicatrizes e ouvira ainda mais histórias de terror, todos os dias, das muitas candidatas e políticas que apoiava. Julia lembra, porém, que Joan sempre reforçou o "porquê". Ela enfatizava a razão de a política ser importante, o porquê de estar nessa linha de frente das políticas públicas ser importante. Em suas conversas com jovens aspirantes hoje, Julia se esforça para fazer o mesmo e aconselha as pessoas a não só terem clareza do propósito que as move, mas também que o escrevam e o carreguem consigo no dia a dia. Julia fez isso quando era primeira-ministra e descobriu que ter um padrão ao seu alcance era disciplinador e inspirador.

Que sempre compartilhemos o poder do pensamento positivo e encontremos maneiras de carregá-lo conosco.

12
Lições de destaque de oito vidas e oito hipóteses

Para aspirantes a líderes: tenham conhecimento, não medo.

Inicialmente, pretendíamos chamar este capítulo de "Lições de destaque para mulheres jovens". No entanto, conforme discutido no capítulo anterior, ao escrever este livro acabamos nos tornando muito mais veementes na rejeição ao preconceito etário e na defesa à ambição de todas as mulheres.

Por que as palavras "Tenham conhecimento, não medo"? A resposta vem da análise de pessoas-exemplo realizada no capítulo anterior. É um insulto à inteligência de mulheres e meninas tentar iludi-las ignorando ou minimizando as dificuldades. Queremos que as aspirantes a líderes estejam cientes das dimensões de gênero.

Dito isso, não queremos que nada que escrevemos impeça nem mesmo uma única mulher ou menina de almejar ser líder. Nossa mensagem é exatamente o oposto de medo. Nossa mensagem é: VAI NESSA! E, sim, estamos GRITANDO. É assim que sentimos fortemente a necessidade das mulheres, em toda a sua diversidade e em número recorde, de almejar ser líderes em todos os campos.

Neste capítulo final, queremos condensar as lições que nossas líderes compartilharam e oferecer mais alguns insights gerais sobre como alcançar a igualdade na liderança.

Em primeiro lugar, queremos falar pessoal e diretamente com as mulheres e meninas que olham para o lugar na mesa grande e aspiram sentar-se nele. Oferecemos dez lições a seguir. Acreditamos que oito delas podem ser aprendidas com as palavras de nossas mulheres líderes, e duas lhe oferecemos com base em nossas próprias experiências.

Dado que este livro enfoca mulheres na liderança política, tendemos a expressar essas lições em termos mais relevantes para quem está pensando em um futuro como parlamentar, ministra, nomeada política, primeira-ministra ou presidente. Temos certeza de que essas lições, que têm ressonância nos holofotes da liderança política, também valem a pena para as mulheres que buscam ser líderes nos negócios, na lei, na mídia, na tecnologia, nas comunidades locais e em inúmeras outras atividades significativas.

Ao percorrer seu caminho rumo ao poder, esperamos que você se sinta mais bem informada e equipada com o conteúdo deste livro e, em particular, com essas lições. Mas nosso trabalho não é pregar. Em última análise, você decide se aceita essas descobertas e como deseja aplicá-las. Por favor, veja este livro como um bufê e pegue os itens mais atraentes. Obviamente, adoraríamos se você pegasse porções grandes.

Lição um: A liderança, na verdade, não é "tudo uma questão de cabelo", mas infelizmente, os julgamentos sobre as mulheres — mais que sobre os homens — ainda se baseiam muito na aparência. Saber disso não significa necessariamente que você deva fazer algo, muito menos mudar seu estilo. Não recomendamos um consultor de moda e um maquiador. Mas também não queremos que você fique surpresa ou desconcertada quando houver comentários sobre sua aparência. Espere por isso.

Uma estratégia que nossas líderes usaram para tentar minimizar a discussão sobre a aparência foi criar um visual-padrão, incluindo roupas, penteados e maquiagem. Tipo um uniforme. As pessoas podem gostar ou não do uniforme escolhido, mas a falta de variação significa que não adianta falar sobre isso todos os dias.

Para algumas, essa abordagem pode parecer sensata, um alívio até. Como Barack Obama, você pode agradecer por não precisar se perguntar todos os dias: "O que devo vestir?". Para outras que gostam de moda, pode ser como uma morte em vida, a sufocação de um de seus canais criativos preferidos. Mas não precisa ser assim. Ngozi usou seu talento para desenvolver um visual africano que se tornou sua marca. No fim, tudo depende de você, mas quando fizer suas escolhas, faça-as entendendo que, embora seja muito injusto, elas terão consequências.

Frequentemente, os partidos políticos facultam serviços de estilistas para mulheres e homens. Isso pode ser útil, porque há algumas coisas que esses especialistas podem lhe dizer, além de dar orientações bem práticas, como quais armações de óculos refletem muito em gravações para a TV ou que estampas causam tremores na imagem da câmera.

Sugerimos que você tome cuidado com conselhos com viés de gênero. Por exemplo, Julia lembra que, quando foi candidata pela primeira vez, a equipe que tirava as fotos da campanha sempre aconselhava os homens a usar terno e as mulheres a usar roupas lisas de cores vivas. Julia gosta de, ocasionalmente, usar um blazer colorido, mas se perguntava sobre a imagem principal que seria usada em todo o material eleitoral, se alguém havia pensado na probabilidade de essas cores chamativas levarem alguns eleitores à conclusão de que as mulheres deveriam ser levadas menos a sério. Como ela observou na época, as fotos de Winston Churchill fazendo seus renomados discursos quando liderava o Reino Unido na Segunda Guerra Mundial não o mostram usando amarelo-canário.

Lição dois: Não existe maneira certa de ser uma líder. Seu estilo de liderança é exatamente isso, exclusivamente seu, não de outra pessoa.

Isso se aplica a nossas líderes, mas cada uma delas descreveu honestamente como autolimitaram seu comportamento de alguma forma por causa do que chamamos neste livro de "enigma do estilo". Mulheres líderes precisam andar na corda bamba entre ser vista como detentora de autoridade e não ser vista como carente de empatia ou de habilidades de cuidados.

Diante desse conhecimento compartilhado por nossas lideranças e respaldado pelas pesquisas, o que você deve fazer? A resposta pode ser "nada". Sendo da futura geração de líderes, você pode decidir ultrapassar os limites atuais da conduta aceitável para mulheres aos olhos do público. Esteja ciente de que você será notada e comentada.

Talvez você ache melhor aplicar sua energia de liderança em outro lugar e ache que está preparada para avaliar o enigma do estilo a fim de minimizar as distrações de suas principais mensagens e ações. Mais uma vez, a escolha é sua.

Um subconjunto desse debate é quanto você deseja ser vista como dona de suas ambições. Não há nada de errado em declarar com orgulho que você almeja o topo, que tem o que é preciso, que está pronta para ser uma grande líder. Se é assim que você se sente, pode optar por declarar isso abertamente. Nós a aplaudiríamos, porque os problemas de gênero em torno das ambições de liderança reivindicadas nos geram grande frustração. Mas sabemos que essas palavras terão um peso diferente provindas de uma mulher do que quando provindas de um homem, e que essa decisão tem consequências.

Ainda há questões a considerar para as mulheres que optam por dizer que têm a ambição de liderar porque desejam ser úteis e enfatizam que a sorte lhes trouxe oportunidades ou destacam o apoio que recebem de outras pessoas. Conforme discutimos neste livro, tudo isso é o caminho mais seguro. No entanto, é preciso avaliar como dar uma resposta que pode ser bem recebida pelo público, mas que não seja muito modesta ou passiva.

Lição três: Erna falou em como sorrir pode ser uma solução para superar o problema de ser vista como "meio megera". Pode funcionar? Talvez, e muitas de vocês podem pensar que vale a pena tentar. Quem não gosta de sorrir? E, se ao mesmo tempo resolver um problema, melhor ainda.

Deve-se notar que o fato de nossas líderes sentirem que a hipótese "ela é meio megera" se aplicava a elas foi algo muito específico do contexto. Hillary compartilhou sua experiência de campanha eleitoral negativa, e Joyce contou que foi comparada a uma vaca. Tomar a liderança de um homem, aparecer em ambientes adversários e estar no centro de campanhas políticas altamente polarizadas pareciam aumentar a probabilidade dessa crítica.

Os líderes políticos ou aspirantes à liderança nunca conseguem controlar todo o contexto, mas você pode ser analítica a esse respeito. De vez em quando, vale a pena perguntar a si mesma: "No clima atual, o 'ela é meio megera' tende a vir para o primeiro plano?". Em caso positivo, saber disso e pensar em estratégias para minimizar seu impacto nos parece importante. Acaso você deveria tentar prevenir o problema provocando um debate sobre gênero, liderança e esse tipo de caracterização? Uma questão secundária é se você deve liderar esse debate ou pedir a outros que o façam. É sempre difícil ser recebida como genuína em relação ao desejo de promover uma discussão aberta quando você é vista como alguém que tem interesses pessoais no resultado ou é vítima na questão.

Alternativamente, será que sua estratégia de posicionamento público deveria ser deliberadamente calibrada para se opor a essa crítica e incluir atividades e mensagens que mostrem seus atributos de cuidado e seu desejo de compartilhar, em vez de permitir que outros a reduzam sem contestação à caricatura de "uma megera"? Todas as decisões são suas, mas há uma questão a ser considerada. Como detalhamos, uma vez que essa caracterização se concretize, pode ser impossível mudá-la.

Lição quatro: Nossas líderes não apontam a melhor maneira de administrar o trabalho e a vida familiar, incluindo os filhos. Obviamente, não existe um manual nem um conjunto de regras que funcione para todos. Uma mensagem clara de nossas líderes é a necessidade de conversar com seu parceiro sobre o que os rigores da liderança, sejam na política, sejam em qualquer outro campo de atuação, significarão para sua família. Fazer isso logo no início pode facilitar arranjos posteriores que funcionem.

Outra lição de nossas líderes é que haverá um pouco de culpa. Espere isso e pense com antecedência em como você lidará com esse sentimento. A mensagem deste livro deve tranquilizá-la. Nossas líderes têm certeza de que dá para sobreviver. Elas continuam tendo relacionamentos fortes com os filhos, apesar de terem sacrificado, às vezes de formas dramáticas, o tempo em família durante suas carreiras.

Uma dimensão relacionada a ser considerada é que a liderança não é para sempre. Sim, na próxima geração de políticos haverá alguns que irão para o parlamento e lá permanecerão por várias décadas, mas, como em outros campos de atuação, a norma parece estar mudando e é provável que estar na política seja só mais uma carreira dentre muitas outras desenvolvidas durante uma vida inteira de trabalho. No nível mais elevado — primeiro-ministro ou presidente —, entre ciclos políticos e limites de mandato, o período de serviço é normalmente medido em alguns anos, não em longas décadas.

Por essas razões, ao planejar sua vida, seja na política ou na liderança em qualquer outro campo que seja seu objetivo, pense nisso como períodos — anos em que você dará um passo adiante no mundo, e anos em que dará um passo atrás e será mais intensa no domínio familiar. Sugerimos não ver a decisão de entrar na política ou de ter qualquer outra carreira ou posição de liderança como uma proposta de tudo ou nada: "Se eu fizer isso, ficarei afastada de minha família para sempre". Não é verdade.

A conversa com nossas líderes também nos faz lembrar que há um interesse comum a mulheres e homens em pressionar a política para incluir mais a vida familiar. A próxima geração de líderes homens tem menos probabilidade que as anteriores de ter uma estrutura familiar na qual uma esposa não trabalha. Os homens também desejarão combinar política com a paternidade presente. Para melhorar esse aspecto da política, nosso conselho é que nunca é cedo demais para começar, e todas devem ser ativistas. Mesmo antes de ter filhos, ainda que não tenha filhos ou que seus descendentes estejam todos crescidos, você pode participar da defesa de mudanças.

Como parte da campanha, procure bons exemplos no mundo todo. A Casa do Parlamento da Austrália tem uma creche. A Câmara dos Comuns no Reino Unido permite que uma mulher política nomeie um substituto para cuidar de seu trabalho durante a licença-maternidade. Erna falou sobre as características especiais do sistema norueguês. Dar início a uma corrida global por melhores condições não só na política, mas em todos os locais de trabalho, propiciaria um resultado fantástico para mulheres e homens.

Da mesma forma, seria fantástico mostrar consideração pelas escolhas familiares, inclusive se uma mulher decidir não ter filhos. Conforme discutimos neste livro, mulheres e homens podem usar isso para criticar e menosprezar uma mulher sem filhos. Podemos e devemos ser melhores que isso.

Lição cinco: A política de escassez separará as mulheres se permitirmos. Quanto mais se sobe para níveis cada vez mais altos de liderança, mais competição se encontra. É assim que deveria ser. Para apoiar a vibração de nossas democracias, queremos que muitas pessoas aspirem à liderança, em vez de se afastarem dela.

Às vezes, essas disputas colocam você contra os homens, às vezes contra as mulheres, às vezes contra ambos. Se a disputa for com outra mulher, ou outras mulheres, sugerimos que você pare e pense um pouco. Pergunte a si mesma: "Isso é justo ou é uma armadilha? Será que as mulheres estão sendo forçadas a se derrubar entre si em uma disputa, em um estreito caminho para um número limitado de posições de liderança, e, enquanto as mulheres lutam, os homens conquistam a maior parte dos cargos?".

Se concluir que sim, é injusto. Mas isso não significa, necessariamente, que você deve se recusar a se candidatar. Afinal de contas, como defensoras da igualdade de gênero, como parte de uma estratégia provisória, é melhor ver algumas mulheres alcançando o sucesso do que nenhuma. Para dar um exemplo do mundo dos negócios, ver 30% das diretorias de um conselho corporativo nas mãos de mulheres é melhor que nada.

No entanto, o fato de as mulheres estarem se envolvendo em disputas pelo número limitado de oportunidades disponíveis não deve prejudicar a necessidade de colocar nossa energia no objetivo mais profundo, que é eliminar as regras do jogo. Em termos individuais, isso significa não se deixar levar pela disputa a ponto de ignorar as reformas estruturais vitais necessárias. Se você não conseguir o cargo, e sim outra mulher, não a prejudique por causa do gênero que tem. Isso mereceria um lugar especial no inferno.

Voltando diretamente para a política, acreditamos ser importante reconhecer que a era atual é de um tribalismo intensificado. Isso pode ser visto nas predisposições dos apoiadores políticos, nas conversas frenéticas, e muitas vezes feias, no Twitter e no tom cada vez mais duro e pessoal dos debates políticos. Como mulheres, devemos estar cientes de que todas essas forças significam que pode ser mais difícil apoiar outras mulheres na política. Para dar um exemplo, se uma mulher de outro partido político está sendo criticada de forma machista, o partidarismo da política pode tornar mais difícil perceber a necessidade de ter empatia e de correr para ajudá-la.

Esse é um problema no qual vale a pena pensar com antecedência, antes do calor do momento e da necessidade de fazer um julgamento em frações de segundo. Felizmente, todas podemos nos comprometer a encontrar maneiras de apoiar melhor outras mulheres, mesmo em ambientes divisores.

Além disso, há um trabalho contínuo a ser feito no desenvolvimento de redes de contatos e organizações que ajudem as mulheres a entrar na política e prosperar, uma vez lá. Inevitavelmente, muitos conselhos desta lição têm base em mulheres específicas e escolhas individuais. É importante reconhecer, porém, que todos os grandes avanços para as mulheres foram feitos devido à ação coletiva, de modo que estruturas que unam as mulheres ativistas são vitais.

Existem limitações práticas de tempo e energia a serem levadas em conta. Não estamos sugerindo que você estará pisando na bola se, além de sua enorme carga de trabalho, não acrescentar a atividade extra de sair por aí e apoiar outras mulheres todos os dias. Como nossas entrevistadas disseram, às vezes, sendo líder e cuidando da família, arranjar mais trabalho pode ser demais. No entanto, mesmo quando não puder ajudar outra mulher, tenha certeza de não fazer nada para bloqueá-la. Ocasionalmente, você pode compartilhar palavras amáveis e encorajadoras. Mesmo que não possa ser tão ativista quanto gostaria dentro das organizações femininas, você pode endossar o trabalho delas.

Em geral, sugerimos uma abordagem de ciclo de vida. Talvez você não possa ajudar, orientar e apadrinhar mulheres ou participar de reuniões feministas todos os dias, mas haverá períodos na vida em que terá tempo e espaço para fazer uma diferença real. Encorajamos você a usá--los ao máximo como forma de retribuir às mulheres que já abriram espaço para você.

Lição seis: Imagine-se na agitada semana final de uma campanha eleitoral. As pesquisas de opinião mostram que é possível que seu partido ganhe, mas um gás nos últimos dias antes da eleição ajudaria. Ser eleita criará a oportunidade de implementar uma grande variedade de políticas importantes para a igualdade de gênero. Estoura um escândalo: uma mulher importante em outro partido político fez uso indevido dos benefícios de viagem. Sabe-se que ela pegou um voo financiado pelo contribuinte, sendo que não deveria. Normalmente, esses assuntos causam certa vergonha política e o reembolso do dinheiro indevidamente usado. Dessa vez, a equipe de campanha de seu partido rapidamente desenvolve um anúncio incriminador que a retrata como uma ladra, e promete que ela será processada. Grupos de teste com eleitores indecisos, aos quais se mostra o anúncio, são tão influenciados que dizem que agora votarão em seu partido. A decisão é sua. Você põe o anúncio no ar? Afinal, pode dizer a si mesma que não se trata de gênero, que seu partido está só estabelecendo um novo e mais alto padrão sobre punição às más condutas.

É um dilema muito difícil, não é? Nós o criamos para ajudar a ilustrar os temas que descobrimos ao analisar a Salem moderna. Há momentos em que as mulheres na política farão coisas erradas e terão que enfrentar sanções. É necessário um bom julgamento sobre o que é tratamento igualitário para que o processo e o opróbio não sejam diferentes daqueles que um homem enfrentaria. Em razão do partidarismo, do calor e da fúria da política, é especialmente difícil fazer que tudo isso seja justo.

Aqui, achamos que estar ciente do problema é o primeiro passo importante. O segundo é falar sobre o tema. Quanto mais discussão sobre esse fenômeno de manter as mulheres em um padrão mais elevado e puni-las mais severamente quando erram, mais fácil será para as pessoas perceberem o preconceito na próxima vez.

Terceiro, Jacinda falou com convicção sobre ter analisado, no início de sua carreira, como se manter fiel a seu eu essencial na política. Achamos que essa é uma prática sábia e deve ser imitada. Isso a ajudará a saber mais sobre quem você é e os limites que traçará para si mesma.

Lição sete: Pense agora se, como e quando você vai denunciar o machismo, caso o enfrente. Como Julia compartilhou no início deste livro, se ela pudesse voltar no tempo, chamaria a atenção para o machismo que enfrentou como líder. Qual será sua estratégia quando isso acontecer com você?

Não existe uma resposta perfeita para essa pergunta. Muito dependerá do momento, de sua posição na hora e de seu acesso a aliados e apoiadores. Mas criar prováveis cenários na cabeça ou com amigos de confiança e trabalhar nas reações são uma preparação inteligente.

Antes das campanhas eleitorais, é comum que os partidos políticos façam exercícios para testar e refinar como reagirão caso algo inesperado aconteça. Por exemplo, se ocorrer um desastre natural, ou um período de luto for necessário porque um líder nacional morreu, ou o líder do partido tiver uma laringite logo antes de um grande debate, o que fazer? As empresas também costumam fazer exercícios de planejamento de cenários. Nossa sugestão é que você adote o mesmo tipo de abordagem planejada, cuidadosa e testada.

Isso inclui não apenas descobrir como você reagiria se um incidente machista acontecesse, mas como lidaria com a resposta a ele. Imagine que você denuncie o machismo e reclame disso. O que aconteceria depois? Prevemos que você sofrerá uma enxurrada de críticas. Isso não é apenas um palpite, e sim uma suposição baseada na análise da reação de mulheres e homens do outro lado da política e na mídia ao discurso sobre misoginia de Julia na Austrália. Ela foi acusada de "usar a carta do machismo", de dar início a uma guerra dos gêneros, de ser reclamona e de se fazer de vítima.

Essas observações negativas são comumente enfrentadas por mulheres líderes que levantam questões de gênero. E entremeado nessas observações está o argumento desprezível de que só as mimadas e privilegiadas estão preocupadas com isso. É fácil silenciar por causa desse tipo de crítica.

No entanto, quando ouvimos as palavras de nossas líderes, com toda a sua diversidade global, não há nada em que basear a conclusão de que o machismo seja visto como um fardo só por mulheres favorecidas que não têm mais do que reclamar. Mesmo que nossas líderes provenham de culturas e contextos tão diferentes, o grau de comunhão que expressaram sobre os desafios que enfrentaram é impressionante. Cada uma falou sobre julgamentos com base em sua aparência, e cada uma sentiu que as percepções baseadas em gênero levaram a comportamentos autolimitantes. Todas as mães falaram das pressões do trabalho e da vida familiar, embora os sacrifícios que precisaram fazer para administrar isso fossem muito diferentes — Ellen teve que enfrentar a mais difícil das escolhas.

Houve opiniões divergentes sobre serem vistas como "meio megeras" e o grau de apoio que recebiam de outras mulheres. Mas os padrões de variação não tinham como base a renda nem a riqueza de uma mulher individual ou da nação de onde ela provém.

Claro, cultura e contexto são importantes, assim como a interseccionalidade. As estratégias para combater a discriminação de gênero e outras nunca serão as mesmas em todos os lugares. Mas não devemos cair na retórica enfraquecedora de que somente as mulheres que estão no topo questionam o machismo, se preocupam com ele e querem vê-lo erradicado. Consegue se lembrar de uma ocasião em que se tenha dito a um líder político branco que ele não deveria reclamar de nada — xingamentos de seus oponentes, reportagens imprecisas da mídia, falta de assistência de partes interessadas importantes — enquanto todos os homens mais desfavorecidos do planeta não saíssem da pobreza? Não, esse tipo de culpa só é imposto a mulheres líderes que criticam o machismo. Vamos encarar as coisas como são.

A lição principal aqui é que, infelizmente, existem machismo, vergonha e silêncio; portanto, comece a planejar suas reações a tudo isso desde já.

Lição oito: Lembre-se sempre de ser um exemplo positivo. Com o tempo, você deixará de admirar modelos de comportamento e se tornará referência para outras pessoas, que a observarão e se esforçarão para aprender com seu exemplo. Às vezes, essa é uma posição difícil de assumir, e inicialmente talvez você se pegue pensando: *"Que diabos eu tenho para compartilhar que pode fazer a diferença na vida de qualquer outra pessoa?"*. Suspeitamos que todas as líderes deste livro sentiram isso em alguns momentos da vida.

Mas, ao encontrar e desenvolver sua voz como exemplo, lembre-se de que é fundamental falar positivamente sobre ser líder e ser franca sobre os desafios. Assim, você fará o melhor para aqueles que se apoiam em suas palavras.

Em seu caminho rumo ao poder, há decisões a tomar sobre se e como você terá acesso a padrinhos e mentores. Nosso melhor conselho é começar sendo bem clara sobre o que você quer e quanto tempo tem para se dedicar a esse tipo de intercâmbio.

Para encontrar clareza é preciso reconhecer que, no uso comum, a palavra "mentor" é flexível, e o termo "padrinho" é muito menos conhecido. Um mentor pode significar uma pessoa que ouve e tem empatia, que desempenha o papel de cuidador. Também pode significar alguém que é totalmente analítico e imparcial sobre seu desempenho e o que você precisa fazer para ter sucesso. Um mentor tipo coach pode alternar entre essas funções, metaforicamente segurando sua mão em uma sessão e desafiando você na próxima.

Um mentor pode ser alguém que abre portas para você e o leva a eventos onde pode fazer contatos. Um padrinho também pode desempenhar esse papel, mas, além disso, está preparado para usar os próprios contatos e uma marca pessoal para endossá-la a uma promoção.

Além de tudo isso, há tantos cursos e conferências voltados para mulheres, que seria literalmente possível frequentar um a cada dia útil do ano. A empresa em que você trabalha ou a comunidade em que vive talvez também tenha *networking* e cursos para mulheres.

O que faria diferença para você? Ao avaliar isso, seja realista quanto ao tempo que você pode dedicar a uma mentoria. Para muitas, esse compromisso pode ser uma resolução de Ano-Novo. No início, têm muito empenho, energia e entusiasmo, mas, à medida que as demandas da vida diária se acumulam, o que antes era tão promissor chega a um fim vergonhoso.

Procure responder: O que exatamente eu quero de uma mentora e quanto tempo posso dedicar a isso? Com essa clareza, procure a melhor pessoa. Não é provável que esse tipo de relação surja simplesmente pedindo mentoria a uma mulher poderosa que você conheceu em um evento — por todas as razões que vimos neste livro. Conseguir a mentora certa requer o mesmo tipo de reflexão e pesquisa necessário para outras grandes decisões da vida, como onde morar, o que estudar, onde trabalhar, e assim por diante. Mas existem muitas empresas que ajudam a aproximar mentores e pupilos. Parte de sua busca deve ser ver se uma delas serve para você.

O que discutimos até agora se aplica a acordos de mentoria bastante formalizados. Talvez você prefira uma abordagem mais integrada, organicamente aumentando, com o tempo, uma lista de contatos políticos ou parceiros de negócios, conhecidos e amigos que podem fornecer conselhos e apoio conforme necessário. Para algumas das pessoas mais ocupadas e experientes de sua vida, isso pode render mais resultados que um acordo mais formalizado. Devido às pressões do trabalho, muitos podem recusar reuniões regulares de mentoria, mas as pessoas são mais propensas a dar de vez em quando sua perspectiva sobre determinado assunto.

Estabeleça períodos de revisão, talvez anualmente, em que você e sua mentora confiram se essa relação acabou ou se ainda funciona para as duas. Se adotar uma abordagem mais orgânica, faça pelo menos uma checagem anual da sua rede de contatos e da melhor forma de aumentá-la.

É muito mais provável que conseguir um padrinho ou uma madrinha aconteça naturalmente ou como resultado do aprofundamento de um acordo formal de mentoria do que de um pedido direto. Se nos colocarmos no lugar do padrinho, será fácil entender por quê. Recomendar alguém para uma promoção e se comprometer por essa pessoa é um risco, e por que alguém correria esse risco por uma pessoa que não conhece direito?

Pode-se ganhar muito participando de conferências e eventos voltados para mulheres, mas há uma armadilha aqui, e mais uma vez é melhor estar ciente. Se, uma vez depois da outra, você se encontrar em eventos e ocasiões de *networking* com outras mulheres enquanto os homens de poder se reúnem em outro lugar, haverá um limite para o que você poderá realizar.

Em nossa observação, esse é um problema endêmico. Em partidos políticos, empresas e outras organizações, presume-se que a igualdade das mulheres será alcançada apenas facilitando a união delas. É necessário que as mulheres se organizem e se apoiem entre si. No entanto, impulsionar a mudança requer que os tomadores de decisão estejam envolvidos e ajam de acordo. No momento, pessoas com poder de decisão ainda são, desproporcionalmente, homens. É por isso que o líder partidário, o CEO ou o presidente do conselho deve estar presente, ouvindo de verdade as mulheres, respondendo a elas e agindo pela igualdade de gênero. Tornar isso significativo, não só para inglês ver, exige que os homens pensem sobre seu papel, mas as mulheres também precisam planejar a melhor maneira de atraí-los para a causa.

Enquanto trabalhamos coletivamente para resolver esses quebra-cabeças, recomendamos que avalie quais desses muitos eventos femininos e com potencial de igualdade de gênero são os melhores para você.

Com base nas histórias de nossas líderes, fica claro que algumas mulheres veem a mentoria, particularmente, como mais importante. Nossas líderes não eram grandes planejadoras de suas estratégias de mentoria e apadrinhamento. Isso não é surpreendente, dado que o grau de foco em ambos é muito maior agora do que quando a maioria de nossas líderes começou sua jornada de liderança.

Recomendamos que você reflita sobre sua estratégia. Não se restrinja a contemplar só mulheres poderosas. Procure padrinhos e outros modelos masculinos positivos. Algumas de nossas líderes receberam na carreira ajuda mais direta de homens de destaque. Mesmo que sua decisão final seja não querer ter um mentor ou um padrinho, é melhor que isso seja um resultado planejado e deliberado, e não um padrão.

Lição nove: Enquanto trabalhava neste livro, Julia refletiu sobre o que gostaria de ter sabido quando estava começando na política. Depois de muito pensar, decidiu que seria o poder do networking. Pode parecer estranho que alguém que agora tem contatos na Austrália e ao redor do mundo diga isso, mas quando foi membro do parlamento pela primeira vez, Julia achava que o normal era marcar reuniões com as pessoas apenas se tivesse algo específico a tratar. As pessoas estavam ocupadas, ela estava ocupada, deveria-se respeitar as limitações de tempo de todos.

O QUE ELAS TÊM A DIZER

Demorou um pouco para ela perceber que muitos homens políticos promissores estavam adotando uma abordagem diferente. Apesar de recém-chegados ao parlamento, cheios de confiança, eles se reuniam com diretores executivos e presidentes das maiores empresas da Austrália, editores dos principais jornais, proprietários de redes de televisão e similares. Essas várias reuniões não tinham nenhum objetivo além da construção de relacionamentos. Mais adiante na carreira de parlamentar, em momentos de possíveis promoções ou mesmo de crise, esses contatos seriam úteis.

Agora, quando olha para trás, Julia percebe que a principal diferença na abordagem se resumia ao fato de que os homens presumiam que pessoas poderosas da Austrália estariam interessadas no que eles, como jovens políticos, tinham a dizer. A suposição deles sobre quanto espaço eram capazes de ocupar no mundo da poderosa elite da Austrália foi bem confiante.

Ngozi tem uma mensagem sobre *networking* também. Ela não é política de carreira como Julia; não concorreu a um cargo — foi nomeada. Mesmo assim, ela se viu no meio da política. Por estar tão focada no trabalho, tão concentrada nos desafios de reformar os sistemas financeiros do país, dedicou muito pouco tempo a novas atividades. Ngozi confiou amplamente nos contatos que já havia construído antes de se tornar ministra das Finanças para ajudá-la a resolver problemas.

Olhando para trás, ela agora percebe que deveria ter se esforçado mais para ampliar seu *networking* e construir novas coalizões, porque esses contatos podem ser fundamentais em tempos de desafios, ou uma rede de apoio em tempos de oportunidades.

Isso significa que nossa mensagem é dupla. Não subestime o valor de fazer que as pessoas a conheçam nem do espaço que deve ocupar. Além disso, gaste o tempo necessário para fazer *networking* e construir coalizões e amizades. Vale a pena.

Theresa falou sobre a intenção deliberada de estabelecer um *networking* de mulheres para rivalizar com o antigo clube do Bolinha na política conservadora. Outra abordagem é mudar processos para que esses clubes sejam enfraquecidos. No mundo dos negócios, já se faz uso de processos anônimos nos quais os recrutadores não podem ver o nome, o sexo e a instituição de ensino do candidato. Assim, é impossível focar, deliberada ou inconscientemente, naqueles que provêm do mesmo grupo masculino. A política não se presta a essa abordagem, mas as regras de ação afirmativa podem ajudar a interromper a tendência de explorar a rede de poder masculina e pré-selecionar o próximo homem da fila. Uma terceira opção é as mulheres tentarem entrar no clube já existente. Ao conquistarem o poder, as mulheres conseguem se colocar em posição de não serem ignoradas. Sugerimos pensar em implantar cada uma dessas abordagens. Há mérito em todas elas.

Lição dez: Nossa lição final foi ensinada às autoras pela editora deste livro, Meredith. Entregar um manuscrito é como entregar uma prova para correção. Você espera o julgamento.

O nosso incluiu a observação de que deveríamos escrever mais sobre apadrinhamento e mentoria, que muitas mulheres gostariam de ver esse conteúdo, e o que havíamos compartilhado predominantemente era que nenhuma de nós achava que estava fazendo o suficiente. Meredith destacou que ambas damos palestras regularmente em eventos femininos, que estávamos escrevendo um livro inteiro sobre o assunto, que Julia está desenvolvendo o Global Institute for Women's Leadership, e que opiniões de Ngozi sobre igualdade de gênero e desenvolvimento são muito procuradas. E, mesmo com tudo isso, Meredith nos repreendeu: "Vocês duas estão agindo como mulheres estereotipadas e destacando seus fracassos e suas culpas".

Naturalmente, em resposta à avaliação dela, nós fizemos correções. Mas é meio ridículo e cômico que duas mulheres inteligentes e dedicadas, que escrevem dezenas de milhares de palavras sobre estereótipos de gênero, acabem repetindo isso no próprio comportamento.

No início deste livro, recomendamos que as mulheres líderes procurassem regularmente alguém com experiência que possa dar conselhos periódicos sobre como sua liderança está sendo percebida em aspectos relativos a gênero. Fizemos isso com base no fato de que pode ser impossível para uma líder ver isso ela mesma quando está no meio de tudo. Agora, queremos ampliar esse conselho. Meredith nos ensinou que todas nós podemos deixar de ver nossos comportamentos com viés de gênero enquanto tentamos alcançar nossos objetivos.

Em resposta, só podemos dizer que todas precisamos de uma mulher em nossa vida que diga periodicamente: "Está brincando? Ouça o que está dizendo!".

Homens à luta

Estas autoras participaram de diversas reuniões internacionais nas quais salas cheias de mulheres discutiam a melhor maneira de alcançar a igualdade de gênero. Adoramos sentir o poder e a paixão das pessoas ao nosso redor. Mas, como destacado acima, também sabemos que fazer progressos significa que temos que incluir homens em nossas discussões.

Com base nisso, tem sido maravilhoso ver reuniões de líderes, como o G20 e o G7, agendando discussões sobre o empoderamento das mulheres, ver as pessoas mais poderosas do mundo — predominantemente homens — mostrando que a igualdade de gênero também é problema delas.

No entanto, como homem, você não precisa ser primeiro-ministro ou presidente de uma nação rica para fazer a diferença. De nossas mulheres líderes, acreditamos que podemos tirar algumas lições para os homens também. Nesta parte, as lições são especialmente para os homens que leem este livro.

Em primeiro lugar, os homens podem reconhecer que a responsabilidade de denunciar não é exclusiva de uma mulher vítima de uma conduta machista ou de estereótipos. Na verdade, é comum que ela esteja na posição mais difícil para iniciar a discussão. Ela é a pessoa que enfrentará a acusação de atuar em interesse próprio se citar isso. Talvez a própria conduta ou preconceito, consciente ou inconsciente, que precisam ser denunciados a tenham deixado sem poder. Ela também pode ter começado com menos poder que outras pessoas presentes na reunião. Mas, mesmo que seja uma líder e tenha mais poder, talvez não queira aumentar percepções com viés de gênero do tipo "ela é meio megera".

Isso significa que é hora de ir à luta e assumir a tarefa de denunciar. Apontar o machismo não precisa ser feito com raiva, de um jeito que promova o confronto. Pode ser simples, como ter uma conversa baixinha com o infrator, ou falar em uma reunião: "Ando pensado em como é importante tomar cuidado para que as coisas que dizemos não incluam estereótipos de gênero", ou "Todos nós temos preconceitos inconscientes e precisamos conversar sobre eles". Se os homens encontrarem a vontade, encontrarão as palavras, e quanto mais o fizerem, mais fácil será.

O que pode começar como algo que um homem está preparado para fazer em seu entorno deve se tornar uma atividade em todos os ambientes. Julia sempre especulou sobre a diferença que teria feito se, enquanto faziam críticas de gênero em seu primeiro mandato como primeira-ministra, um australiano importante de fora da política houvesse sido preparado para dizer publicamente: "Nós, australianos, não fazemos isso na política. Tenhamos um debate político respeitoso e livre de estereótipos de gênero".

Em segundo lugar, pense em quais vozes estão sendo ouvidas. Um estudo sobre o tempo de conversação em grupos de cinco pessoas descobriu que, mesmo quando três mulheres estavam em um grupo, elas não falavam por uma boa parte do tempo disponível. Isso só acontecia quando havia a supermaioria de quatro mulheres. Nesse cenário, apenas 20% das interrupções feitas quando uma mulher estava falando foram negativas, ao passo que, quando houve apenas uma mulher no grupo de cinco, 70% das interrupções que ela recebeu foram negativas. Se você está preocupado com o homem solitário nos grupos com supermaioria feminina, não precisa. Ele deu conta. A mesma pesquisa mostrou que as regras de engajamento importavam. Se o grupo de cinco foi informado de que uma decisão só poderia ser tomada por consenso e não por maioria, cada mulher falou quase que o limite certinho do tempo dividido igualmente entre todos.[1] Para os homens, há dois pontos-chave a extrair disso. Ao participar das discussões, pergunte a si mesmo: "Estou falando e interrompendo mais do que deveria? As mulheres não estão sendo ouvidas?". Se a resposta a qualquer dessas perguntas for *sim*, equilibre o jogo. Se é você quem determina o funcionamento da reunião, pense no modelo de tomada de decisão e em como igualar o tempo de conversa. Como participante da discussão, tenha o cuidado de incluir as mulheres na conversa.

Terceiro, criar políticas de trabalho e vida familiar melhores para o equilíbrio não é trabalho exclusivo das mulheres; também requer esforço dos homens. Os locais de trabalho mudarão mais depressa se a pressão vier de todas as partes.

Existem pesquisas que sugerem que a busca por flexibilidades favoráveis à família pode ser estigmatizada. Alguns trabalhadores flexíveis podem ver resultados negativos na carreira, como menos acesso a oportunidades de treinamento e promoção, e as mães são particularmente suscetíveis a isso.[2] Mas esse estigma pode ser combatido se o acesso ao horário de trabalho flexível for expandido de modo que seja visto como norma, e não exceção,[3] e uma parte disso significa encorajar mais homens a trabalhar com flexibilidade de horário. Portanto, defendemos que os homens façam parte da mudança que todos queremos ver, usando de maneira visível as oportunidades disponíveis de acordo com as políticas de seus locais de trabalho.

Outro benefício será um melhor exemplo para que as crianças saibam que cuidar delas e fazer as tarefas domésticas também são trabalho do homem. Ngozi tem experiência prática para compartilhar sobre o tópico. O marido dela, apesar de ser um médico e cirurgião ocupado, cozinhava e limpava ao lado dela, e juntos ensinaram seus três filhos e uma filha a cozinhar assim que completaram 12 anos. Os meninos aprenderam que boa comida e casa limpa pouco têm a ver com gênero.

Na época da publicação deste livro, muitos milhões de famílias no mundo todo experimentavam a dupla pressão de trabalhar em casa e cuidar das crianças simultaneamente devido às restrições introduzidas pelo combate à pandemia da Covid-19. Dados bem precoces mostram que a divisão de tarefas dentro das famílias durante esse período incomum refletiu as contínuas divisões de gênero. Por exemplo, no Reino Unido, as mães gastavam seis horas por dia cuidando dos filhos e da educação em casa, ao passo que os pais dedicavam pouco mais de quatro horas. Curiosamente, as mães com empregos bem pagos, que provavelmente exigiriam um trabalho intenso, tinham que suportar ainda mais a carga. Mulheres que ganhavam mais de 80 mil libras por ano dedicavam sete horas por dia ao cuidado e à educação das crianças, ao passo que os homens que ganhavam a mesma quantia dedicavam menos de 4,5 horas.[4] Ainda assim, há motivos para esperança. Emergindo dessa crise, muitas empresas repensarão profundamente a forma como abordam o trabalho e o equilíbrio entre os modos presencial, virtual e flexível. Curiosamente, parece que a experiência de ficarem todos presos em casa tem provocado conversas bastante necessárias sobre a melhor forma de dividir o trabalho doméstico. Incentivamos todos, especialmente os homens, a não desperdiçar o atual potencial de mudanças importantes e equitativas em casa e no trabalho.

Como discutimos no Capítulo 4, também é importante que os pais incentivem meninas e meninos a pensar sobre o futuro de maneira livre.

Uma coisa que nossas líderes têm em comum é que, quando crianças, nunca lhes disseram que a liderança era só para meninos. A maneira como uma menina é educada hoje é importante para sua visão de si mesma e suas ambições quando adulta.

Quarto, os homens podem e devem servir como exemplo, mentores e padrinhos para as mulheres em momentos críticos na progressão de carreira e jornadas de liderança. Seja receptivo se as mulheres o procurarem como mentor ou padrinho, e reserve um tempo para fazer isso direito. Existe um fenômeno conhecido como ser "mentoreada até a morte", no qual as mulheres são orientadas a desenvolver projetos a mais, ir a eventos noturnos para fazer *networking* e participar de eventos corporativos exclusivos para mulheres, tudo isso enquanto ainda são obrigadas a sustentar a mesma carga de esforço no trabalho e em casa.[5] Essa é uma receita para o estresse e o esgotamento, não para o avanço na carreira. Ser um mentor ou um padrinho é uma habilidade que precisa ser aprendida e aprimorada; não é algo inato. Faça cursos ou leia livros. No final das contas, a pergunta que deve se fazer é: "Ajudei de verdade uma mulher a progredir?". Apoiar o sucesso de uma única mulher mudará sua vida e fará a diferença para as mulheres que seguem seus passos. Também é provável que seu tempo gasto seja recompensado por lhe permitir obter uma visão mais profunda da maneira como o mundo é visto pelos olhos das mulheres.

Quinto, toda vez que destacamos a falta de acesso das mulheres a posições de liderança neste livro, mostramos o outro lado da moeda — que os homens detêm desproporcionalmente o poder. Eles podem e devem escolher usar essa influência para mudanças. A desigualdade de gênero está integrada nas estruturas e nos sistemas de nossas sociedades, bem como nas atitudes individuais. Para ver uma mudança de verdade, precisamos que os homens se comprometam deliberadamente com o retrabalho necessário para eliminar a desigualdade de gênero.

Atualmente, os homens não apenas detêm o poder de forma desproporcional, como também as pesquisas nos dizem que eles podem se tornar agentes de mudança desproporcionalmente poderosos. A pesquisa psicológica realizada em 2018 mostra que "os homens têm dupla vantagem na mobilização de seguidores" para combater a desigualdade de gênero.[6] Isso significa que um líder homem que articula uma mensagem antimachismo atinge mais homens e mulheres. Infelizmente, exatamente a mesma mensagem transmitida por uma líder mulher é menos impactante. Essa conclusão está de acordo com pesquisas anteriores que mostram que os homens têm vantagem no enfrentamento ao machismo porque são vistos como detentores de maior legitimidade devido à percepção de que estão fazendo algo contra seus próprios interesses que pode colocá-los em risco.[7]

Homens, se tudo isso não os convenceu a se envolver, talvez isto o faça: estudos têm mostrado que os líderes homens são avaliados mais favoravelmente e encontram reações positivas ao chamarem a atenção para a desigualdade de gênero. Então, você não precisa ter medo de se envolver. Na verdade, além de saber que estará fazendo a coisa certa, você terá uma vantagem direta!

À mídia

Pedimos aos jornalistas da mídia tradicional que estejam cientes das muitas questões que discutimos neste livro relacionadas às mulheres e à liderança. Oferecemos algumas sugestões simples para colocar em prática as lições aprendidas com nossas líderes.

Primeiro, depois de escrever um artigo sobre uma líder, exclua o nome dela e insira um nome masculino qualquer. Achamos que isso ajudará a destacar preconceitos de gênero no texto. Se a líder em questão fosse homem, o artigo descreveria o que ele está vestindo? Falaria do estado civil e do número de filhos dele? E o descreveria como estridente? Usaria o rótulo "desagradável"?

Segundo, no mundo de hoje, no qual os jornalistas também participam de painéis de discussão para dissecar o que está acontecendo na política, esteja preparado para ser aquele que lança desafios como: "Essa líder é mesmo antipática ou há algum estereótipo machista na formação de nosso ponto de vista?"; ou "Será que precisamos mesmo perder tempo falando sobre as escolhas de roupas?".

Como indivíduos, podemos praticar a mesma disciplina nas redes sociais. Antes de tuitar ou publicar uma postagem sobre uma mulher, insira o nome de um homem. Você teria dito as mesmas coisas?

Mais uma vez, entretanto, há aqui uma dinâmica estrutural que vai além da boa vontade individual. As empresas de mídia tradicionais ainda tendem a ser ambientes dominados por homens. É muito raro ver uma mulher editora de jornal ou uma diretora executiva de uma rede de televisão. Há motivos para suspeitar que o preconceito de gênero que esses meios de comunicação exibem nunca será erradicado enquanto essas empresas não se tornarem mais equilibradas em termos de gênero.

Além disso, embora seja desejável que jornalistas sejam mais atenciosos, em última análise, os processos e sistemas de trabalho ditarão quanto progresso será feito para eliminar o preconceito de gênero da mídia. As empresas de mídia analisam seu conteúdo para determinar o risco de ser processadas por difamação. Que tal usar o mesmo rigor para detectar e corrigir vieses de gênero?

Nada disso é impossível se as empresas de mídia investirem na ideia e alocarem os recursos adequados. A base fundamental para a mudança é que essas empresas decidam que acabaram os dias de fotos e manchetes que rebaixam as mulheres líderes.

Terceiro, as empresas de mídia social têm muito a fazer para tornar o ambiente on-line menos tóxico para as mulheres aos olhos do público, inclusive na política. O anonimato das redes sociais parece dar poder a certo tipo de pessoa para dizer ou expressar coisas sobre as mulheres que são claramente inaceitáveis na sociedade civilizada. Seria impossível que um indivíduo comprasse espaço em um jornal ou um comercial na televisão para promulgar a ameaça de estuprar ou matar uma líder. Mas qualquer pessoa pode pegar o celular e fazer exatamente isso nas redes sociais. Como isso pode ser justo ou correto?

Sem dúvida, existem complexidades técnicas para tirar a misoginia das plataformas de mídia social. Mas vemos algum progresso agora, o que só confirma que muito mais pode e deve ser feito.

Para todos nós

Pode parecer difícil passar para o mundo real muitas das ações que recomendamos aqui. As ideias parecem ter seu mérito, mas implementá-las talvez seja assustador.

Para as mulheres que estão pensando em se tornar líderes, as pressões, a exposição e o risco de fracasso podem ser demais. Talvez elas pensem: *"Não há mais ninguém que possa fazer isso?"*.

Para os homens, incluindo os que têm o poder de fazer grandes mudanças em grandes organizações, agir pode ser vergonhoso ou estressante. Eles também devem pensar: *"Não há mais ninguém que possa fazer isso?"*.

Se muitas mulheres e homens sucumbirem a essa maneira de pensar, não haverá mudanças profundas. Em momentos de dúvida, sempre foi estimulante para as autoras recordar e se comprometer de novo com o propósito que as move.

Portanto, com esse espírito, vamos concluir com um lembrete sobre a visão que estamos nos esforçando para tornar realidade.

Enquanto você está lendo isto, em algum lugar do mundo, uma criança nasce. Respirando pela primeira vez, chorando pela primeira vez, recebendo o primeiro carinho e o primeiro beijo, essa criança representa outra possibilidade para toda a humanidade. Ela pode se tornar uma líder que melhorará profundamente nosso mundo.

Será que essa promessa deveria ser frustrada só porque gostamos muito de nossos preconceitos ou porque achamos muito conflituoso o processo de deixá-los de lado?

A resposta que cada um de nós dá a essa pergunta, em palavras e ações, define a nós e ao nosso futuro.

Essa é a maior lição de todas.

Anexo
Retrato dos caminhos
rumo ao poder

Jacinda Ardern

1980: Jacinda Ardern nasce em Hamilton, Nova Zelândia.

2001-2005: Secretária particular de Harry Duynhoven, ministro associado de Minas e Energia; assessora de Phil Goff, ministro da Justiça; trabalha para a primeira-ministra Helen Clark.

2006-2008: Trabalha para os primeiros-ministros Tony Blair e Gordon Brown, no Reino Unido.

2008: Eleita pela primeira vez para o Parlamento da Nova Zelândia como membro da lista do partido.

2011: Reeleita para o parlamento como membro da lista do partido.

2014: Reeleita para o parlamento como membro da lista do partido.

2017: Reeleita para o parlamento como membro por Mount Albert.

2017: Torna-se vice-líder do Partido Trabalhista em março, líder em agosto e primeira-ministra em outubro.

Michelle Bachelet

1951: Nasce Verónica Michelle Bachelet Jeria em Santiago, Chile.

1973: O ditador militar Augusto Pinochet toma o poder.

1974: O pai de Michelle morre após tortura na prisão.

1975: Presa junto com a mãe e torturada.

1975: Libertação e exílio na Austrália.

1975: Muda-se para a Alemanha Oriental e retoma os estudos de medicina.

1979: Volta ao Chile.

1983: Forma-se na faculdade de medicina.

1994: Nomeada assessora do ministro da Saúde.

1996: Começa a estudar estratégia militar.

1998: Ganha bolsa para estudar em Washington, DC.

1998: Nomeada assessora do ministro da Defesa.

2000: Nomeada ministra da Saúde.

2002: Nomeada ministra da Defesa Nacional.

2005: Candidata socialista à presidência.

2006: Eleita para o primeiro mandato como presidente.

2010: Nomeada diretora da ONU Mulheres.

2014: Eleita para o segundo mandato como presidente.

2018: Nomeada alta comissária das Nações Unidas para os direitos humanos.

Joyce Banda

1950: Joyce Mtila nasce em Malemia, Malaui.

1989: Estabelece a Associação Nacional de Mulheres de Negócios no Malaui.

1999: Entra para o parlamento.

2004: Nomeada ministra do Gabinete para o Bem-Estar da Mulher e da Criança.

2006: Atua como ministra das Relações Exteriores.

2009: Toma posse como vice-presidente.

2010: O Partido Democrático Progressista (DPP), do qual ela e o presidente são membros, tenta derrubá-la.

2012: Morre o presidente Mutharika; Joyce assume a presidência. Primeira e única mulher a servir no cargo.

2014: Concorre de novo à presidência, sem sucesso.

Hillary Rodham Clinton

1947: Nasce Hillary Diane Rodham em Chicago, Illinois.

1970: Assistente de pesquisa no Centro de Estudos de Yale. Recebe uma bolsa para trabalhar no Marian Wright Edelman's Washington Research Project.

1971: Estagiária jurídica no escritório de advocacia Treuhaft, Walker e Bernstein.

1973: Advogada do Children's Defense Fund.

1974: Membro da equipe que apoia o Comitê da Câmara no Judiciário durante o inquérito sobre o escândalo Watergate.

1975: Torna-se membro do corpo docente da faculdade de direito da Universidade de Arkansas.

1976: Ingressa na Rose Law Firm.

1977: Cofunda o Arkansas Advocates for Children and Families.

1978: Nomeada para o conselho da Legal Services Corporation.

1979: Torna-se a primeira-dama de Arkansas e continua nessa posição durante os 12 anos do governo de Bill Clinton (1979-1981 e 1983-1992).

1979: Torna-se a primeira sócia mulher da Rose Law Firm.

1983: Torna-se presidente do Arkansas Education Standards Committee.

1986: Torna-se presidente do Children's Defense Fund.

1987: Torna-se a primeira presidente da American Bar Association's Commission on Women in the Profession.

1993: Primeira-dama dos Estados Unidos até 2001.

2001: Senadora dos Estados Unidos por Nova York até 2009.

2008: Disputa a indicação presidencial pelo Partido Democrata e é derrotada por Barack Obama.

2009: 67ª secretária de Estado dos Estados Unidos até 2013.

2016: Indicada pelo Partido Democrata para cadidata a presidente.

2016: Derrotada pelo candidato republicano Donald Trump.

Christine Lagarde

1956: Nasce Christine Lallouette em Paris.

1981: Ingressa no escritório de advocacia Baker & McKenzie.

1987: Torna-se sócia da Baker & McKenzie.

1995: Torna-se a primeira mulher no comitê executivo da Baker & McKenzie.

1999: Eleita a primeira presidente feminina da Baker & McKenzie.

2005: Nomeada ministra do Comércio da França.

2007: Atua brevemente como ministra de Agricultura e Pesca.

2007: Torna-se a primeira mulher a atuar como ministra das Finanças da França.

2011: Diretora administrativa eleita e presidente do conselho do Fundo Monetário Internacional (FMI), primeira mulher no cargo.

2016: Eleita para um mandato de mais cinco anos como diretora administrativa e presidente do FMI.

2019: Torna-se a primeira mulher a ser presidente do Banco Central Europeu.

Theresa May

1956: Theresa Mary Brasier nasce em Eastbourne, Sussex.

1977: Começa a trabalhar no Banco da Inglaterra.

1985: Torna-se consultora financeira da Association of Payment Clearing Services [Associação de Serviços de Liquidação de Pagamentos].

1986: Atua como vereadora até 1994.

1997: Entra para o parlamento como representante conservadora para a cadeira de Maidenhead.

1999: Atua como secretária paralela de Estado pela Educação e Emprego.

2001: Muda-se para a pasta paralela de Transporte.

2002: Eleita a primeira presidente mulher do Partido Conservador.

2003-2010: Vários cargos no gabinete paralelo, incluindo Cultura, Mídia e Esporte, e Trabalho e Pensões.

2005: Funda o grupo Women2Win.

2010: Nomeada ministra do Interior e ministra da Mulher e Igualdade.

2016: Torna-se líder do Partido Conservador e primeira-ministra do Reino Unido.

2019: Deixa o cargo de primeira-ministra e é reeleita parlamentar.

Ellen Johnson Sirleaf

1938: Ellen Johnson nasce em Monróvia, Libéria.

1956: Começa o trabalho remunerado, incluindo um emprego de secretária na Stanley Engineering Company e assistente do contador--chefe na Elias Brothers' Garage.

1962: Estuda no Madison Business College, Wisconsin.

1964: Retorna à Libéria.

1969: Discurso como estagiária do Ministério das Finanças resulta em ameaça de prisão.

1969-1971: Obtém um mestrado em administração pública na John F. Kennedy School of Government da Universidade de Harvard.

1971: Retorna à Libéria. Morre o presidente William Tubman, da Libéria. William R. Tolbert se torna presidente e seu irmão, Stephen Tolbert, ministro das Finanças. Ellen é nomeada vice-ministra das Finanças.

1973: Começa a carreira no Banco Mundial em Washington, DC.

1975: Aceita o convite do novo ministro das Finanças para retornar à Libéria e ao ministério.

1979: Nomeada ministra das Finanças.

1980: Samuel Kanyon Doe executa o presidente Tolbert e toma o poder com um golpe militar. Apenas quatro ministros do governo de Tolbert são poupados. Ellen é indicada para liderar o banco central da Libéria.

1980: Retorna a Washington, DC, e trabalha no setor bancário.

1985: Selecionada por seu partido para ser candidata à vice-presidência.

1985: Presa após fazer um discurso chamando o presidente Doe e sua equipe de "idiotas". Ainda é eleita senadora. Presa de novo por falsa suspeita de estar envolvida em uma tentativa fracassada de golpe.

1986: Libertada da prisão devido a pressão de campanha nacional e internacional; foge da Libéria.

1989: O presidente Charles Taylor derruba Doe na primeira Guerra Civil da Libéria.

1997: Ellen concorre contra o presidente Taylor e perde. Forçada ao exílio.

1999: Segunda Guerra Civil da Libéria.

2003: O conflito na Libéria termina com o Acordo de Paz de Acra de 2003.

2006: Torna-se presidente da Libéria — primeira mulher presidente eleita e primeira mulher líder nacional na África.

2011: Ganha o Prêmio Nobel da Paz.

2011: Reeleita presidente da Libéria.

2014: Lidera seu país durante a epidemia de ebola na África Ocidental.

2016: Eleita presidente da Comunidade Econômica dos Estados da África Ocidental — primeira mulher no cargo.

Erna Solberg

1961: Erna Solberg nasce em Bergen, Noruega.

1979: Eleita para o conselho da União dos Estudantes da Noruega.

1979: Membro suplente do Conselho Municipal de Bergen, atuando até 1983.

1987: Membro do Conselho Municipal de Bergen e membro suplente do comitê executivo.

1989: Eleita para o parlamento.

2001: Nomeada ministra do Governo Local e Desenvolvimento Regional.

2002: Nomeada vice-líder do Partido Conservador.

2004: Nomeada líder do Partido Conservador.

2013: Eleita primeira-ministra.

2017: Reeleita primeira-ministra.

Notas

Prólogo: Por que escrevemos este livro?
1. GILLARD, Julia. My story. North Sydney: Knopf, 2014.
2. OKONJO-IWEALA, Ngozi. Fighting corruption is dangerous: The story behind the headlines. Cambridge, Massachusetts: MIT Press, 2018.

1. Fazendo as contas
1. VISUALIZING the data: Women's representation in society. UN Women, [S. l.], 25 fev. 2020. Disponível em: https://www.unwomen.org/en/digital-library/multimedia/2020/2/infographic-visualizing-the-data-womens-representation. Acesso em: 30 abr. 2021.
2. O'NEILL, Aaron. Number of countries where the highest position of executive power was held by a woman, in each year from 1960 to 2020. Statista, [S. l.], 6 abr. 2020. Disponível em: https://www.statista.com/statistics/1058345/countries-with-women-highest-position-executive-power-since-1960/. Acesso em: 30 abr. 2021.
3. Ibid.
4. PERANO, Ursula. Slow progress for female world leaders. Axios, [S. l.], 10 mar. 2020.
5. VISUALIZING the data: Women's representation in society. UN Women, [S. l.], 25 fev. 2020. Disponível em: https://www.unwomen.org/en/digital-library/multimedia/2020/2/infographic-visualizing-the--data-womens-representation. Acesso em: 30 abr. 2021.

6. WORLD ECONOMIC FORUM. Global Gender Gap Report 2020. Genebra: relatório, 2019.

7. VISUALIZING the data: Women's representation in society. UN Women, [S. l.], 25 fev. 2020. Disponível em: https://www.unwomen.org/en/digital-library/multimedia/2020/2/infographic-visualizing-the-data-womens-representation. Acesso em: 30 abr. 2021.

8. MAKORTOFF, Kalyeena. Half of new FTSE 100 chiefs must be women to hit gender target. The Guardian, [S.l.], 13 nov. 2019.

9. WOMEN on Boards Hong Kong 2020: Q1. Community Business, Hong Kong, 2 jan. 2020. Disponível em: https://www.communitybusiness.org/women-boards-2020-Q1. Acesso em: 30 abr. 2021.

10. WORLD ASSOCIATION FOR CHRISTIAN COMMUNICATION. Global Media Monitoring Project 2015, relatório, nov./2015.

11. IMPROVEMENT toward inclusion in film, but more work to be done. USC Annenberg School for Communication and Journalism, 4 set. 2019. Disponível em: annenberg.usc.edu/news/research-and--impact/improvement-toward-inclusion-film-more-work-be-done. Acesso em: 30 abr. 2021.

12. LAUZEN, Dr. Martha M. Boxed in 2017-18: Women on screen and behind the scenes in television. San Diego: Center for the Study of Women in Television & Film (San Diego State University), 2018.

13. WORLD ECONOMIC FORUM. Global Gender Gap Report 2020. Genebra: relatório, 2019.

14. BADENHAUSEN, Kurt. The world's highest-paid athletes 2019. Forbes, [S.l.], 11 jun. 2019.

15. MARSHALL, Alex; ALTER, Alexandra. Olga Tokarczuk and Peter Handke awarded Nobel Prizes in Literature. New York Times, [S.l.], 10 out. 2019.

16. CRIADO-PEREZ, Caroline. Invisible Women: Exposing data bias in a world designed for men. Londres: Chatto & Windus, 2019.

17. CROMPTON, Simon. Should medicine be gendered? Science Focus, [S.l.], 1 maio 2019.

18. WORLD ECONOMIC FORUM. Global Gender Gap Report 2020. Genebra: relatório, 2019.

19. ALL in: Women in the VC ecosystem 2019. PitchBook and All Raise, 2019. Disponível em: allraise.org/assets/pitchbook_all_raise_2019_all_in_women_in_the_vc_ecosystem.pdf. Acesso em: 30 abr. 2021.

20. THE VC female founders dashboard. Pitchbook, 2020. Disponível em: pitchbook.com/news/articles/the-vc-female-founders-dashboard. Acesso em: 30 abr. 2021.

2. Nossa estrutura

1. RITCHIE, Stuart J. et al. Sex differences in the adult human brain: Evidence from 5216 UK Biobank participants. Cerebral Cortex, vol. 28, n. 8, ago.2018, pp. 2959-75.

2. FINE, Cordelia. Delusions of Gender: How our minds, society, and neurosexism create difference. Nova York: W. W. Norton & Company, 2010.

3. IBARRA, Herminia; ELY, Robin J.; KOLB, Deborah M. Women rising: The unseen barriers. Harvard Business Review, set. 2013. EAGLY, Alice; CARLI, Linda L. Women and the labyrinth of leadership, Harvard Business Review, set. 2007.

4. JUDGE, Elizabeth. Women on board: help or hindrance? The Times, 11 nov. 2003.

5. RYAN, Michelle K.; HASLAM, S. Alexander. The glass cliff: Exploring the dynamics surrounding the appointment of women to precarious leadership positions. Academy of Management Review, vol. 32, n. 2, 2007, pp. 549-72.

6. RYAN, Michelle K.; HASLAM, S. Alexander; HERSBY, Mette D.; BONGIORNO, Renata. Think Crisis–Think Female: The glass cliff and contextual variation in the Think Manager-Think Male stereotype. Journal of Applied Psychology, vol. 96, n. 3, 2011, pp. 470-84.

7. MCKINSEY GLOBAL INSTITUTE. The power of parity: How advancing women's equality can add $12 trillion to global growth. Relatório, set.2015. FOOD AND AGRICULTURE ORGANIZATION OF THE UNITED NATIONS. The state of food and agriculture 2010-11: Women in agriculture: Closing the gender gap for development. Roma: relatório, 2011.

8. BEAMAN, Lori; DUFLO, Esther; PANDE, Rohini; TOPALOVA, Petia. Female leadership raises aspirations and educational attainment for girls: A policy experiment in India. Science, vol. 335, n. 6068, 3 fev. 2012, pp. 582-6.

9. HOOBLER, Jenny M.; MASTERSON, Courtney R.; NKOMO, Stella M.; MICHEL, Eric J. The business case for women leaders: Meta-analysis, research critique and path forward. Journal of Management, vol. 44, n. 6, jul. 2018, pp. 2473-99.

3. Caminhos rumo ao poder: apresentando nossas líderes

1. SIRLEAF, Ellen Johnson. This Child Will Be Great: Memoir of a remarkable life by Africa's first woman president. Nova York: Harper-Collins, 2009, cap. 3.

2. UNITED STATES INSTITUTE OF PEACE. Truth Commission: Chile 90. Relatório público, 1 maio 1990. Disponível em: www.usip. org/publications/1990/05/truth-commission-chile-90. Acesso em: 3 maio 2021.

3. WORLD BANK. GDP per capita (current US$) – Malawi. Disponível em: data.worldbank.org/indicator/NY.GDP.PCAP.CD?locations=MW. Acesso em: 3 maio 2021.

4. MOHR, Tara Sophia. Why women don't apply for jobs unless they're 100% qualified. Harvard Business Review, 25 ago. 2014.

5. IGNATOVA, Maria. New report: Women apply to fewer jobs than men, but are more likely to get hired. LinkedIn Talent Blog, 5 mar. 2019.

6. CHAMORRO-PREMUZIC, Tomas. Why Do So Many Incompetent Men Become Leaders? (And how to fix it). Boston, Massachusetts: Harvard Business Review Press, 2019, cap. 2.

4. Hipótese um: Vai, garota!

1. NIETHAMMER, Carmen. Finland's new government is young and led by women – here's what the country does to promote diversity. Forbes, 12 dez. 2019.

2. EXPANDED Norwegian Government headed by four female leaders. Government, n. 22, jan. 2019. Disponível em: regjeringen.no/en/ aktuelt/expanded-norwegiangovernment-headed-by-four-female--leaders/id2626529. Acesso em: 3 maio 2021.

3. HESS, Cynthia; AHMED, Tanima; HAYES, Jeff. Providing unpaid household and care work in the United States: Uncovering inequality. Institute for Women's Policy Research, 20 jan. 2020.

4. RANJI, Usha; SALGANICOFF, Alina. Balancing on shaky ground: Women, work and family health. Kaiser Family Foundation, 20 out.2014.

5. CROFT, Alyssa; SCHMADER, Toni; BLOCK, Katharina; BARON, Andrew Scott. The second shift reflected in the second generation: Do parents' gender roles at home predict children's aspirations? Psychological Science, vol. 25, n. 7, jul. 2014, pp. 1418-28.

5. Hipótese dois: É tudo uma questão de cabelo

1. COMBE, Rachael. At the pinnacle of Hillary Clinton's career. Elle, 5 abr. 2012.

2. JUSTIN Trudeau's "Bollywood" wardrobe amuses Indians. BBC News, 22 fev. 2018.

3. LEWIS, Michael. Obama's way. Vanity Fair, 11 set. 2012.

4. THE audacity of taupe: Barack Obama's tan suit creates sartorial stir on social media. ABC News, 29 ago. 2014.

5. SONTAG, Susan. The double standard of aging. Saturday Review, 23 set. 1972, pp. 29-38.

6. TRIMBLE, Linda. Gender, political leadership and media visibility: Globe and Mail coverage of Conservative Party of Canada leadership contests. Canadian Journal of Political Science, vol. 40, n. 4, dez. 2007, pp. 986-9.

7. DEVITT, James. Framing Gender on the Campaign Trail: Women's executive leadership and the press. Nova York: Women's Leadership Fund, 1999.

8. HELDMAN, Caroline; CARROLL, Susan J.; OLSON, Stephanie. Gender differences in print media coverage of presidential candidates: Elizabeth Dole's bid for the Republican nomination. American Political Science Association: relatório da conferência, ago 31 – 3 set. 2000.

9. WILLIAMS, Blair E. A tale of two women: A comparative gendered media analysis of UK prime ministers Margaret Thatcher and Theresa May. Parliamentary Affairs, publicado on-line, 26 abr. 2020.

10. TRIMBLE, Linda. Gender, political leadership and media visibility: Globe and Mail coverage of Conservative Party of Canada leadership contests. Canadian Journal of Political Science, vol. 40, n. 4, dez. 2007, pp. 986-9.

11. SEXISM cited in reaction to Stronach move. CBC News, 18 maio 2005.

12. JONES, George; SPARROW, Andre. A stiletto in the Tories' heart. Daily Telegraph, 8 out. 2002.

13. KITE, Melissa. Tories fall for Theresa's shoes. The Times, 10 out. 2002.

14. THERESA'S tough look. Daily Mirror, 9 out. 2002.

15. NORMAN, Mathew. Diary. The Guardian, 25 mar. 2003.

16. CAWTHORNE, Nigel. Theresa May: Taking charge. Londres: Sharpe Books, 2018, cap. 4.

17. NORMAN, Matthew. Diary. The Guardian, 8 abr. 2003.

18. PARKIN, Jill. The great cleavage divide: There's only one real debate at Westminster. Daily Mail, 30 nov. 2007.

19. DUFF, Michelle. Jacinda Ardern: The story behind an extraordinary leader. Auckland: Allen & Unwin, 2019, cap. 1.

20. MILNE, Jonathan. Nicola Kaye vs Jacinda Ardern. New Zealand Listener, 24 set. 2011.

21. THE audacity of taupe: What did Obama actually say in that tan suit? SBS News, 30 ago. 2014.

6. Hipótese três: Estridente ou suave — o enigma do estilo

1. SCHEIN, Virginia E. The relationship between sex role stereotypes and requisite management characteristics. Journal of Applied Psychology, vol. 57, n. 2, maio 1973, pp. 95-100.

2. KOENIG, Anne M.; EAGLY, Alice H.; MITCHELL, Abigail A.; RISTIKARI, Tiina. Are leader stereotypes masculine? A meta-analysis of three research paradigms. Psychological Bulletin, vol. 137, n. 4, jul. 2011, pp. 616-42.

3. SCHMIDT, Benjamin. Gender bias exists in professor evaluations. Opinion Pages: Room for Debate, New York Times, 16 dez. 2015.

4. MACNELL, Lillian; DRISCOLL, Adam; HUNT, Andrea. What's in a name: Exposing gender bias in student ratings of teaching. Innovative Higher Education, vol. 40, n. 4, ago. 2015, pp. 291-303.

5. CHAMORRO-PREMUZIC, Tomas. Why Do So Many Incompetent Men Become Leaders? (And how to fix it). Boston, Massachusetts: Harvard Business Review Press, 2019, cap. 2.

6. RUDMAN, Laurie A.; GLICK, Peter. Prescriptive gender stereotypes and backlash toward agentic women. Journal of Social Issues, vol. 57, n. 4, inverno/2001, pp. 743-62.

7. IBARRA, Herminia; ELY, Robin J.; KOLB, Deborah M. Women rising: The unseen barriers. Harvard Business Review, set. 2013. EAGLY, Alice; CARLI, Linda. Women and the labyrinth of leadership. Harvard Business Review, set. 2007.

8. TINSLEY, Catherine H.; ELY, Robin J. What most people get wrong about men and women. Harvard Business Review, maio-jun. 2018.

9. PRADEL, Dina W.; BOWLES, Hannah Riley; MCGINN, Kathleen L. When gender changes the negotiation. Harvard Business School Working Knowledge, 13 fev. 2006.

10. CRACE, John. I, Maybot: The rise and fall. Londres: Guardian Books, 2017.

11. NEW STATESMAN, capa, 14-20 jul. 2017.

12. MANCE, Henry. Year in a Word: Maybot. Financial Times, 18 dez. 2017.

13. HOPE, Christopher. Theresa May suggests that people who mocked her tears during resignation speech are sexist. The Telegraph, 11 jul. 2019.

14. EAGLY, Alice H.; NATER, Christa; MILLER, David I.; KAUFMANN, Michèle; SCZESNY, Sabine. Gender stereotypes have changed: A cross--temporal meta-analysis of U.S. public opinion polls from 1946 to 2018. American Psychologist, publicado primeiro on-line, 18 jul. 2019.

15. EAGLY, Alice H.; JOHANNESEN-SCHMIDT, Mary C.; VAN ENGEN, Marloes L. Transformational, transactional, and laissez--faire leadership styles: A metaanalysis comparing women and men. Psychological Bulletin, vol. 129, n. 4, jul. 2003, pp. 569-91.

7. Hipótese quatro: Ela é meio megera

1. BROKEN PEOPLE. Bitchy resting face. YouTube, vídeo original, 22 maio 2013. Disponível em: youtu.be/3v98CPXNiSk. Acesso em: 4 maio 2021.

2. GIBSON, Caitlin. Scientists have discovered what causes Resting Bitch Face. Washington Post, 3 fev. 2016.

3. LICEA, Melkorka. Women are flocking to plastic surgeons to fix 'resting bitch face'. New York Post, 16 set. 2019.

4. OKIMOTO, Tyler G.; BRESCOLL, Victoria L. The price of power: Power seeking and backlash against female politicians. Personality and Social Psychology Bulletin, vol. 37, n. 7, jul. 2010, pp. 923-36.

5. Ibid., p. 931.

6. GRATTAN, Michelle. Finessing a flagrant backflip. The Age, 26 jun. 2010.

7. EAGLY, Alice H. When passionate advocates meet research on diversity, does the honest broker stand a chance? Journal of Social Issues, vol. 72, n. 1, mar. 2016, pp. 199-222.

8. MCDONALD, Joshua. Jacinda Ardern's re-election woes. The Diplomat, 26 mar. 2020.

9. DAGENBORG, Joachim. Norway's Merkel, Erna Solberg hopes to beat history in re-election bid. Reuters, 8 set. 2017.

8. Hipótese cinco: Quem está cuidando das crianças?

1. GILBERT, Dr. Jarrod. Life, kids and being Jacinda. New Zealand Herald, ago. 2016, republicado 19 jan. 2018.

2. SIRLEAF, Ellen Johnson. This Child Will Be Great: Memoir of a remarkable life by Africa's first woman president. Nova York: Harper-Collins, 2009, cap. 20.

3. BLAIR, Tony. A Journey. Londres: Hutchinson, 2010, pp. 266-7. MORRIS, Steven. Camerons' baby brightens up their summer holiday in Cornwall. The Guardian, 25 ago. 2010.

4. WRIGHT, Oliver. Boris Johnson welcomes son into world – then gets straight back to work. The Times, 30 abr. 2020.

5. SYLVESTER, Rachel. Being a mother gives me edge on May – Leadsom. The Times, 9 jul. 2016.

6. Ibid.

7. ELGOT, Jessica. Andrea Leadsom apologises to Theresa May for motherhood remarks. The Guardian, 11 jul. 2016.

8. BARREN Behaviour. The Australian, 4 maio 2007.

9. 29 MOMENTS that led to Julia Gillard's downfall. News Corp Australia Network, 27 jun. 2013. Disponível em: https://www.news.com.au/national/moments-that-led-to-julia-gillard8217s-downfall/news-story/39ab6dd6dc56b0c282097830c6f5d6b5. Acesso em: 4 maio 2021.

9. Hipótese seis: Um lugar especial no inferno — mulheres apoiam mesmo outras mulheres?

1. ALBRIGHT, Madeleine. My undiplomatic moment. New York Times, 12 fev. 2016.

2. WAMBACH, Abby. Abby Wambach, Remarks as Delivered. Barnard College, discurso de formatura da turma de 2018, 16 maio 2018. Disponível em: barnard.edu/commencement/archives/2018/abby-wambach-remarks. Acesso em: 4 maio 2021.

3. CHANG, Edward H.; MILKMAN, Katherine L.; CHUGH, Dolly; AKINOLA, Modupe. Diversity thresholds: How social norms, visibility, and scrutny relate to group composition. Academy of Management Journal, vol. 62, n. 1, fev. 2019.

4. HARDACRE, Stephanie L.; SUBAŠIĆ, Emina. Whose issue is it anyway? The effects of leader gender and equality message framing on men's and women's mobilization toward workplace gender equality. Frontiers in Psychology, vol. 9, iss. 2497, 11 dez. 2018.

5. STAINES, G.; TAVRIS, C.; JAYARATNE, T. E. The Queen Bee Syndrome in the Female Experience. Califórnia, Del Mar: CRM Books, 1973.

6. DEZSŐ, Cristian L.; ROSS, David Gaddis; URIBE, Jose. Is there an implicit quota on women in top management? A large-sample statistical analysis. Strategic Management Journal, vol. 37, n. 1, jan. 2016, pp. 95-115.

7. MATSA, David A.; MILLER, Amalia R. Chipping away at the glass ceiling: Gender spillovers in corporate leadership. American Economic Review, vol. 101, n. 3, maio 2011, pp. 635-9.

8. REYES-HOUSHOLDER, Catherine. Presidential gender and women's representation in cabinets: Do female presidents appoint more women than male presidents? American Political Science Association, documento da conferência, 29 ago. 2013.

9. O'BRIEN, Diana Z.; MENDEZ, Matthew; PETERSON, Jordan Carr; SHIN, Jihyun. Letting down the ladder or shutting the door: Female prime ministers, party leaders, and cabinet ministers. Politics & Gender, vol. 11, n. 4, dez. 2015, pp. 689-717.

10. GODDARD, Dee. Examining the appointment of women to ministerial positions across Europe: 1970-2015. Party Politics, publicado on-line, 18 out. 2019.

11. IBARRA, Herminia; CARTER, Nancy M.; SILVA, Christine. Why men still get more promotions than women. Harvard Business Review, set. 2010.

12. Ibid.

10. Hipótese sete: A Salem moderna

1. BRESCOLL, Victoria L.; DAWSON, Erica; UHLMANN, Eric Luis. Hard won and easily lost: The fragile status of leaders in gender-

-stereotype-incongruent occupations. Psychological Science, vol. 21, n. 11, nov. 2010, pp. 1640-2.

2. DOVIDO, John F.; GAERTNER, Samuel L. The aversive form of racism. In: Prejudice, Discrimination, and Racism. Orlando, Flórida: Academic Press, pp. 61–89, 1986. HODSON, Gordon; DOVIDO, John F.; GAERTNER, Samuel L. Processes in racial discrimination: Differential weighting of conflicting information. Personality and Social Psychological Bulletin, vol. 28, n. 4, abr. 2002, pp. 460-71.

3. BRAZIL'S Lula: The most popular politician on earth. Newsweek, 21 set. 2009.

4. BRASIL DE FATO. Dilma Rousseff: "Tortura é dor e morte. Eles querem que você perca a dignidade". Peoples Dispatch, 18 jan. 2020.

5. ANDERSON, Perry. Bolsonaro's Brazil. London Review of Books, vol. 41, n. 3, 7 fev. 2019.

6. Ibid.

7. BRAZIL leaked tape forces minister Romero Juca out. BBC News 24 maio 2016.

8. PHILLIPS, Dom. Eduardo Cunha, who led impeachment drive against rival in Brazil, gets a 15-year jail term. New York Times, 30 mar. 2017.

9. PHILLIPS, Dom. Brazil's former president Lula walks free from prison after supreme court ruling. The Guardian, 9 nov. 2019.

10. TRACY, Abigail. Republicans' $7 million Benghazi report is another dud. Vanity Fair, 28 jun. 2016.

11. WILLSHER, Kim. Negligence case against Christine Lagarde is very weak, says prosecutor. The Guardian, 16 dez. 2016.

12. WATTS, Jonathan. Dilma Rousseff: Brazilian congress votes to impeach president. The Guardian, 18 abr. 2016.

11. Hipótese oito: O enigma de ser o exemplo

1. BEAMAN, Lori; DUFLO, Esther; PANDE, Rohini; TOPALOVA, Petia. Female leadership raises aspirations and educational attainment for girls: A policy experiment in India. Science, vol. 335, iss. 6068, 3 fev. 2012, pp. 582-6.

2. CARPINI, Michael X. Delli; KEETER, Scott. What Americans Know About Politics and Why it Matters. New Haven: Yale University Press, 1996. VERBA, Sidney; BURNS, Nancy; SCHLOZMAN, Kay

Lehman. Knowing and caring about politics: Gender and political engagement. Journal of Politics, vol. 59, n. 4, nov. 1997, pp. 1051-72. BENNETT, Linda L. M.; BENNETT, Stephen Earl. Enduring gender differences in political interest: The impact of socialization and political dispositions. American Politics Research, vol. 17, n. 1, jan. 1989. HUCKFELDT, R. Robert; SPRAGUE, John. Citizens, Politics and Social Communication: Information and influence in an election campaign. Cambridge: Cambridge University Press, 1995. ATKESON, Lonna Rae; RAPOPORT Ronald B. The more things change the more they stay the same: Examining gender differences in political attitude expression, 1952-2000. Public Opinion Quarterly, vol. 67, n. 4, inverno/2003, pp. 495-521.

3. WOLBRECHT, Christina; CAMPBELL, David E. Leading by example: Female members of parliament as political role models. American Journal of Political Science, vol. 51, n. 4, out. 2007, pp. 921-39.

4. BARNES, Tiffany D.; BURCHARD, Stephanie M. 'Engendering' politics: The impact of descriptive representation on women's political engagement in sub-Saharan Africa. Comparative Political Studies, vol. 46, n. 7, jul. 2013, pp. 767-90.

5. DESPOSATO, Scott; NORRANDER, Barbara. The gender gap in Latin America: Contextual and individual influences on gender and political participation. British Journal of Political Science, vol. 39, n. 1, jan. 2009, pp. 141-62.

6. YONG, Ed. What we learn from 50 years of kids drawing scientists. The Atlantic, 20 mar. 2018.

7. MCALLISTER, Ian. The gender gap in political knowledge revisited: Australia's Julia Gillard as a natural experiment. European Journal of Politics and Gender, vol. 2, n. 2, jun. 2019, pp. 197-220.

8. WILLIAMS, Blair. Julia Gillard, the media and young women. Pesquisa. Disponível em: online.fliphtml5.com/vhkx/iebp. Acesso em: 06 maio 2021.

9. LIU, Shan-Jan Sarah. Are female political leaders role models? Lessons from Asia. Political Research Quarterly, vol. 71, n. 2, jun. 2018, pp. 255-69.

10. ASGARI, Shaki; DASGUPTA, Nilanjana; STOUT, Jane G. When do counterstereotypic ingroup members inspire versus deflate? The

effect of successful professional women on young women's leadership self-concept. Personality and Social Psychology Bulletin, vol. 38, n. 3, mar. 2012, pp. 370-83. BAMBERGER, Yael M. Encouraging girls into science and technology with feminine role models: Does this work? Journal of Science Education and Technology, vol. 23, n. 4, ago. 2014, pp. 549-61. BETZ, Diana E.; SEKAQUAPTEWA, Denise. My Fair Physicist? Feminine math and science role models demotivate young girls. Social Psychological and Personality Science, vol. 3, n. 6, nov. 2012, pp. 738-46. LERNER, Josh; MALMENDIER, Ulrike. With a little help from my (random) friends: Success and failure in post-business school entrepreneurship. Review of Financial Studies, vol. 26, n. 10, out. 2013, pp. 2411-52. LOCKWOOD, Penelope; KUNDA, Ziva. Superstars and me: Predicting the impact of role models on the self. Journal of Personality and Social Psychology, vol. 73, n. 1, jul. 1997, pp. 91-103.

11. FOOS, Florian; GILARD, Fabrizio. Does exposure to gender role models increase women's political ambition? A field experiment with politicians. Journal of Experimental Political Science, publicado on-line, 7 ago. 2019.

12. PERRAUDIN, Frances; MURPHY, Simon. Alarm over number of female MPs stepping down after abuse. The Guardian, 1 nov. 2019.

13. RIGBY, Beth. Sky Views: The Tories are allowing hatred and misogyny to drive women away. Sky News, 6 nov. 2019.

14. BREWIS, Harriet. Caroline Spelman quits: Tory MP to stand down after 'abuse and death threats' which left her 'wearing panic button'. Evening Standard, 5/set./2019.

15. RIGBY, Beth. Sky Views: The Tories are allowing hatred and misogyny to drive women away. Sky News, 6 nov. 2019.

16. AMNESTY INTERNATIONAL UK. Black and Asian women MPs abused more online. Disponível em: amnesty.org.uk/online-violence-women-mps. Acesso em: 6 maio 2021.

17. PECK, Tom. Diane Abbott received almost half of all abusive tweets sent to female MPs before election, poll finds. The Independent, 5 set. 2017.

18. MURPHY, Simon. Diane Abbott speaks out on online abuse as female MPs step down. The Guardian, 31 out. 2019.

19. ADICHIE, Chimamanda Ngozi. Americanah. Nova York: Alfred A. Knopf, 2013, p. 359.

20. BBC DATA JOURNALISM TEAM. Election 2019: Britain's most diverse parliament. BBC News, 17 dez. 2019.

21. UBEROI, Elise. Ethnic diversity in politics and public life. House of Commons Library, 30 maio 2019. Disponível em: commonslibrary. parliament.uk/research-briefings/sn01156. Acesso em: 6 maio 2021.

12. Lições de destaque de oito vidas e oito hipóteses

1. MENDELBERG, Tali; KARPOWITZ, Christopher F.; OLIPHANT, J. Baxter. Gender inequality in deliberation: Unpacking the black box of interaction. Perspectives on Politics, vol. 12, n. 1, mar. 2014, pp. 18-44.

2. CHUNG, Heejung. Gender, Flexibility Stigma and the Perceived Negative Consequences of Flexible Working in the UK. Social Indicators Research, publicado on-line, 26 nov. 2018.

3. VAN DER LIPPE, Tanja; LIPPÉNYI, Zoltán. Beyond Formal Access: Organizational Context, Working From Home, and Work-Family Conflict of Men and Women in European Workplaces. Social Indicators Research, publicado on-line, 5 out. 2018.

4. FERGUSON, Donna. 'I feel like a 1950s housewife': How lockdown has exposed the gender divide. The Observer, 3 maio 2020.

5. IBARRA, Herminia; CARTER, Nancy M.; SILVA, Christine. Why men still get more promotions than women. Harvard Business Review, set. 2010.

6. HARDACRE, Stephanie L.; SUBAŠIĆ, Emina. Whose issue is it anyway? The effects of leader gender and equality message framing on men's and women's mobilization toward workplace gender equality. Frontiers in Psychology, vol. 9, n. 2497, 11 dez. 2018.

7. RASINSKI, Heather M.; CZOPP, Alexander M. The effect of target status on witnesses' reactions to confrontations of bias. Basic and Applied Social Psychology, vol. 32, n. 1, fev. 2010, pp. 8-16.

Agradecimentos

Teria sido impossível para nós assumir mais um compromisso — de escrever um livro —, além da grande carga de trabalho que já temos, sem receber o apoio incrível de outras pessoas.

Ngozi agradece as contribuições de Nicole Mensa e Gloria Kebirungi para o livro. Nicole participou de várias entrevistas com nossas líderes e transcreveu os resultados com eficiência. Ela e Gloria ajudaram em pesquisas, correções do manuscrito e críticas ao conceito geral e abordagem do livro, trazendo novas perspectivas de jovens negras. Também agradece aos filhos, Uzodinma Iweala, Okechukwu Iweala, Onyi Iweala e Andrew Spector, e Uchechi Iweala e Chioma Achebe, pelo encorajamento e entusiasmo.

Julia agradece a Roanna McClelland por sua ajuda, especialmente por fornecer a crítica de uma feminista mais jovem em nossos diversos rascunhos deste livro. Julia também gostaria de agradecer à sua querida amiga Josephine Linden. Leitora voraz, Josephine ofereceu um novo par de olhos quando uma nova perspectiva era mais necessária. Agradece também a Michelle Fitzgerald por seu apoio pessoal e trabalho para garantir que Julia estivesse onde precisava estar para as entrevistas com as líderes. Nina Gerace, como sempre, nos incentivou.

Nós duas agradecemos a Meredith Curnow e Kathryn Knight, a equipe editorial de nossa editora, Penguin Random House Austrália. Em todos os momentos, elas mostraram sabedoria e criatividade, ao mesmo tempo que proporcionavam as doses certas de paciência e disciplina. Karen Reid, também da Penguin Random House, continua sendo muito divertida e uma profissional perfeita.

Muito obrigada também a Rosie Campbell e Laura Jones, do Global Institute for Women's Leadership, que leram os rascunhos e forneceram dicas de pesquisa. Se você se sentiu inspirado para aprender mais sobre mulheres e liderança, visite GIWL em www.kcl.ac.uk/giwl.

Este livro foi publicado em julho de 2022 pela
Editora Nacional e impresso pela gráfica Exklusiva.